BWL im **Bachelor**-Studiengang

Reihenherausgeber:
Hermann Jahnke, Universität Bielefeld
Fred G. Becker, Universität Bielefeld

Thorsten Spitta · Markus Bick

Informations-
wirtschaft

Eine Einführung

Zweite, überarbeitete und erweiterte Auflage

Prof. Dr. Thorsten Spitta
Universität Bielefeld
Fakultät für Wirtschaftswissenschaften
Lehrstuhl für Angewandte Informatik
Universitätsstraße 25
33615 Bielefeld
thspitta@wiwi.uni-bielefeld.de

Prof. Dr. Markus Bick
ESCP-EAP Europäische
Wirtschaftshochschule Berlin
Juniorprofessur für Wirtschaftsinformatik
Heubnerweg 6
14059 Berlin
markus.bick@escp.eap.de

ISBN 978-3-540-85115-8   e-ISBN 978-3-540-85116-5

DOI 10.1007/978-3-540-85116-5

Bibliografische Information der Deutschen Nationalbibliothek
Die Deutsche Nationalbibliothek verzeichnet diese Publikation in der Nationalbibliografie;
detaillierte bibliografische Daten sind im Internet über http://dnb.d-nb.de abrufbar.

© 2008, 2006 Springer-Verlag Berlin Heidelberg

Dieses Werk ist urheberrechtlich geschützt. Die dadurch begründeten Rechte, insbesondere die der Übersetzung, des Nachdrucks, des Vortrags, der Entnahme von Abbildungen und Tabellen, der Funksendung, der Mikroverfilmung oder der Vervielfältigung auf anderen Wegen und der Speicherung in Datenverarbeitungsanlagen, bleiben, auch bei nur auszugsweiser Verwertung, vorbehalten. Eine Vervielfältigung dieses Werkes oder von Teilen dieses Werkes ist auch im Einzelfall nur in den Grenzen der gesetzlichen Bestimmungen des Urheberrechtsgesetzes der Bundesrepublik Deutschland vom 9. September 1965 in der jeweils geltenden Fassung zulässig. Sie ist grundsätzlich vergütungspflichtig. Zuwiderhandlungen unterliegen den Strafbestimmungen des Urheberrechtsgesetzes.

Die Wiedergabe von Gebrauchsnamen, Handelsnamen, Warenbezeichnungen usw. in diesem Werk berechtigt auch ohne besondere Kennzeichnung nicht zu der Annahme, dass solche Namen im Sinne der Warenzeichen- und Markenschutz-Gesetzgebung als frei zu betrachten wären und daher von jedermann benutzt werden dürften.

Herstellung: le-tex publishing services oHG, Leipzig
Umschlaggestaltung: WMXDesign GmbH, Heidelberg

Gedruckt auf säurefreiem Papier

9 8 7 6 5 4 3 2 1

springer.de

Vorwort

Vorwort zur zweiten Auflage

Die Betonung des Produktionsfaktors Information hat in den letzten Jahren weiter zugenommen. Vor diesem Hintergrund und nicht zuletzt aufgrund des Erfolgs der ersten Auflage fiel die Entscheidung, eine zweite Auflage anzugehen. Damit verbunden ist, dass das Buch nun von einem Autorenteam betreut wird. Der Kontakt entstand aufgrund der von Markus Bick in der Wirtschaftsinformatik – 49 (2007) 1 – veröffentlichten Rezension zur ersten Auflage.

Ausgehend von dieser Rezension sowie verschiedener Lehrbuch-Besprechungen in der jüngsten Vergangenheit, hatten wir uns für die 2. Auflage verschiedene Ziele gesetzt: Neben einer gesteigerten *Leserorientierung* stand die Entwicklung einer die gesamten Lerninhalte integrierenden *Fallstudie* im Vordergrund. Die Fallstudie >Personal-Bikes< und die hierzu erstellte Lösungsskizze verbinden einerseits die zentralen Lerninhalte und schlagen andererseits eine Brücke zur beruflichen Praxis. Des Weiteren wurden, um der Zielgruppe gerecht zu werden, die jeweiligen Kapitel nicht nur inhaltlich und sprachlich überarbeitet; ergänzend schließen diese nun jeweils mit einer Übersicht der zentralen *Begriffe* und mit *Übungsaufgaben* ab.

Weitere Materialien sowie die zentralen Abbildungen des Buches stehen auf der Web-Seite www.escp-eap.de/informationswirtschaft/ zur Verfügung. Kritik und Anregungen sind über <thSpitta@wiwi.uni-bielefeld.de> oder über <markus.bick@escp-eap.de> erbeten.

Für die bisherigen Anregungen möchten wir uns auf diesem Wege bei den Studierenden des Bachelor-Studiengangs *Wirtschaftswissenschaften* der Universität Bielefeld, zahlreichen Kolleginnen und Kollegen sowie allen weiteren Lesern[1] bedanken. Dabei sind wir für das finale Korrekturlesen insbesondere Frau Dipl.-Wirt.-Inf. Kathrin Börgmann sowie Herrn Dipl.-Kfm. Tyge-F. Kummer zu Dank verpflichtet. Ebenso gilt unser Dank Frau cand. Wirt.-Inf. Friederike Spitta, die uns bei der grundlegenden Überarbeitung des Kapitels vier eine kritische Diskussionspartnerin aus dem Kreis der Zielgruppe des Buches war.

Wir wünschen beim Lesen bzw. „Durcharbeiten" viel Spaß.

Bielefeld und Berlin, im Juni 2008 *Thorsten Spitta*
Markus Bick

---

[1] Aus Gründen der sprachlichen Einfachheit verwenden wir die männliche Form für beide Geschlechter.

Vorwort zur ersten Auflage (gekürzt)

Dieses Buch behandelt im Rahmen der Reihe *BWL im Bachelor-Studiengang* den betrieblichen Produktionsfaktor Information. Er beruht maßgeblich auf *Daten*. Während Software sich mit der Zeit verändert oder ausgetauscht wird, sind die Daten eine langfristig zu pflegende Ressource jedes Unternehmens. Wie gut Unternehmensführung gelingt, ist unter anderem von der Qualität der betrieblichen Datenbasis abhängig. Diese kann man nicht kaufen wie z. B. Software.

Deshalb gehört es zu den beruflichen und wissenschaftlichen Qualifikationen in den Wirtschaftswissenschaften, die inhaltlichen und methodischen Grundlagen von Daten zu lernen. Dies sind die Rolle von Daten in betrieblichen Prozessen, vor allem aber ihre betriebswirtschaftlichen Inhalte. Auf der Basis von Daten lassen sich auch die Funktionen betrieblicher Softwaresysteme am besten verstehen.

Der Produktionsfaktor Information sollte als Grundlage wieder in die Betriebswirtschaftslehre zurückkehren (s. Heinen, 1991). Er fehlt in fast allen betriebswirtschaftlichen Einführungen, weshalb „Informationen" oft keine erkennbare Basis mehr haben. Dieses Buch kann helfen, für andere betriebswirtschaftliche Gebiete wie Marketing, Controlling oder Logistik eine Grundlage zu schaffen, die nicht selten zu fehlen scheint. Studienanfängern das Gebiet *Informationsmanagement* ohne eine solche Grundlage anzubieten hieße sogar, das Dach vor den Wänden zu bauen.

Das Buch vermittelt neben den fachlichen Inhalten mit vielen praktischen Beispielen vor allem *Konzepte* zu Daten, unabhängig von *Produkten*. Technische Fragen werden ausgeklammert, wo immer möglich. Als Darstellungsmittel wird UML (*Unified Modelling Language*) verwendet, eine international genormte grafische Sprache. Mit ihr lassen sich alle grafischen Modelle des Buches kompakt ausdrücken, das sind (Geschäfts-)Prozesse und Datenstrukturen. Ich denke, dass ich sie „praxisorientiert" darstellen konnte. Dabei waren mir viele Jahre Industrieerfahrung nützlich.

Das Buch bietet Stoff und Ansatzpunkte für verschiedene Veranstaltungen zur Einführung in die Wirtschaftsinformatik. Ebenso ist es geeignet als Grundlage für die Profilphase des Bachelors oder das Aufbaumodul eines Master-Studiengangs.

Bielefeld, im Oktober 2005 *Thorsten Spitta*

Inhaltsverzeichnis

1	**Einführung**		1
2	**Betriebliche Funktionen und Prozesse**		7
	2.1	System-Sicht	7
	2.2	Funktions-Sicht	8
		2.2.1 Funktionaler Blick auf ein Unternehmen	9
		2.2.2 Aufgaben, Funktionen und Verrichtungen	10
	2.3	Prozess-Sicht	12
		2.3.1 Prozesse aus Funktionen	12
		2.3.2 Datenflüsse	14
		2.3.3 Lenkungs- und Leistungsflüsse	16
	2.4	Funktionsübergreifende Prozesse	17
		2.4.1 Innerorganisatorische Prozesse	17
		2.4.2 Geschäftsprozesse	19
		2.4.3 Transaktionen	23
	2.5	Wiederholung und Übung	25
3	**Daten**		27
	3.1	Zeichen und Alphabete	27
	3.2	Codes	30
	3.3	Zahlensysteme	31
	3.4	Datentypen	36
		3.4.1 Elementare Datentypen	36
		3.4.2 Zusammengesetzte Datentypen	38
		3.4.3 Datennamen	39
		3.4.4 Verknüpfte Datenstrukturen	40
	3.5	Wiederholung und Übung	42
4	**Kommunikation, Information und Wissen**		45
	4.1	Nachrichten und Kommunikation	45
		4.1.1 Kommunikation zwischen menschlichen Akteuren	45

		4.1.2 Kommunikation zwischen Automaten	46
	4.2	Information	48
		4.2.1 Information für Einzelne	49
		4.2.2 Information für Organisationen	54
	4.3	Betriebliches Wissen	56
		4.3.1 Ist Wissen eine handhabbare Ressource?	57
		4.3.2 Daten- und Wissensmanagement	58
		4.3.3 Wissen, abschließend betrachtet	59
	4.4	Was ist der Produktionsfaktor Information?	61
	4.5	Wiederholung und Übung	62
5	**Die Inhalte betrieblicher Daten**		**65**
	5.1	Klassifikation betrieblicher Daten	65
		5.1.1 Allgemeiner Überblick	65
		5.1.2 Originäre und abgeleitete Daten	67
		5.1.3 Exkurs *Programmieren*	69
		5.1.4 Betriebliche Daten im Überblick	71
	5.2	Grunddaten	73
		5.2.1 Grunddaten I (Sachanlagen)	73
		5.2.2 Grunddaten II (Operative Grunddaten)	75
		5.2.3 Grunddaten III (Kategorien)	83
	5.3	Vorgangsdaten	85
		5.3.1 Aufzeichnungspflichtige Vorgänge	86
		5.3.2 Vorgangsdaten als Prozessdokumentation	91
		5.3.3 Eine Referenzstruktur für Vorgangsdaten	93
		5.3.4 Weitere Vorgangsdaten	94
	5.4	Abgeleitete Daten	97
		5.4.1 Dispositive Daten	97
		5.4.2 Aggregierte Daten (Führungsinformationen)	98
	5.5	Wiederholung und Übung	99
6	**Die Struktur betrieblicher Daten**		**101**
	6.1	Datenmodelle	101
		6.1.1 Das Relationenmodell (Objektsicht)	102
		6.1.2 Grafisches Objektmodell (Beziehungssicht)	110
		6.1.3 Vorgehensmodell zur Datenmodellierung	118
	6.2	Unternehmens-Datenmodell des Industriebetriebs	120
	6.3	Wiederholung und Übung	122
7	**Anwendungssysteme**		**125**
	7.1	Was sind Anwendungssysteme?	125
		7.1.1 Allgemeiner Überblick	125
		7.1.2 Das betriebliche Informationssystem	126
		7.1.3 Anwendungssysteme als Dialogsysteme	127
	7.2	Sichten auf Anwendungen	129

	7.3	Datenerzeugende Funktionsbausteine	132
		7.3.1 Materialwirtschaft	133
		7.3.2 Beschaffung	135
		7.3.3 Produktionsplanung und -steuerung	136
		7.3.4 Vertrieb	138
		7.3.5 Projekte	139
		7.3.6 Personal-Dienste	140
		7.3.7 Informatik-Dienste	141
	7.4	Die Finanzbuchhaltung als Datenintegrator	142
		7.4.1 Das Zusammenspiel der Anwendungssysteme	143
		7.4.2 Finanzbuchhaltung	144
		7.4.3 Kostenrechnung und Controlling	146
	7.5	Wiederholung und Übung	147
8	**Datenverantwortung und Organisation**		**149**
	8.1	Benutzer und Datenverantwortung	149
	8.2	Zugriffsrechte als Pflichten	151
	8.3	Gestaltungshinweise	152
		8.3.1 Pflege von Grunddaten	152
		8.3.2 Erzeugung von Vorgangsdaten	156
	8.4	SQL und abgeleitete Daten	156
	8.5	Wiederholung und Übung	158
9	**Unstrukturierte Daten**		**161**
	9.1	Extensible Markup Language – XML	161
		9.1.1 Das XML-Konzept	162
		9.1.2 XML-Technologie	163
		9.1.3 XML-Terminologie	164
	9.2	Schemata	166
	9.3	Kommunikation mit strukturierten Daten	168
		9.3.1 Konzepte relationaler und textbasierter Daten	169
		9.3.2 Beispiele strukturierter Daten in XML	171
		9.3.3 XML-Schema	173
	9.4	Semistrukturierte Daten	175
		9.4.1 Das Konzept	175
		9.4.2 Beispiel	176
	9.5	Dokumente	177
	9.6	Wiederholung und Übung	179
10	**Die Fallstudie Personal-Bikes**		**181**
	10.1	Ausgangssituation zum Unternehmen und dessen Logistik	181
	10.2	Verfeinerung zur Fertigungsorganisation	183
	10.3	Verfeinerung zum PPS-System mit Fertigungsdaten	185
	10.4	Verfeinerung um überbetriebliche Schnittstellen	186

A UML-Kurzreferenz 191
- A.1 Die Grundsymbole 192
- A.2 Die Systemdarstellung 193
- A.3 Das Aktivitätsdiagramm 193
- A.4 Das Klassendiagramm 195

B Beispiellösungen zu den Aufgaben 197
- B.1 Funktionen der betrieblichen Grundfunktionen (Kapitel 2) 197
- B.2 Teilprozess *Einkauf* (Kapitel 2) 198
- B.3 Code für dreißig Möglichkeiten (Kapitel 3) 199
- B.4 Datentyp `Überweisung` (Kapitel 3) 199
- B.5 Kommunikation des Protokolls *SMTP* (Kapitel 4) 200
- B.6 Art des Protokolls bei E-Mail (Kapitel 4) 200
- B.7 Eigenschaften Datentyp `Produkt / Teil` (Kapitel 5) 201
- B.8 Attribute verschiedener *Rollen* (Kapitel 5) 201
- B.9 `Auftrag / Rechnung` bei Lieferanten (Kapitel 6) 202
- B.10 Auftragsspezifsche Materialbestellungen (Kapitel 6) 203
- B.11 Abgeleitete Daten in der Bilanz (Kapitel 7) 204
- B.12 Organisation der Stammdatenpflege (Kapitel 8) 205
- B.13 Überbetriebliche Schnittstelle in XML (Kapitel 9) 206

C Beispiellösung Fallstudie *Personal-Bikes* 209
- C.1 Aufgabe F1: Ausgangssituation und Logistik 209
  - C.1.1 zu a) Standorte 209
  - C.1.2 zu b) Grundfunktionen 210
  - C.1.3 zu c) Der Produktionsfaktor *Information* 210
- C.2 Aufgabe F2: Fertigungsorganisation 211
  - C.2.1 zu a) Die Produktion allgemein 211
  - C.2.2 zu b) Prozessdarstellung *Materialfluss* 211
  - C.2.3 zu c) Schritte eines *Arbeitsplans* 212
- C.3 Aufgabe F3: PPS-System und Fertigungsdaten 213
  - C.3.1 zu a) Vorgangsdatentypen (VDT) 213
  - C.3.2 zu b) Grunddatentypen (GDT) 214
  - C.3.3 zu c) Objektsicht `Produktionsauftrag` 215
  - C.3.4 zu d) Objektsicht `Teil` 216
  - C.3.5 zu e) Beziehungssicht 217
- C.4 Aufgabe F4: Schnittstellen des PPS-Systems 218
- C.5 Aufgabe F5: EDIFACT und XML 219
  - C.5.1 zu a) Objektsicht von `Rechnung` und `Bestellung` 219
  - C.5.2 zu b) s. nächste Seite 220
  - C.5.3 zu c) Mit wem EDIFACT? 221

Abkürzungs- und Symbolverzeichnis 223

Abbildungsverzeichnis 225

Tabellenverzeichnis 227

Literaturverzeichnis 231

Sachverzeichnis 237

1
Einführung

Dieses Buch behandelt die Grundlagen des betrieblichen Produktionsfaktors Information. Im Folgenden wird erläutert, warum man einen solchen Faktor in der heutigen Zeit neben den in der Betriebswirtschaftslehre üblichen annehmen muss, die mit Arbeitskraft (auch *Personal*), Betriebsmittel und Werkstoffe (auch *Material*) angegeben werden. Man kann Information nicht einfach als Betriebsmittel abtun, da es viele spezielle Entscheidungs- und Gestaltungsprobleme für diesen Produktionsfaktor gibt.

Information, zunächst intuitiv benutzt, ist nicht gebunden an Computer oder andere informationsverarbeitende Maschinen. Sie ist notwendiger Bestandteil aller arbeitsteiligen Produktionsprozesse und kann auch mit Bleistift und Papier oder mit Zeichen auf Tontafeln repräsentiert oder mündlich übermittelt werden. Sie spielt allerdings durch die Entwicklung der Computertechnik eine immer größere Rolle in unserem Wirtschaftsleben. Hierbei wird Information notiert und gespeichert. Notierte Information, bei denen der *Datenträger* (Papier, Hauswand, magnetischer Speicher) keine Rolle spielt, nennt man *Daten*. Sie sind eine wichtige Ressource jedes Unternehmens, unabhängig davon, ob gekaufte oder selbst entwickelte Software eingesetzt wird.

Um die Rolle der Information zunächst auf einfache Weise zu verdeutlichen, betrachten wir hier und im weiteren Verlauf der folgenden beiden Kapitel einen Handwerksbetrieb.

> Nur ein Meister ohne jedes Personal (Gesellen, Lehrlinge) kann einzelne Produkte – etwa die Modernisierung eines Badezimmers – ohne Information herstellen. Er muss dann Niemandem aufschreiben, was zu tun oder welches Material zu beschaffen ist. Er benötigt allerdings Wissen, um in vertretbarer Zeit zu einem sinnvollen Ergebnis zu kommen. Dieses Wissen muss er irgendwann einmal, evtl. in der Lehre, erworben und später verfeinert und erweitert haben. Erstellt er sein Produkt arbeitsteilig, muss er seinem Lehrling oder Gesellen in einer Sprache und Schrift, die dieser versteht, aufzuschreiben, was zu tun ist. Tut er dies nicht, wird er sich wohl kaum für längere Zeit vom Arbeitsort entfernen können; die „Teilung" der Arbeit wäre höchst einseitig.

Wir sehen bereits an diesem simplen Beispiel die Rolle der Information zu Zwecken der Kommunikation und der Erinnerung. Sie dient unter anderem dazu, Produkte repetitiv und arbeitsteilig herstellen zu können.

> Will der Meister ein alleine hergestelltes Produkt genau gleich noch einmal an einem anderen Ort bauen, wird er dies wiederum nur mithilfe von Daten tun können, nämlich einer Konstruktionsskizze. Die Repräsentation der Daten ist in diesem Fall belanglos. Es genügt ein Pappkarton, den der Meister eher zur Hand haben wird als ein Blatt Papier.

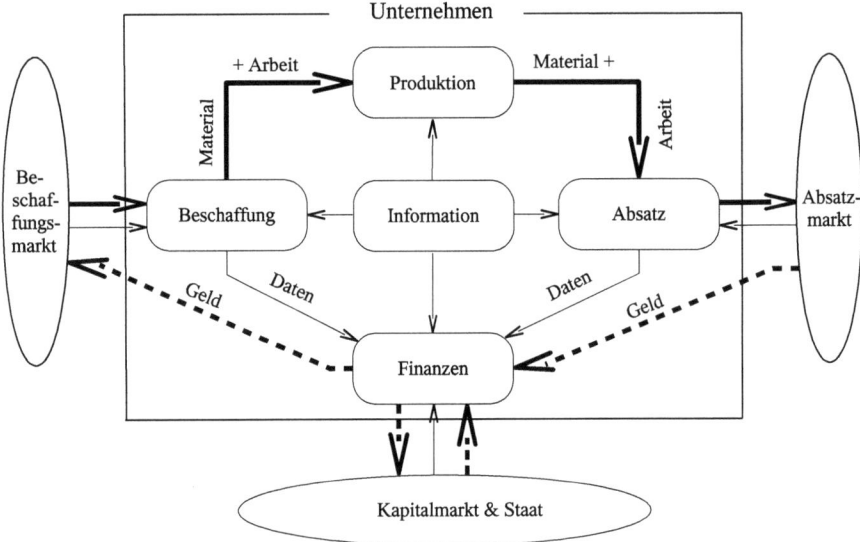

Abb. 1.1. Das Unternehmen als System mit Märkten als Umwelt (nach Domschke & Scholl, 2003)

Abb. 1.1 zeigt betriebliche Funktionen als Fluss von Produktionsfaktoren und Geld, wie sie bereits in einem Handwerksbetrieb anzutreffen sind. Das von Domschke und Scholl im Grundaufbau übernommene Bild wurde für unser Thema modifiziert, indem das Rechnungswesen durch eine umfassendere Funktion *Information* ersetzt und die Flüsse nach Typen unterschieden wurden. Es zeigt wesentliche Aspekte, die in diesem Buch herausgearbeitet werden sollen. Wir wollen die betrieblichen Funktionen betrachten unter dem Blickwinkel der sich zwischen ihnen bewegenden Flüsse von Material oder immateriellen Leistungen, Finanzmitteln und Information bzw. Daten. Dabei sind Informationsflüsse in Abb. 1.1 nicht überall eingezeichnet. Den wesentlichen Unterschied zwischen Daten und Information können wir erst in Kapitel 4 herausarbeiten. So lange belassen wir es bei einem intuitiven Verständnis von *Information*.

Die in Abb. 1.1 von dem Knoten *Information* ausgehenden Informationsflüsse deuten die vielfältigen Beziehungen in alle Bereiche und zwischen ihnen nur informell an. Explizit eingezeichnet ist die Beschaffung von Informationen aus Märkten durch die entsprechenden Funktionen und die von Beschaffung und Absatz ausgehende Abwicklung von Zahlungsvorgängen durch die Funktion Finanzen.

An einigen Stellen benutzen wir statt *Funktion* den Begriff *Organisationseinheit*, auch kurz: *Einheit*. Dies soll nicht etwa bedeuten, dass nur funktionsorientiert organisiert würde, wohl aber, dass sich die grobe funktionale Gliederung aus Abb. 1.1 in vielen Unternehmen auch organisatorisch feststellen lässt.

Nicht jede Flussgröße ist an jedem Übergang gleich stark beteiligt. Bei produzierenden Unternehmen sind im oberen Teil des Bildes Material und Arbeit die dominierenden Flussgrößen des sog. *Leistungsbereiches*. Bei Dienstleistern besteht das Produkt aus Arbeitsleistungen, während die interne Produktionsfunktion nur rudimentär oder gar nicht existiert; z. B. bei einer Beratung. Die zwischen Unternehmen und Umwelt fließenden Informationen sind *Daten*, von denen einige sogar justiziabel sind. Sie heißen *Bestellung*, *Auftrag* und *Rechnung*. Sie wurden allerdings in Abb. 1.1 aus Gründen der Übersicht nicht eingezeichnet. Wie man diese und andere *Datentypen* modelliert und welche Rolle sie in betrieblichen Routineprozessen spielen, wird in Kapitel 3ff. ausführlich behandelt. Hier werden zunächst die fünf Funktionen aus Abb. 1.1 erläutert:

Die **Beschaffung** (auch *Einkauf*) sorgt für die Einsatzstoffe des Produktionsprozesses oder direkt zu verkaufende Produkte (sog. *Zukauf*). Diese Beschaffungsgüter nennen wir **Material**. Logisch werden, wie in Abb. 1.1 gezeigt, auch Arbeitskräfte „beschafft" (s. Schierenbeck, 2003, Abb. 112). Dies ist aber in keinem Unternehmen Aufgabe des Beschaffungsbereichs, sondern obliegt dem *Personalbereich*. In diesem Bereich sind soziale Erfahrungen und juristische Kenntnisse erforderlich. Aufgabe der Beschaffungsfunktion ist jedoch häufig, eine *Bedarfsermittlung* durchzuführen, sowie die kostengünstigsten *Bestellzeitpunkte* und deren *Losgrößen* (optimale Bestellmengen) zu ermitteln. Alle diese Berechnungen basieren auf Daten. Weiterhin gehört zu dieser Funktion die Verantwortung für das **Materiallager**. Auf die Beschaffung von Information gehen wir weiter unten ein.

Die **Produktion** stellt in einem Wertschöpfungsprozess durch Kombination von Arbeitskraft, Betriebsmitteln, Material und Information *Produkte* her (s. etwa Kistner & Steven, 2002, Kap 2; Schierenbeck, 2003, Kap 5; Töpfer, 2005, Kap F.III). Dies können materielle oder immaterielle handelbare Waren sein, die durch die Funktion *Absatz* zu verkaufen sind, aber auch Dienstleistungen, die nur beim Kunden erbracht werden können, etwa bei einem Handwerksbetrieb. Die traditionellen betriebswirtschaftlichen Probleme der Produktion stammen aus dem eigentlichen Produktionsprozess und dessen Planung, z. B. Reihenfolge- und Kapazitätsbelegungsprobleme oder die Beziehung zwischen Einsatzmenge und optimaler Ausbringung (s. Reichwald & Dietel, 1991 oder Kistner & Steven, 2002). Die Funktion *Produktion* ist in Industrieunternehmen der Ort der stärksten technischen Kompetenz, weshalb dort regelmäßig auch die Teilfunktion *Produktentwicklung* (auch *Konstruktion*) angesiedelt ist.

Der **Absatz** (auch *Vertrieb* oder *Marketing*) hat entweder gebrauchsfähige Produkte zu verkaufen oder Beziehungen zum Absatzmarkt aufzubauen und zu pflegen, um Aufträge für noch zu produzierende Produkte zu gewinnen. Fast immer findet man auch eine ausgewiesene Teilfunktion *Marketing*, die den Markt zu beobachten, Marktdaten zu beschaffen und zu analysieren hat, Produktideen generiert und auch rückläufige Daten wie Reklamationen bearbeiten sollte. Die Funktion Absatz wird üblicher Weise gleichzeitig im Betrieb wahrgenommen (*Vertriebs-Innendienst*) und im Markt (*Außendienst*). Der kostengünstige Einsatz eines großen, in verschiedenen Regionen tätigen Außendienstes erfordert leistungsfähige Softwaresysteme zur Planung, Steuerung und Kontrolle, die schlecht standardisierbar sind. Auf sie und gut standardisierbare *Anwendungssysteme* werden wir in Kapitel 7 eingehen.

Die **Finanzen** werden gegenüber dem eben besprochenen *Leistungsbereich* von einer gut abgegrenzten Organisationseinheit verwaltet, genannt *Finanz- und Rechnungswesen*. Die Einheit gliedert sich in die nach innen gerichtete *Betriebs-* und die nach außen gerichtete *Finanzbuchhaltung* (*internes und externes Rechnungswesen*), sowie eine Einheit, die sich um das Kapital und die Liquidität kümmert. Das Rechnungswesen ist zwar nicht *das* Informationssystem der Unternehmung, wie man noch gelegentlich liest, aber ohne Zweifel ein sehr wichtiges. Für Geldflüsse im Sinne von Zahlungsvorgängen zwischen Umwelt und Unternehmen ist grundsätzlich nur der Finanzbereich zuständig. Wenn man die Mitarbeiter in ihrer Rolle als (private) Haushalte sieht, an die eine Vergütung fließt, gibt es *innerhalb* eines Unternehmens keine Geldflüsse. Statt dessen gibt es umfassende Informationsflüsse sowohl über anstehende Zahlungsvorgänge als auch umfassende Kosteninformationen für praktisch alle betrieblichen Funktionen. Finanzinformationen sind sehr wesentliche Entscheidungsgrundlagen für routinemäßige, taktische und strategische Entscheidungen. Die Rolle und Funktionsweise des Anwendungssystems *Finanzbuchhaltung* als Datensammler werden wir ebenfalls in Kapitel 7 erläutern.

Die Funktion **Information** war historisch im Rechnungswesen angesiedelt, ist aber heute fast immer eine getrennte Organisationseinheit mit den Bezeichnungen *Informatik* oder *Organisation/Datenverarbeitung*. Sie hat die Aufgabe, Information bereitzustellen, nicht aber sie zu beschaffen. Die drei in Abb. 1.1 mit Märkten verbundenen Funktionen beschaffen ihre externen Informationen selbst. Die extern beschafften Informationen haben allerdings nur einen sehr kleinen Anteil am Volumen betrieblicher Daten insgesamt. Das Gros betrieblicher Daten entsteht im Rahmen betrieblicher Vorgänge *innerhalb* des Unternehmens in den Fachfunktionen. Die jeweiligen Organisationseinheiten verantworten die Korrektheit der Daten, die sie erzeugen.

Die Einheit *Informatik* betreibt die maschinellen Teile des Faktors Information, die *Informationstechnik* (IT), und stellt das methodische Wissen zur Durchführung von Projekten und zur Modellierung von Daten und Prozessen zur Verfügung. Sie verantwortet eine sichere Speicherung korrekter Unternehmensdaten und bietet den Fachfunktionen und der Unternehmensleitung geeignete Systeme zur Verbesserung von Informationen an. Sie sorgt dafür, dass alle Material- und Geldflüsse in Abb. 1.1 von den richtigen Informationen begleitet werden, wobei es hier Überschneidungen mit den Ansprüchen der betrieblichen Funktion *Controlling* geben kann (s. Jahnke, 2006).

Darüber hinaus ist es eine originäre Aufgabe jeder Unternehmensleitung, besonders wichtige Informationen aus der Umwelt des Unternehmens selbst zu beschaffen. Diese Art von Informationen ist nur selten in Form von Daten repräsentiert. Dennoch wäre die Führung eines heutigen Unternehmens ohne eine explizit organisatorisch verankerte Informationsfunktion unmöglich. Auf einen kurzen Nenner gebracht, ist sie für heutiges Wirtschaften selbst im kleinen Rahmen unentbehrlich, so dass wir im folgenden Kapitel zeigen können:

> Es gibt zwar keine Recherche im Internet und keinen Blick auf Börsenkurse, *vor allem aber* **keine Warenlieferung oder Zahlung** ohne Information in der Form von Daten.

Dies mag einleitend genügen, um zu begründen, dass die Rolle des Produktionsfaktors Information zu wichtig ist, als dass man seine Modellierung und Handhabung der Intuition überlassen könnte. Es gibt viele Fälle weltweit bekannter Managementfehler (Neumann, 1995),[1] bei denen die Intuition hochrangiger Manager beim Faktor Information mit kostspieligen Folgen versagt hat. Dies zeigt nicht nur das Beispiel *Toll Collect*, bei dem Ende 2003 ein Milliarden schweres Versagen von Industrie- und Bürokratie-Managern zu konstatieren war (FAZ, 2004). Weitere, nicht so bekannte Beispiele sind:

- Ein Massenhersteller mit täglich 500.000 verkauften Artikeln, einem Jahresumsatz von 250 Mio. € und einem flächendeckenden Vertrieb war in den 90er Jahren trotz eines Marktanteils von 57 % durch „Sparsamkeit" im Informationsbereich zum Sanierungsfall geworden. Die Geschäftsleitung hatte die Bedeutung der Pflege der Artikelstammdaten für die aufwändige Vertriebslogistik nicht erkannt.
- 1995 konnte der neue Flughafen in Denver/USA erst 16 Monate verspätet in Betrieb gehen, weil Hardware und Software für die Gepäcksteuerung „billig" vergeben und völlig dilettantisch und funktionsunfähig realisiert waren. Die Opportunitätskosten bis zur Inbetriebnahme des Flughafens betrugen laut Neumann (1995) 3,2 Mrd. US $.
- Nach Heinrich & Klier (2006) ergab die Analyse der Kundenstammdaten eines sehr großen Mobilfunkanbieters, dass ein Marktpotential von rund 1,9 Mio. € im Jahr nicht genutzt werden konnte, weil die Stammdaten von 20 % der Prepaid-Kunden nicht aktuell waren. Die Kunden wurden wegen falscher Adressen von den Marketing-Kampagnen nicht erreicht, da in den Daten der falsche Vertragspartner enthalten war. Abhilfe hätte nur eine vom Management unterstützte Verbesserung der Datenqualität schaffen können.
- Nach einer aktuellen Studie der Firma Deloitte Consulting (CZ, 2007) ist nur in 14 % von 455 großen Unternehmen die obere Führungsebene an der Festlegung der IT-Strategie beteiligt. Dies bedeutet, dass in 86 % der Unternehmen über diese Strategie bestenfalls in der zweiten Führungsebene entschieden wird und die Unternehmensführung sich damit *nicht* beschäftigt.

Trotz der allgegenwärtigen Existenz ist betriebliche Information nicht etwa unstrukturierbar. In Form von Daten hat sie klare, methodisch begründete Formen. Diese las-

---

[1] aktuell von 1985 bis 2004 mit rund 2000 dokumentierten Fällen unter: `http://catless.ncl.ac.uk/Risks` (ACM Usenet)

sen sich für ein Industrieunternehmen – natürlich auch für eine Bank oder ein Versicherungsunternehmen – semantisch allgemein gültig in *Referenzmodellen* darstellen. Als zeichnerische Notation wird der seit 1997 gesetzte internationale Standard UML (*Unified Modelling Language*) (Object Management Group, 2008) verwendet. UML ist eine grafische Sprache mit umfassenden Möglichkeiten, von denen wir hier nur einen kleinen Teil in vereinfachter Form anwenden. Dieser reicht aus, um alle Grafiken dieses Buches in einer einheitlichen Notation zu verfassen. Nur ganz wenige informelle Skizzen werden aus didaktischen Gründen von dieser Regel abweichen. Der hier benutzte Ausschnitt der UML wird in Anhang A dargestellt.

In diesem Buch sollen schwerpunktmäßig die Inhalte und die Struktur betrieblicher Daten geklärt werden. Dazu betrachten wir zunächst betriebliche Funktionen und Prozesse (Kapitel 2), durch die ein Teil dieser Daten entsteht. Die Prozesse interagieren überwiegend über die Daten betrieblicher Vorgänge, die die dominierende Flussgröße bei Routineprozessen darstellen. Will man jedoch über Daten genauer sprechen, sie sogar modellieren, ist es unumgänglich, sie sehr elementar zu betrachten und einige Grundlagen zu lernen, die *nicht* in den üblichen Mathematik-Kursen gelehrt werden. Daher geht Kapitel 3 sehr grundlegend auf Zeichen, Codes und Zahlensysteme ein, ohne die man das Grundkonstrukt von Daten, den *Datentyp*, kaum verstehen kann. Die mathematischen Grundlagen hierzu kommen aus der Mengenlehre. Nur auf dieser Basis können wir betriebliche Kommunikation und Information präzise definieren. Dies geschieht in Kapitel 4. Erst dann ist der Boden bereitet, um in Kapitel 5 die *Inhalte* betrieblicher Daten darzustellen.

Die Mengenlehre benötigen wir wieder in Kapitel 6, in dem die *Struktur* betrieblicher Daten besprochen wird, auch bekannt als *Datenmodellierung*. Kapitel 7 gibt auf deren Basis einen Überblick über die *Anwendungssysteme* des Industriebetriebs, zu denen Kapitel 8 den organisatorischen Bezug der *Datenverantwortung* behandelt. Kapitel 9 schließlich befasst sich mit *unstrukturierten* Daten. Eine große Rolle spielt dabei die Sprache XML, die Daten in anderer Form notiert als dies bei den *strukturierten* Daten in Kapitel 3 gezeigt wird. XML erweitert das Spektrum der automatisierten Verwendung von Daten und ermöglicht eine einfachere maschinelle Kommunikation *zwischen* Unternehmen als dies traditionelle Techniken zulassen.

Der scheinbare Bruch in der Gliederung nach Kapitel 2 hat seine Ursache darin, dass zwar heute jedes betriebswirtschaftliche Buch Grundlagen der Mathematik voraussetzen kann, die Informationswirtschaft aber ihre wenigen nicht algebraischen Grundlagen selbst vermitteln muss. Deshalb gehen im Gegensatz zum sonstigen Aufbau des Buches die Kapitel 3 bis 4 bottom-up vor. Sie schaffen damit die nötige Basis für die Kapitel 5ff.

Notationen, insbes. zu UML, Aufgabenlösungen und ein Lösungsvorschlag für die umfangreiche Fallstudie in Kapitel 10 finden sich im Anhang.

2
Betriebliche Funktionen und Prozesse

Zu Beginn hatten wir mit Abb. 1.1 eine idealisierte Gesamtsicht von Unternehmen skizziert, die betriebliche Funktionen durch die Flussgrößen Geld, Information, Material und Arbeit verknüpfte. Wir werden diese Funktionen weiter präzisieren, indem wir die Flussdarstellung aus Abb. 1.1 grafisch verfeinern. Dies wird zur expliziten Darstellung von Informationen führen, so dass wir Prozessdarstellungen erhalten, die besser als die funktionale Sicht zeigen, wie Funktionen über Informationen interagieren. Die Informationsflüsse werden noch in *Lenkungs-* und *Leistungsflüsse* zerlegt, um eine präzise Vorstellung von dem in der Literatur oft nur vage umrissenen Begriff *Geschäftsprozess* zu erhalten (Näheres in Abschnitt 2.4.2).

Die Sicht dieses Kapitels auf Unternehmungen weicht von der üblicher betriebswirtschaftlicher Lehrbücher ab, die Methoden und Theorien bereitstellen, die überwiegend bei strategischen und taktischen Entscheidungen zum Ansatz kommen. In diesem Kapitel stehen *operative* Entscheidungen im Vordergrund. Entscheidungen in diesem Bereich werden oft nicht explizit gefällt, sondern durch faktisches Handeln oder auch Unterlassen. Um solche Situationen überhaupt erkennen zu können, benötigen wir Erklärungs- und Referenzmodelle für das operative Geschehen. Erst durch diese wird es möglich, betriebliche Abläufe zu verstehen.

Am Ende des Kapitels sollte der Leser eine grobe Vorstellung davon haben, wie ein Betrieb dynamisch „funktioniert" und gelernt haben, *dass* und *wie* Daten hierzu maßgeblich beitragen.

2.1 System-Sicht

In Abb. 1.1 hatten wir die Begriffe System und Umwelt benutzt. Sie stammen aus der Allgemeinen Systemtheorie, die den Anspruch erhebt, für sehr viele Wissenschaften einen allgemeinen Rahmen zu liefern (s. Ferstl & Sinz, 2006, 11ff.). Sie kann das auf jeden Fall für die Wirtschaftswissenschaften, aber auch für die Informatik. Wir benutzen hier nur wenige Konzepte davon, die kurz erläutert werden sollen.

Ein *System* ist ein Gebilde aus einer Menge von **Elementen**, die in einer geordneten Beziehung zueinander stehen (s. auch Fink, Schneidereit & Voß, 2005, 3).

Das System ist umgeben von einer **Umwelt**, mit der es als Ganzes in Beziehung steht (*statische Sicht*) oder tritt (*dynamische Sicht*). Sind die Elemente eines Systems nur Gegenstände, spricht man von einem *technischen* System. Gehören Menschen zu den Systemelementen, spricht man von einem *soziotechnischen* System. Damit ist ausgedrückt, dass neben den Menschen immer auch Gegenstände (z. B. Gebäude, Werkzeuge, Maschinen) zum System gehören. Insbesondere Organisationen, also *zielgerichtete* soziale Systeme, werden als Systeme modelliert.

Ein wichtiger Aspekt eines Systemmodells ist, dass man beim Modellieren entscheiden muss, welche Elemente zur Umwelt gehören und *nicht* im Einzelnen betrachtet werden und welche Elemente zum System gehören und *genauer* untersucht werden. Die Struktur (statische Sicht) und das Verhalten (dynamische Sicht) der Systemelemente sind Gegenstand der Analyse von Systemen. Neben der Betrachtung des Systems selbst ist die Gestaltung der **Systemgrenze** ein wichtiger Schritt bei der Modellierung. Die zentrale Frage ist hierbei: Mit welchen Elementen der Umwelt tritt das System in eine Austauschbeziehung?

Die Elemente der Systemumwelt werden nicht näher betrachtet, das System dagegen schrittweise in **Teilsysteme** verfeinert. Abb. 1.1 hat demnach fünf Elemente, hier die Funktionen *Beschaffung, Produktion, Absatz, Finanzen* und *Information*. Es steht mit den Umwelt-Elementen *Beschaffungsmarkt, Absatzmarkt* und *Kapitalmarkt & Staat* in Beziehung. Eine Trennung von Kapitalmarkt und Staat ist für unsere Betrachtung nicht relevant, für andere Schwerpunkte – etwa die Finanzwirtschaft – wäre das keine gutes Modell. Im Folgenden werden wir die bisherigen Elemente des soziotechnischen Systems *Unternehmen* sowohl statisch als auch dynamisch genauer betrachten.

Zusammenfassung Abschnitt 2.1

- Ein *System* ist gekennzeichnet durch seine *Elemente* und die *Beziehungen* zwischen den Elementen und dem System mit seiner *Umwelt*.
- Als Elemente des Systems *Unternehmen* betrachten wir zunächst seine (Grund-)Funktionen.

2.2 Funktions-Sicht

Die drei betrieblichen **Grundfunktionen** Produktion, Absatz und Finanzen bildeten bereits 1954 die Gliederung eines wichtigen Lehrbuchs der Betriebswirtschaftslehre, den drei Bänden von Gutenberg (1983). Darauf aufbauend wurde die *Beschaffung*, auch *Bereitstellungsplanung* genannt, als vierte Grundfunktion hinzugefügt (s. z. B. Bea, Dichtl & Schweitzer, 2002; Schierenbeck, 2003; Wöhe, Kaiser & Döring, 2002). Seit ca. 1990 wurde auf Grund industrieller Entwicklungen erkannt, dass es vor allem im Bereich des Materialflusses eine *Querschnittfunktion* gibt, die es verbietet, rein funktional zu denken. Dies nannte man in Anlehnung an das militärische Vorbild *Logistik* (s. Pfohl, 2004). Damit wurde eine Funktion gebildet, die dem Materialfluss folgt.

Dies war nicht neu, denn seit 1982 hieß eines des ältesten Software-Module des System R (*realtime*) der heutigen SAP AG *material management* (MM).[1] Kern eines sog. ERP-Systems ist eine integrierte Sicht auf alle Materialdaten und die daraus abgeleiteten Vorgänge wie Bestellungen, Wareneingänge, Einlagerungen und Buchungen im Produktionsprozess und in der Finanzbuchhaltung. Es stellte sich jedoch als schwierig heraus (Verantwortungs- = Machtbereiche, mangelnde Überschaubarkeit in Folge ungeeigneter Daten und Ähnliches), die Vision der prozessorientierten Organisation umzusetzen. Es enststanden Wortgebilde wie *Beschaffungs-Logistik*, *Produktions-Logistik* und *Absatz-Logistik* (s. z. B. Domschke & Scholl, 2003, 135), die die alte Funktionsgliederung wieder aufleben ließen. Wir werden zeigen, dass der Integrationsgedanke rein funktional nicht Fuß fassen kann, weil er nicht operational ist, dass sich aber über Daten eine nachvollziehbare Integration ergibt. Sie ist allerdings intuitiv schwer zu erkennen.

Wir werden die Funktions-Sicht noch genauer betrachten, bevor wir uns einer Prozess-Sicht zuwenden.

2.2.1 Funktionaler Blick auf ein Unternehmen

Die Funktionen werden zunächst traditionell betrachtet, um daran einige Aussagen über funktionale Zerlegungen festzumachen. Tabelle 2.1 zeigt eine Sicht der betrieblichen Grundfunktionen, verfeinert um *eine* Ebene; die Funktionen *Absatz* und *Finanzen* sind um *zwei* Ebenen verfeinert (Einrückungen).

Tabelle 2.1. Verfeinerungen der betrieblichen Grundfunktionen

Beschaffung	Produktion	Absatz	Finanzen
Marktbeobachtung	Entwicklung	Marketing	Kapitalbeschaffung
Bestelldisposition	Kalkulation	Absatzplanung	Gehaltsabrechnung
Bestellbearbeitung	Produktionsplanung	Verkauf	Buchhaltung
Bestellüberwachung	Fertigungsbelegung	AngebotsErstellg.	Debitoren
Wareneingang	Fertigungssteuerung	AuftragsEingang	Kreditoren
Lagerverw./MAT	Qualitätskontrolle	AuftrBearbeitung	Anlagen
	Instandhaltung	Lagerverw./FF	Jahresabschluss
		Versand	Controlling
		Fakturierung	Kostenrechnung
		Statistik	Budgetierung
			Berichtswesen

mit: MAT = *Material*; FF = *Fertigfabrikate*

Die Funktionen und deren Bezeichnungen werden in konkreten Fällen sowohl betriebs- als auch branchenspezifisch variieren; z. B. werden die Spezialisierungen

---

[1] Das frühere System R/2, ab 1993 abgelöst durch R/3®, erscheint seit etwa 2003 unter wechselnden Markennamen. Es gehört zur Klasse der *Enterprise Ressource Planning Systems* (ERP). Das Grundkonzept solcher Systeme wird in Kapitel 7 besprochen.

Produktion und *Fertigung* weitgehend synonym verwendet. Auch wird es Firmen geben, in denen die Buchhaltung die Fakturierung durchführt oder das Controlling auch die Vertriebsstatistiken im Rahmen des Berichtswesens erstellt.

Die Funktion „*Statistik*" im Bereich *Absatz* wird bei einem Zulieferer des Lebensmittelhandels sehr sinnvoll, bei einem Automobil-Zulieferer dagegen nicht zweckmäßig sein, da letzterer nur sehr wenige (< 10) Kunden hat, ersterer aber rund 25.000 Lebensmittelfilialen versorgen muss.

Weiterhin taucht die Funktion *Lagerverwaltung* zweimal auf. Offensichtlich geht es hier um verschiedene *Rollen* des gleichen Gegenstandstyps, im Beispiel um eingekaufte Ware (*Material*) und um verkaufsfähige Ware (*Fertigfabrikat*). Wenn man davon absieht, dass eine Personalfunktion und die Informationsfunktion hier nicht ausgewiesen sind, dürfte Tabelle 2.1 für viele Unternehmen zutreffen, unabhängig davon, wie die Arbeitsteilung im konkreten Einzelfall organisiert ist.

Die in Tabelle 2.1 gezeigten weiteren Verfeinerungen der Funktionen *Verkauf*, *Buchhaltung* und *Controlling* in Ebene 2 präzisieren die übergeordneten Begriffe. Sie zeigen, wie man alle Funktionen der Ebene 1 im Prinzip verfeinern könnte. Man würde dabei aber immer betriebsspezifischer werden und hätte wenig allgemeine Erkenntnis gewonnen. Zumindest kommt man dem Verständnis, wie ein Betrieb in der Folge seiner Funktionen „funktioniert", damit nicht näher, weil die Funktionssicht statisch ist. Dies ändert sich, wenn wir uns um eine dynamische Sicht in der Form von Prozessen bemühen, d. h. um den Zusammenhang der Funktionen. Jedes Unternehmen, auch jede staatliche Organisation, wäre ein Chaos, wenn im Routinebetrieb jede Funktion mit jeder anderen kommunizieren müsste. Statt dessen ist die Kommunikation für Routineprozesse straff geregelt und spielt sich durch die Übermittlung streng typisierter Daten ab. Man nennt diese Daten umgangssprachlich auch „Vorgänge".

2.2.2 Aufgaben, Funktionen und Verrichtungen

Wenn Menschen zielgerichtete Tätigkeiten ausüben, spricht man von **Aufgaben**. Nach Ferstl & Sinz (2006) lassen sich zwei Aufgabentypen unterscheiden, *Transformations-* und *Entscheidungsaufgaben*. Dies zeigt Abb. 2.1. Erstere zerfallen noch in Aufgaben a) ohne Speicher und b) mit Speicher.

Fall a) wäre etwa das Ermitteln des Umsatzes eines Quartals mit den Daten aller Rechnungen als Input. Es werden also keine originär neuen Daten erzeugt. Fall b) erzeugt neue und verändert bestehende Daten. Dies wäre z. B. eine Lagerzugangs- oder -abgangsbuchung, die neue Daten erzeugt und den Lagerbestand ändert. Fall c) schließlich beschreibt eine Entscheidungssituation, in der eine Führungs- oder Zielgröße das Ergebnis mit bestimmt, etwa die Einplanung eines Produktionsauftrags, der auf Grund eines Kundenauftrags einen vorgegebenen Endtermin hat.

Von den Fällen c) nach a) in Abb. 2.1 nimmt die Automatisierbarkeit der Aufgaben zu. Aufgaben, die automatisierbar sind, nennt man häufig **Funktionen** oder auch *Operationen*. Ebenso werden Funktion und Aufgabe synonym benutzt, wie wir es hier tun. Wir greifen den Unterschied aber in Kapitel 7 wieder auf, wenn es um

a) reine Transformation; Output= f(Input)

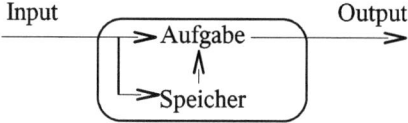

b) Transformation auf Basis eines Speichers

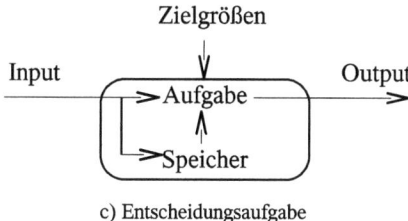

c) Entscheidungsaufgabe

Abb. 2.1. Aufgabentypen bei der Informationsverarbeitung (Ferstl & Sinz, 2006, 33)

automatisierte Aufgaben in betrieblichen Anwendungssystemen geht. Ein weiteres, 1960 von Kosiol eingeführtes Synonym für Funktion ist **Verrichtung**. Ein **Vorgang** besteht nicht nur aus Daten (s. oben), sondern ist eine Teilaufgabe im Routinebetrieb. Schließlich benutzt noch die aus der Informatik stammende grafische Sprache UML (*Unified Modelling Language*) als Synonym für *Funktion* den Begriff **Aktion**. Eine zusammengehörende Menge von Aktionen heißt in der UML **Aktivität** (s. Anhang A).

Zusammenfassung Abschnitt 2.2

- ◇ Man kann Funktionen bis zu einzelnen *Tätigkeiten* schrittweise verfeinern. Dies ist eine *statische* Sicht.
- ◇ Es gibt keine allgemein festgelegten Begriffe für betriebliche Funktionen und *Teilfunktionen*, statt dessen diskursspezifische Synonyme.
- ◇ Bei der Wahrnehmung betrieblicher Aufgaben entstehen *Daten* oder es werden Daten als Entscheidungsgrundlage benutzt.
- ◇ Transformationsaufgaben zur Erzeugung von Daten sind tendenziell automatisierbar.

2.3 Prozess-Sicht

Wir betrachten zunächst Prozesse aus Funktionen mit einer anonymen Flussgröße *Information*, danach Flüsse aus Folgen von Funktionen und *Daten*. Am Schluss wird eine Verallgemeinerung der Flussgrößen eingeführt.

2.3.1 Prozesse aus Funktionen

In Abb. 2.2 ist die Grundfunktion *Absatz* aus Abb. 1.1 als Teilsystem grafisch verfeinert. Sie zeigt mehrere allgemeine Phänomene:

◇ Durch die Verfeinerung werden die Nachbarfunktionen zur Umwelt des Teilsystems. Sie sind aber keine *Märkte*, sondern **Akteure**. Dies drücken wir durch ein spezialisiertes Objektsymbol aus.
◇ Eine Verfeinerung muss exakt in den übergeordneten Graphen passen. Nur so erhält man **Schnittstellen**; das sind zwischen Funktionen oder mit der Umwelt ausgetauschte Daten oder anderen Arten von Objekten (insbes. Material und Geld).
◇ Als **Flussgröße** zwischen den Funktionen dominieren Informationen, da auch die Materialflüsse von Informationen begleitet werden.

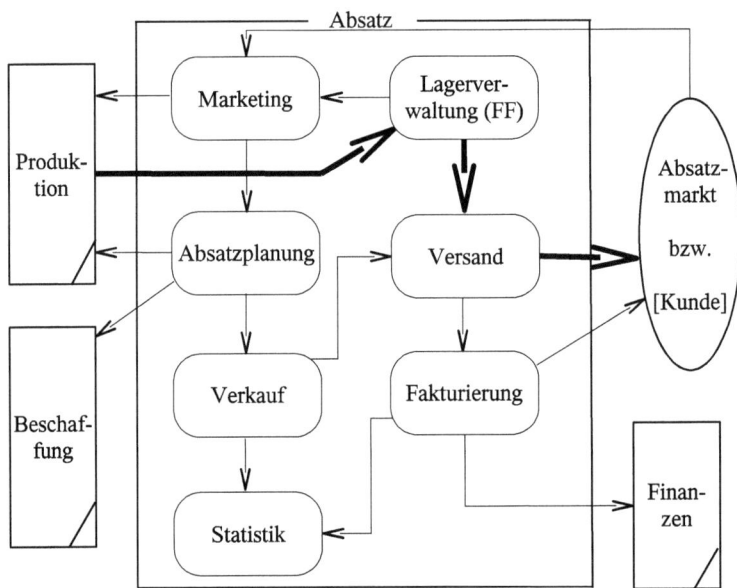

Abb. 2.2. Die Funktion *Absatz* mit Informations- und Materialfluss

Abb. 2.2 umfasst Funktionen des Absatzes, wie sie in Unternehmenstypen vorkommen, die täglich viele Liefer-Transaktionen auf Basis eines Fertigfabrikatelagers durchführen müssen. Die Funktionen *Marketing* und *Absatzplanung* haben Schnittstellen zu den beiden vorgelagerten Funktionen. Die *Marktbeobachtung* der Funktion Beschaffung (s. Tabelle 2.1) versucht, Zukaufwünsche zu erfüllen, die ihr die *Absatzplanung* übermittelt. Die *Produktionsplanung* prüft die Fertigungskapazitäten und errechnet an Hand von Durchlaufzeiten Liefertermine. Die *Entwicklung* der Funktion Produktion versucht, die Wünsche des Marketing umzusetzen und wird sie gemäß Tabelle 2.1 auch kostenmäßig kalkulieren (*Kostenträgerrechnung*).

Wir können hier auf die Inhalte der Funktionen aus Tabelle 2.1 oder aus Abb. 2.2 nicht im Einzelnen eingehen. Dies sollten die Leserinnen und Leser mithilfe eines einführenden Lehrbuches in die Betriebswirtschaftslehre (z.B. Becker (2006a)) selbst tun (s. Aufgabe 1 am Schluss des Kapitels). Eine Verfeinerung wie Abb. 2.2 gibt eine konkretere Vorstellung darüber, was hinter den in Kapitel 1 nur grob beschriebenen betrieblichen Grundfunktionen wie *Absatz* steht und wie man deren Material- und Informationsflüsse präzisieren kann. Durch die Prozessdarstellung werden Zusammenhänge zwischen den Funktionen dadurch offengelegt, dass man die Funktionen analog zu *Absatz* verfeinert.

Wir haben durch die Beispiele einer Prozess-Sicht ein erstes Indiz dafür, dass überwiegend Informationsflüsse die betrieblichen Abläufe bestimmen. Dies wird in der nächsten Verfeinerungsstufe noch deutlicher werden, wenn wir die Informationen explizit als Datentypen abbilden. Um die Allgemeingültigkeit des Beschreibungsansatzes zu zeigen, ist in Abb. 2.3 die Absatzfunktion alternativ für einen Handwerksbetrieb gezeigt (s. Kapitel 1).

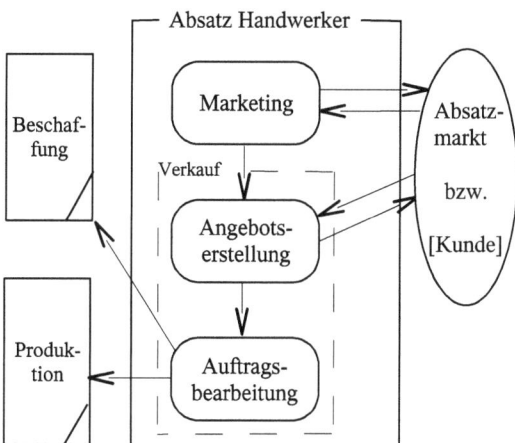

Abb. 2.3. Variantes Flussmodell der Grundfunktion *Absatz* für Einzelfertiger

Der Handwerker wird kaum ein Fertigfabrikate-Lager und schon gar keinen Versand haben, ebenso keine Absatzplanung. Dafür wird man bei ihm eine präzisere Verfeinerung der Funktion Verkauf erwarten, denn hier liegt seine Haupttätigkeit:

Ein Handwerker ist ein Einzelfertiger, der ständig neue Aufträge aquirieren und versuchen muss, dauerhafte Kundenbeziehungen zu möglichst großen Auftraggebern aufzubauen und zu pflegen. Dies trifft aber auch auf eine Werft oder ein großes Bauunternehmen zu.

Der Verkauf muss für den Unternehmenstyp Einzelfertiger bereits in Ebene 1 durch zwei wichtige Funktionen sichtbar werden, die in Tabelle 2.1 erst in der zweiten Ebene auftauchen. Dies sind die *Angebotserstellung*, die intensive Verhandlungen mit dem Kunden einschließt, und die *Auftragsbearbeitung*, die dispositive Vorbereitungen nach einem Auftragseingang trifft. Dies wiederum ist wichtig für die Produktion und Beschaffung. Die allgemeine Struktur bleibt im Prinzip bestehen, wenn auch nicht in den Details. Die Produktion eines Handwerkers bestünde dann aus den Funktionen *Produktionsplanung*, *Vorfertigung* in der Werkstatt und *Leistungserbringung* an der Baustelle (s. auch Abb. 2.7). In der Systemumwelt ist mit [Kunde] gezeigt, dass spätestens ab dem Zeitpunkt der Angebotserstellung der anonyme Markt für den Vorgang *Auftragsabwicklung* ein „Gesicht" bekommt, und zwar durch Beziehungen zu konkreten Objekten dieser Umwelt, über die Daten gesammelt werden. Identifizierbare Subjekte aus dem Markt werden aus Sicht des Unternehmens zu *Akteuren*, hier die Kunden.

Eine reine Verfeinerung von Funktionen entspricht jedoch nur im Ausnahmefall einem realen betrieblichen Prozess.

2.3.2 Datenflüsse

Der Ablauf in Abb. 2.2 verdeckt einen wichtigen Aspekt betrieblicher Prozesse, indem er von der *Zeit* abstrahiert. Während die Funktionen *Marketing* und *Absatzplanung* in längere Produktzyklen eingebunden sind, beginnt bei der Funktion *Verkauf* der Routinebetrieb von vielleicht Hunderten von Aufträgen, die *täglich* abzuwickeln sind. Genau diese werden fakturiert und nur aus ihnen speist sich die direkt angeschlossene Statistik als wichtiges Führungsinstrument des Absatzbereichs. Dies und eine Präzisierung durch Daten stellen wir in Abb. 2.4 vor.

Wir hatten bereits oben starke Indizien dafür gefunden, dass überwiegend Informationsflüsse die betrieblichen Abläufe bestimmen. Dies wird noch deutlicher, wenn wir die Informationen explizit als Datentypen abbilden. Wenn man die Flüsse zwischen den Funktionen benennt, spricht man von **Datenflüssen**. Wenn wir darüber hinaus noch die *Zeit* in die Prozess-Sicht mit einbeziehen, und zwar das Maß

$$Frequenz = \frac{AnzahlEreignisse}{Zeiteinheit},$$

dann müssen wir den Prozess *Absatz* aus Abb. 2.2 in *zwei* Flüsse trennen. Beim Einzelfertiger (Handwerker, Schiffbau) ist das nicht der Fall, da die Frequenz der Tätigkeiten beim Absatz übereinstimmt. Abb. 2.4 zeigt zwei zeitlich zu unterscheidende Teilprozesse, *Absatzplanung* und *Vertrieb*, die innerhalb der Grundfunktion *Absatz* ablaufen.

2.3 Prozess-Sicht

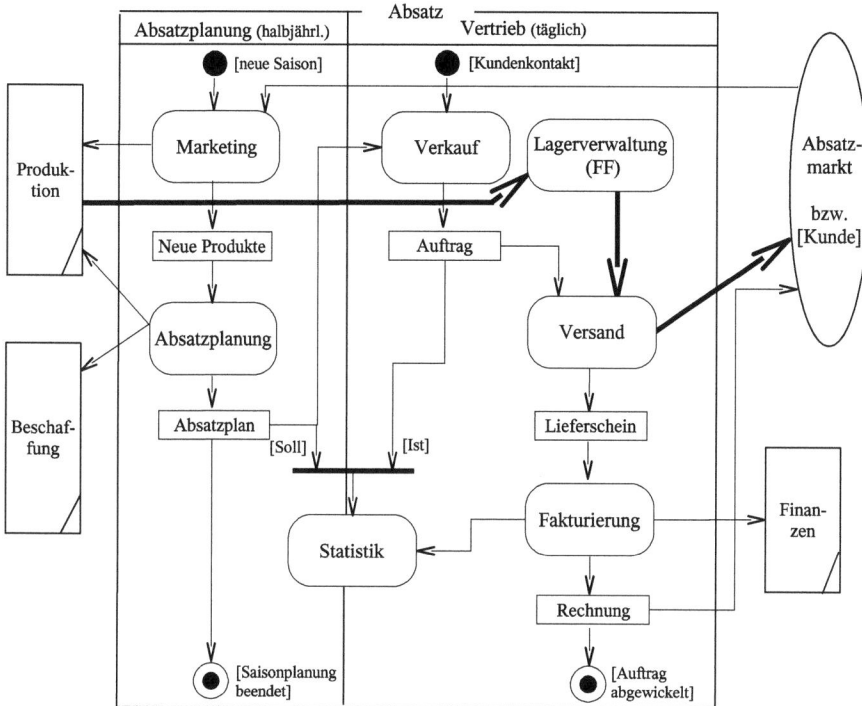

Abb. 2.4. Teilprozesse verschiedener Frequenz in *einer* Grundfunktion

Unterstellen wir, dass ein Lebensmittel-Lieferant hitzeempfindliche Waren wie Schokolade herstellt. Dann wird er jährlich zwei Teilprozesse zum Aufstellen eines Absatzplans haben, in *Sommer* und in *Winter*. Bestimmte Schokoladensorten können im Sommer nicht verkauft, müssen aber im Sommer für den Verkauf im Winter produziert werden.
Das gleiche Bild hätten wir bei einem Hersteller von Textilien, der ebenfalls zwei jahreszeitlich bedingte Saisonwechsel bewältigen muss. Man nennt den Prozess dort *Kollektion*.

An Abb. 2.4 lassen sich weitere allgemeine Eigenschaften von Prozessen zeigen:[2]

◇ Prozesse zeichnen sich durch ein **Start-Ereignis** (*auslösendes E.*) und ein **End-Ereignis** (*abschließendes E.*) aus, die explizit erkennbar sein müssen (Termin oder Datenzustand).
◇ Auch Prozesse verschiedener Frequenzen sind durch Funktionen miteinander verknüpft, die sich nicht konkreten Prozessen zuordnen lassen (im Beispiel die Teilfunktion *Statistik*).

---

[2] In Anhang A erklären wir den jetzt vollständigen UML-Diagrammtyp *Aktivitätsdiagramm*. Dort wird auch das Begriffspaar *Aktivität* und *Aktion* auftauchen, das den hier benutzten betriebswirtschaftlichen Begriffen *Funktion* und *Teilfunktion* entspricht.

16   2 Betriebliche Funktionen und Prozesse

◊ Informationsflüsse werden durch Daten repräsentiert (in den Grafiken Rechtecke für *Datentypen*).

Der nächste Abschnitt zeigt, dass sich die Flüsse noch stärker verallgemeinern lassen.

2.3.3 Lenkungs- und Leistungsflüsse

Nach Ferstl & Sinz (2006) lassen sich die Flüsse Material, Arbeit (Dienstleistung) und Geld aus Abb. 1.1 zu *Leistungsflüssen* zusammenfassen; Informationen erhalten dann die Rolle von *Lenkungsflüssen*.

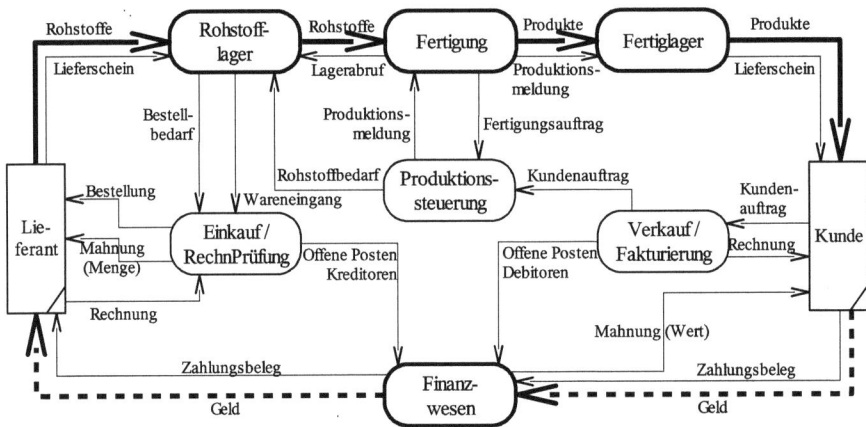

Abb. 2.5. Lenkungs- und Leistungsflüsse im Industrieunternehmen (Ferstl & Sinz, 2006, 46)

Die von Ferstl und Sinz stammende Abb. 2.5 der Routineprozesse im Industrieunternehmen zeigt die beiden Flusstypen Leistungs- und Lenkungsflüsse, wobei die Bezeichnungen der starken Kanten des Graphen Objekte der gegenständlichen Welt (Rohstoffe, Produkte, Geld) und die der gestrichelten dünnen Kanten die der informationellen Welt in Form von Datentypen (mehr hierzu in Kapitel 3) darstellen. Man sieht, dass die Funktionsgliederung verschwindet. In Abb. 2.5 wurden bis auf wenige Ausnahmen die von Ferstl und Sinz gewählten Bezeichnungen beibehalten. Dies verfolgt den Zweck, die studentischen Leser dieses Buches frühzeitig an die Vielfalt von Synonymen bei betrieblichen Funktions- und auch Datenbezeichnungen zu gewöhnen. Die wichtigsten hier zu sehenden Datentypen werden wir in Kapitel 5 präzisieren, indem wir ihre Beziehungsgeflechte und Merkmale offenlegen.

Natürlich sind die hier gezeigten Datentypen nicht alle Elemente der Lenkungsflüsse, sondern nur die der operativen Prozesse. Viele der für die Unternehmensführung relevanten Lenkungsflüsse haben fallweisen Charakter. Sie sind auch nicht immer in Form von Daten repräsentiert. Es gibt jedoch auf höherer Ebene standardisierte Datentypen, die als Führungsinformationen für die verschiedenen Management-Ebenen eine wichtige Rolle spielen. Mehr folgt hierzu in Kapitel 6.

Zusammenfassung Abschnitt 2.3

- ◇ Die funktionale Sicht ist als Grundlage für Prozesse nur bedingt tauglich, da sie zu stark an statischen Strukturen orientiert ist.
- ◇ Die Führung der Routineprozesse im Unternehmen erfolgt durch Information in der Form von Daten.
- ◇ Die Funktionsgliederung löst sich bei Prozessbetrachtungen auf.

2.4 Funktionsübergreifende Prozesse

Obwohl Prozesse die funktionale Gliederung durchbrechen, stellt sie eine wichtige Orientierung dar. Die grafische Norm UML ermöglicht es, dies sichtbar zu machen. Wir nutzen dies, indem wir bei wichtigen Prozessen die betrieblichen Grundfunktionen in sog. *Bereichen* zeigen.[3]

2.4.1 Innerorganisatorische Prozesse

Innerorganisatorische Prozesse haben keine direkte Verbindung zur Systemumwelt. Einer der wichtigsten dieser Prozesse im Industriebetrieb, von dem der Unternehmenserfolg maßgeblich abhängt, geht von der Funktion *Forschung und Entwicklung* aus (F&E). In nicht forschenden Unternehmen[4] fällt die erste Teilaufgabe weg, die zweite ist aber immer noch sehr gewichtig. Nur mit ständigen Produktinnovationen können Unternehmen auf Dauer Erfolg haben, seien sie in der Pharma-, Automobil- oder Textilbranche tätig (Gemünden, 2002).

Es gehört seit langem zu den Grundaussagen der Betriebswirtschaftslehre, dass die *Produktgestaltung* ein maßgeblicher Parameter des absatzpolitischen Instrumentariums ist (Gutenberg, 1983). Zusammen mit der Sortimentsgestaltung bildet sie einen Bestandteil des sog. *Marketing-Mix*. Dabei stehen die wichtigsten Einflussgrößen der Produktgestaltung zueinander im Zielkonflikt, so dass es sich verbietet, eines der folgenden Attribute alleine zu „optimieren": *schnell, gut, billig*. Ein viel verwendeter Aphorismus zu dieser „Optimierung" ist, dass man sich maximal *zwei* davon aussuchen könne. Studierende sollten also kritisch sein gegenüber leicht dahingesagten Versprechungen, wie schnell man etwas verbessern könne. Gelegentlich wird auch diskutiert, den Prozess *Produktentwicklung* aus dem Unternehmen auszulagern (sog. *Outsourcing*). Dies kann gefährlich werden, da man die Produktentwicklung als

---

[3] Hier entspricht ein formaler Begriff der UML dem industrieüblichen Begriff für *Grundfunktion*, ist aber nicht mit ihm deckungsgleich. Selbstverständlich kann man auch Funktionen tieferer Ebenen als (UML-)Bereiche abbilden.

[4] *Forschung* heißt, ergebnisoffen zu arbeiten, d. h. es kann sich auch *kein* oder ein völlig unerwartetes Ergebnis einstellen. Unbekannt ist das *Ob überhaupt*. *Entwicklung* heißt, ein im Prinzip gelöstes Problem in eine technische Lösung umzusetzen. Unbekannt ist das *Wie*, nicht das *Ob*.

18   2 Betriebliche Funktionen und Prozesse

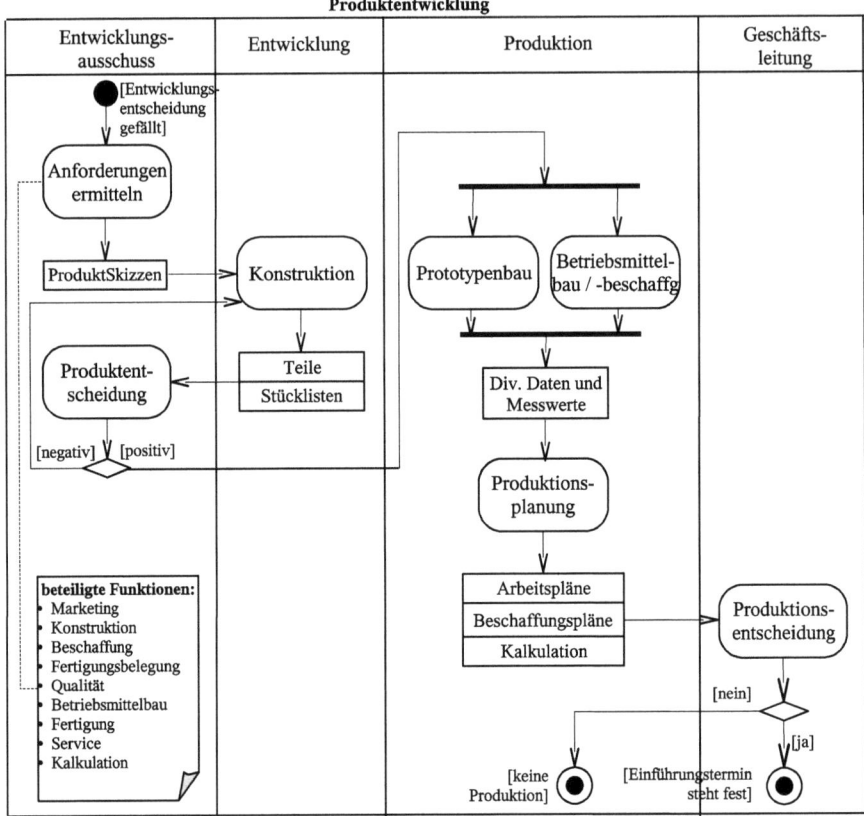

Abb. 2.6. Der Prozess Produktentwicklung (*Produktgestaltung*)

sog. *Kernprozess* eines Unternehmens nicht aus der Hand geben sollte. In Kernprozessen ist das Wissen eines Unternehmens besonders konzentriert (Becker, 2006b, 222).

Das Charakteristische für unsere Prozessbetrachtung ist, dass der Prozess F&E in der Pharma- oder Automobilindustrie *Jahre* benötigt. In der Bekleidungsindustrie ist das zwar nicht so, denn dort gibt es im Jahr mindestens zwei Kollektionen, allerdings muss eine Kollektion auch dort sehr diszipliniert ablaufen, da die Frequenz 2/*Jahr* beträgt. Schlägt dieser Prozess auch nur einmal fehl, kann dies das Aus für das Unternehmen bedeuten.

Abb. 2.6 zeigt den Prozess der Produktentwicklung in einer groben Form. Es würde an dieser Stelle jeden Rahmen sprengen, ihn im Detail darzustellen. Jedoch sei gerade Studierenden der Wirtschaftswissenschaften dringend geraten, sich eine Vorstellung von der wirklichen Komplexität dieses Prozesses zu machen, den Scheer unter der Überschrift *Leistungsgestaltungsprozesse* der Technik und des Marketing im Verbund umfassend so dargestellt hat, dass dies auch von Nicht-Technikern verstanden werden kann (Scheer, 1997, Teil C). Hintergrund ist vor allem, dass es eine

Fülle interdisziplinärer Kriterien gibt, die sich in den Anforderungen an ein neues Produkt niederschlagen. Sie sind in Abb. 2.6 als Grundlage der Anforderungsermittlung in Form einer *Notiz* (s. Anhang 1) mit aufgenommen. Der Synchronisationsbalken zu Beginn und am Ende des Bereichs *Produktion* bedeuten ein logisches UND zwischen den Ein- und Ausgängen.

Dieser Ablauf lässt sich nicht mehr einzelnen Funktionen aus Tabelle 2.1 zuordnen, sondern berührt mehrere Grundfunktionen. Zwar ist der Bereich Produktion auf Grund seines technischen Wissens maßgeblich beteiligt, aber ebenso wichtig sind Erfordernisse des Marktes aus dem Absatzbereich und finanzielle Rahmenbedingungen. Die mit der Nachsilbe *-entscheidung* in Abb. 2.6 gezeigten „Funktionen" sind mehrtägige Sitzungen umfassend besetzter Gremien aus allen Unternehmensbereichen. Deren Ergebnisse wiederum werden von der Unternehmensleitung selbst entschieden. Man sieht, dass der Prozess *zwei* mögliche Ergebnisse mit definierten Zuständen haben kann.

Andere innerorganisatorische Prozesse finden sich z. B. im Vertriebs-Außendienst oder der Produktion. Letztere können vor allem bei sog. „billiger" Auslandsproduktion sehr komplex und störanfällig werden, wenn man den Faktor Information vernachlässigt. So ist das lange Zeit sehr gefeierte Konzept *Just-in-Time* (Zulieferung erst zum Zeitpunkt der Montage) sehr empfindlich, da es keine Puffer mehr gibt. Dies umschreibt die Metapher „*Das Lager ist die Autobahn*" treffend.

Auch aus dem Beispiel des wichtigsten innerbetrieblichen Prozesses eines Industrieunternehmens lassen sich Verallgemeinerungen ableiten:

⋄ Wieder entstehen Daten, allerdings keine, die Routinevorgänge mit täglicher Frequenz beschreiben wie in Abb. 2.4, sondern dauerhafte **Grunddaten**. Artikel (auch *Teile* genannt) und Stücklisten sind die wichtigsten Daten eines Industrieunternehmens, da sie fast alle Vorgänge im Betrieb steuern. Sie werden in Kapitel 5 sehr detailliert behandelt.
⋄ Daten sind ebenso unverzichtbar wie Funktionen, werden aber schlechter wahrgenommen. Dies liegt vermutlich in der starken Kopplung von Funktionen und Organisation, in der man lebende Akteure sieht. Menschliche Akteure verstehen es, die Relevanz der von ihnen wahrgenommenen Funktion (= Arbeitsplatz und/oder Kompetenzbereich) deutlich zu machen, während Daten passive Objekte sind, die nicht agieren können.
⋄ Betrieblich relevante Prozesse verlaufen quer zu einer Funktionsgliederung, die häufig auch die Organisationsstruktur bildet.

Wir haben jetzt die Grundlagen gelegt, um den nicht selten recht gedankenlos verwendeten Begriff Geschäftsprozess näher zu beleuchten.

2.4.2 Geschäftsprozesse

Es besteht kein Konsens in der Betriebswirtschaftslehre, ob und welche betrieblichen Prozesse *Geschäftsprozess* genannt werden sollten oder nicht und ob man den Begriff überhaupt braucht (Gaitanides, 2004). Um dies zu demonstrieren, wurde der

Prozess Produktentwicklung gezeigt, der ohne Zweifel sehr wichtig ist, aber keine Verbindung zur Systemumwelt hat. Manche fordern, dass nur solche Prozesse *Geschäftsprozess* genannt werden sollten, die in der Umwelt des Unternehmens beginnen oder enden und an der Wertschöpfung beteiligt sind (Vossen & Becker, 1996; Stahlknecht & Hasenkamp, 2005). Die Produktentwicklung ist keine Wertschöpfung, obwohl sie diese ganz maßgeblich vorbereitet.

Der Bezug zur Umwelt ist sicher ein Indiz dafür, dass Prozesse besonders wichtig sind. Allerdings sind auch die Produktentwicklung oder Transportvorgänge von dezentralen Produktionsstätten zu einem zentralen Versand keine unwichtigen Prozesse. Scheer (1997) nennt in seiner umfassenden Darstellung des Industriebetriebs genau zwei Prozesse, die alle o.g. Bedingungen erfüllen, die *Beschaffung* und den *Vertrieb*. Mertens (2004) nennt noch den *Kundendienst*. Als vierten grundlegenden Prozess nennen beide die *Produktentwicklung*.[5] Auf diese vier Prozesse für den Leistungsbereich wollen wir den Begriff *Geschäftsprozess* beschränken und sonst einfach von betrieblichen Prozessen sprechen.

Bei Einzelfertigern verschmelzen die beiden Prozesse *Beschaffung* und *Vertrieb* zu nur *einem* (Geschäfts-)Prozess *Auftragsabwicklung* (Mertens, Bodendorf, König, Picot, Schumann & Hess, 2005, 84), der im Groben gleichermaßen für einen Handwerksbetrieb mit wenigen und für eine Werft mit tausenden von Arbeitskräften gilt. Diesen Ablauf zeigt Abb. 2.7.

Die Auftragsabwicklung wird bei einem konkreten Unternehmen detaillierter dargestellt werden müssen. In Abb. 2.7 hat sie jedoch die abstrahierende Form eines *Referenzmodells*, das für ein allgemeines Verständnis besser geeignet ist als eine konkrete Darstellung. Ein **Referenzmodell** ist ein Modell, das den Anspruch erhebt, über einen großen Anwendungsbereich hinweg allgemeingültig zu sein (s. Becker & Delfmann, 2004). Der Prozess Auftragsabwicklung berührt alle in Tabelle 2.1 genannten Funktionsbereiche, indem er im Absatzbereich beginnt, mit der Beschaffung und Produktion fortfährt und abschließend im Finanzbereich mit dem Erlös endet. Abweichungen vom Normalablauf, etwa Lieferverzögerungen oder Zahlungsverzug mit Mahnungen, ergeben nur weitere Details, die keine neuen Erkenntnisse bringen. Bezogen auf einen Handwerksbetrieb würde der Ablauf bedeuten:

> Ab dem Start-Ereignis [Interessent meldet sich] folgen die Tätigkeiten *Angebotserstellung*, *Auftragsbearbeitung*, *Bestelldisposition*, *Vorfertigung* und die eigentliche *Fertigung*, bevor die Rechnung gestellt wird. Mit der Angebotserstellung hat der Handwerker bereits eine genaue Planung seiner Produktion durchgeführt, sonst könnte er nicht kalkulieren. Bei Neubauten wird ihm regelmäßig ein detailliertes Leistungsverzeichnis als Angebot abverlangt, das juristisch die Grundlage seines Festpreises ist. Das Angebot enthält die Soll-Daten des Handwerkers, gegen die er die Ist-Daten aus den Leistungsnachweisen seiner Mitarbeiter stellt, um zu ermitteln, ob er mit dem Auftrag – verkürzt gesagt – Gewinn oder Verlust macht. Das End-Ereignis des Prozesses ist die Zahlung der Rechnung durch den Kunden.

---

[5] Laudon, Laudon & Schoder (2006, 104) zeigen, wie dieser Prozess durch Kooperation mit Lieferanten zum *überbetrieblichen* Prozess wird. Dies ist vor allem in der Automobilindustrie verbreitet.

2.4 Funktionsübergreifende Prozesse

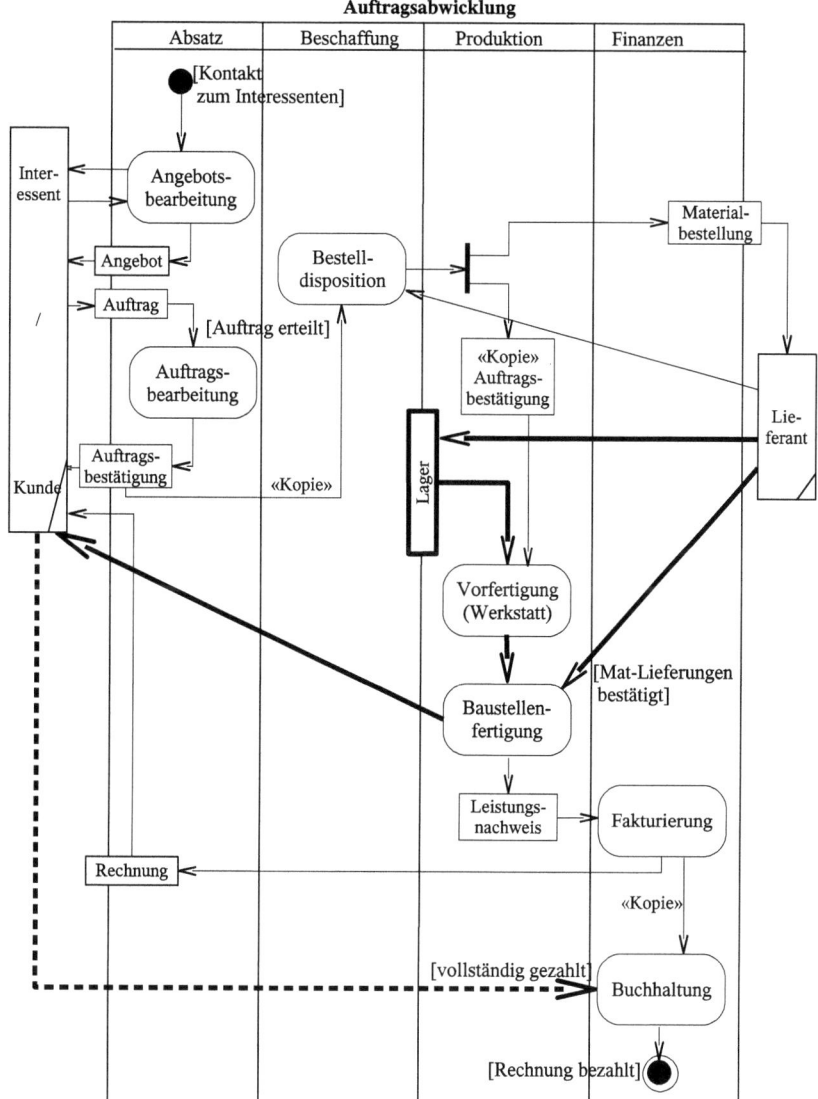

Abb. 2.7. Der (Geschäfts-)Prozess *Auftragsabwicklung* bei Einzelfertigung

Auch hier sind allgemeine Punkte und Ergänzungen in der grafischen Notation hervorzuheben:

◇ Der Geschäftsprozess beginnt und endet bei konkreten Akteuren des Absatzmarktes. Im Fall der Einzelfertigung werden der Absatz- und der Beschaffungsmarkt synchron angesprochen. Wir modellieren nicht das *Handeln* dieser Akteure, sondern nur die Repräsentation der Handlungen in Form (passiver) Daten.
◇ Die Auftragsabwicklung ist ein typischer *Routineprozess*, der durch Daten gesteuert wird. Diese Daten heißen **Vorgangsdaten** (hier *Auftrag*, *Bestellung*, *Rechnung*).
◇ Ein **Routineprozess** ist ein sich wiederholender, möglichst streng festgelegter betrieblicher Prozess. Die Festlegungen drücken sich vor allem in strukturierten Daten aus, die von Funktion zu Funktion fließen.
◇ Über die Auftragsabwicklung hinaus gibt es noch finanzwirtschaftliche oder personalwirtschaftliche betriebliche Prozesse (z. B. Kreditgewährung oder die Suche nach Führungskräften), die aber keine Routineprozesse sind. Sie finden im Gegensatz zu Routineprozessen üblicherweise nicht öffentlich statt, sondern eher diskret, unter Beteiligung sehr weniger Akteure. Demgegenüber ist die *Einstellung* von Mitarbeitern ein personalwirtschaftlicher Routineprozess und wohl auch ein Geschäftsprozess im oben verstandenen Sinne.
◇ An Routineprozessen sind viele Akteure beteiligt. Dies sind in Industrieunternehmen Prozesse, die den Materialfluss vorbereiten oder steuern. Sie werden auch *Logistikprozesse* genannt (Pfohl, 2004; Scheer, 1997).
◇ Methodisch gibt es keinen Unterschied zwischen inner- und außerbetrieblichen Prozessen, wohl aber einen erheblichen Unterschied zwischen Routineprozessen und unstrukturierten Geschäftsprozessen.
◇ Ein *unstrukturierter Geschäftsprozess* wäre etwa der Abschluss eines Großauftrags für ein Kraftwerk in einem Entwicklungsland.
◇ Vorgangsdaten bilden inner- und außerbetriebliche *Schnittstellen*. Sie sind Datenstrukturen, die regelmäßig zwischen Akteuren ausgetauscht werden (hier *Auftragsbestätigung* und *Rechnung*).

Eine Zerlegung der Auftragsabwicklung in zwei zueinander asynchrone Prozesse *Beschaffung* und *Verkauf* entsteht bei Serien- und Massenfertigern, bei denen eine Lagerhaltungsfunktion hinzu kommen muss, um beide zu synchronisieren. Material- und Warenbestände sind Puffer, die unterschiedliche Frequenzen von Prozessen ausgleichen. Die Beschaffung verläuft mit anderen Frequenzen und anderen Mengen als der Verkauf. Dies zeigt Abb. 2.8.

Man sieht die beiden Teilprozesse, die erst beendet sind, wenn die Geldflüsse erfolgreich waren. Beide Prozesse sind **Mengen- und Werteflüsse**, wobei der Wertefluss durch Daten ausgelöst wird. Dagegen ist der (innerbetriebliche) Produktionsprozess ein reiner Mengenfluss, selbstverständlich begleitet von Daten. Weiterhin ist zu beachten, dass die Beziehungen zur Umwelt jetzt nicht mehr auf anonyme Märkte bezogen sind, sondern auf die Akteure *Lieferant* und *Kunde*. Aus Gründen der Übersicht wurden die Datentypen nicht explizit dargestellt. Sie werden aber detailliert in den Kapiteln 3 und 5 besprochen.

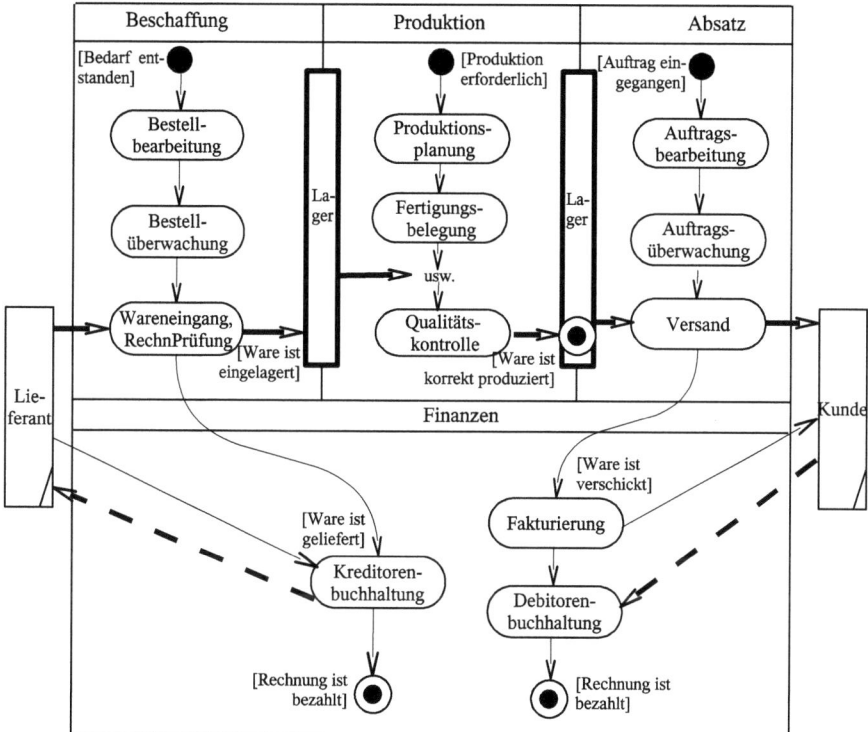

Abb. 2.8. Die Prozesse Beschaffung, Produktion und Verkauf bei Fertigung auf Lager

Abb. 2.8 beschreibt die wichtigsten Funktionen der Routineprozesse industrieller Produktion und Distribution (s. Tabelle 2.1). Läger sind jetzt als materielle Ressource ausgewiesen. Hierdurch wird ihre Pufferfunktion auch grafisch sichtbar. Bei einem Auftragsfertiger wird sie kundenbezogen stattfinden, wobei auf vorhandene Standardaggregate zurückgegriffen wird. Dies wäre der Betriebstyp *Einzelfertiger mit Vorfertigung*. Es wird auch auf der Basis von Rahmenverträgen *in Serie* gefertigt, z. B. von Automobil-Zulieferern. Weiterhin wird *kundenanonym auf Lager* gefertigt und vom Lager verkauft. Dies würde auf einen Hersteller von Unterhaltungselektronik zutreffen. Als Letztes bleibt die kundenanonyme, *saisonbedingte Vorfertigung*. Sie würde für Schokoladen- oder Bekleidungshersteller gelten, die während einer Saison die Ware für die nächste Verkaufssaison produzieren.

2.4.3 Transaktionen

Transaktionen sind ein sehr wichtiges Phänomen aus der Datenbanktechnik, das in der Informatik seit etwa 1960 bekannt ist. Es bezeichnet einen Prozess, bei dem Daten von einem konsistenten, gespeicherten Zustand über Zwischenzustände in einen neuen, wieder konsistenten Zustand überführt werden. Ausgangs- und Endzustand sind permanent gespeicherte Daten (s. Abb. 2.1). Dem gegenüber ist der Hauptspeicher eines Computers ein *temporärer* Speicher. Dessen Zwischenzustände gelten während der Bearbeitung der Daten als inkonsistent. Eine Transaktion darf deshalb nur vollständig oder gar nicht ausgeführt werden. Dies hat z. B. bei Buchungen von Daten eine große praktische Bedeutung (s. auch Wedekind, 1979).

1975 hielt dieser Begriff in Form der *Transaktionskostentheorie* Einzug in die Wirtschaftswissenschaften (Kistner & Steven, 2002, 314f.), allerdings mit veränderter Semantik. Es ging um unternehmensübergreifende Geldgeschäfte oder Warenbewegungen und deren Kosten. Dies würde nicht zu unserem Thema gehören, wenn es nicht notwendig wäre, sich des ursprünglichen Transaktionsbegriffs zu entsinnen. Die hier aufgezeigten Geschäftsprozesse sind nichts Anderes als lang laufende Transaktionen im ursprünglichen Sinne. Ein Geschäftsvorfall wird nur dann kostengünstig ablaufen, wenn er den geplanten Verlauf nimmt und vor allem erfolgreich zu seinem definierten Ende kommt. Erst dann gilt er aber nach dem datenbankorientierten Transaktionsbegriff als *konsistent*.

Die Beschreibung eines Geschäftsprozesses ist der *Typ* oder auch das Muster des Prozesses, das konkrete *Exemplar* (ein bestimmter Auftrag, die gerade laufende Bestellung) ist die Transaktion. Das auslösende Ereignis eröffnet, das abschließende beendet sie. Alle Zeit verbrauchenden Operationen, die vom typisierten Normalablauf abweichen, erhöhen auch bei innerbetrieblichen Prozessen die Transaktionskosten. Solche Operationen sind etwa Rückfragen, Wiederholungen bei falschen oder mit Mängeln behafteten Lieferungen und Mahnungen. Die *Prozesskostenrechnung* versucht, die einzelnen Transaktionen mit Kosten zu bewerten und damit die Prozesse messbar zu machen (s. Ewert & Wagenhofer, 2005).

Ziel der Informationsfunktion eines Unternehmens muss es sein, den Informationsfluss der Transaktionen so reibungslos wie möglich zu gestalten. Reibungen haben eine zeitliche, aber auch eine qualitative Dimension. Während die *Prozesszeit* noch intuitiv gesteuert werden kann, wird bei der *Prozessqualität* Wissen über die Korrektheit und Einfachheit von Daten benötigt. Dies wird in Kapitel 5 ausführlich behandelt.

Zusammenfassung Abschnitt 2.4

◇ *Prozesse* sind Abläufe, die durch Ereignisse ausgelöst und durch abschließende Ereignisse beendet werden. *Abläufe* sind Teile davon in Form von Folgen sequentieller und paralleler *Funktionen* (synonym *Aktionen*), die unter anderem Daten erzeugen oder verändern. Ggf. gibt es Verzweigungen auf der Basis von *Entscheidungen*.

◇ *Funktionen* sind in Prozessen durch *Daten* verbunden, die entweder alleinige Flussgröße oder begleitende Flussgröße für Material- und Geldflüsse sind. Daten dienen als „Spuren", die betriebliche Prozesse neben dem Ergebnis der Wertschöpfung hinterlassen.

◇ Wenn die *Routineprozesse* eines Betriebes analysiert und grafisch fixiert werden, bekommt man eine Vorstellung davon, wie der Betrieb „funktioniert".

⋄ Die Routineprozesse bilden geschäftliche *Transaktionen*, die zu einem möglichst hohen Anteil störungsfrei abgeschlossen werden sollten.
⋄ *Routineprozess* ist wahrscheinlich der bessere Begriff als *Geschäftsprozess*, denn es gibt sehr wohl *unstrukturierte* Geschäftsprozesse, die keine Routineprozesse sein können.

2.5 Wiederholung und Übung

- Flüsse von Funktionen führen in der Verfeinerung auf die Flussgröße *Daten*.
- Daten sind als konkret konstruierbare *Typen* benennbar, z. B. Artikel oder Bestellung.
- Wichtige, für die Wertschöpfung grundlegende Flüsse heißen *Prozesse*, die
  - *Ereignisse* als Auslöser haben,
  - konkrete *Daten erzeugen* oder *verändern*,
  - *mehrere* betriebliche *Funktionsbereiche* berühren,
  - mit konkreten, meist als Daten repräsentierten *Ereignissen* abgeschlossen werden,
  - im Inneren Verzweigungen mit operativen Entscheidungen sowie parallele oder alternative Tätigkeiten aufweisen können.
- Solche Prozesse werden auch *Geschäftsprozesse* genannt. Sie sind ein Schlüssel zur Beurteilung der Effizienz der Routinevorgänge eines Unternehmens.
- Daten der operativen Flüsse bestehen überwiegend aus *Vorgangsdaten*.

Begriffe

Abschnitt 2.1: System, Teilsystem, (System-)Element, Umwelt, Systemgrenze, soziotechnisches System, statische und dynamische Sicht.
Abschnitt 2.2: Grundfunktion, Aufgabe, Funktion, Verrichtung, Vorgang, Aktivität, Aktion.
Abschnitt 2.3: Akteur, Flussgröße, Schnittstelle, Prozess, Datenfluss, Ereignis, Lenkungsfluss, Leistungsfluss.
Abschnitt 2.4: Geschäftsprozess, Routineprozess, Referenzmodell, Grunddaten, Vorgangsdaten, Mengenfluss, Wertefluss, Transaktion.

Aufgaben

1. Erstellen Sie kurze verbale Beschreibungen zu allen Funktionen der betrieblichen Grundfunktionen in Tabelle 2.1 ($\rightarrow$ Anhang)[6]. Ziehen sie dazu andere betriebswirtschaftliche Lehrbücher mit heran, z. B. die hier zitierten.

---

[6] Zu Aufgaben mit dem Verweis „$\rightarrow$ Anhang" findet sich in Anhang B eine Beispiellösung. Aufgaben ohne diesen Verweis sind Fragen, die sich aus dem Text des jeweiligen Kapitels beantworten lassen. Hierfür gibt es bewusst keine vorgefertigten Lösungen, da das selbständige Erarbeiten des Stoffes gefördert werden soll und nicht das auswendig Lernen.

2. Modellieren Sie den Teilprozess *Einkauf* aus dem Geschäftsprozess *Beschaffung* eines Einzelfertigers. Das Prozessende ist durch die Bedingung [Bestellung erteilt] gegeben (→ Anhang).
3. Was sind die strukturellen Kennzeichen eines soziotechnischen Systems, z. B. eines Unternehmems?
4. Was sind die Kennzeichen eines Prozesses in einem soziotechnischen System?
5. Welche betrieblichen Prozesse des Leistungsbereichs des Industrieunternehmens könnte man zu Recht *Geschäftsprozess* nennen?
6. Welche Ressourcen- und welche Flusstypen kennzeichnen ein Industrieunternehmen?

3
Daten

Über den intuitiven und dann oft folgenschweren Umgang mit der Informationsfunktion und Daten wurde schon in Kapitel 1 gesprochen. Hierzu ein Beispiel über dessen mögliche Wurzeln:

$$y = ax + b \qquad (3.1)$$

ist die Gleichung einer Geraden zwischen den Koordinaten x und y mit den Konstanten a und b, welche die Steigung und Lage der Geraden beschreiben. Jeder Schüler kennt das aus dem Mathematikunterricht. Also kennt das auch fast jeder Manager. Die unbestimmten Elemente der Gleichung werden *Variablen* genannt. Dies reicht für die Zwecke des Rechnens auch aus. Für betriebliche Zwecke würde man noch die „Information" geben, dass y der *Erlös*, b die *Fixkosten* und x die *Absatzmenge* seien, falls der Zusammenhang der beiden Größen denn linear ist. Ein Mathematiker würde wohl noch hinzufügen, dass alle Variablen der Gleichung aus der Menge $\mathbb{R}$ stammen, also den reellen Zahlen, und somit nicht ganzzahlig zu sein brauchen. Somit prägt die Schulmathematik unser intuitives Verständnis von Daten, das offenbar auf Zahlen beschränkt ist. Das Phänomen *Information* können wir so aber nicht erklären. Dies dürfte mit dem Hinweis auf ein Telefongespräch offensichtlich werden, denn selbstverständlich kann dort Information fließen, in der vielleicht auch Zahlen mitgeteilt werden, aber auch Vieles, das sich nicht in Zahlen ausdrücken lässt.

Wir benötigen also Grundbausteine für Information, die sowohl die Welt der Zahlen als auch die der sonstigen Zeichen umfassen. Diese Grundbausteine werden im Folgenden eingeführt, und zwar *Zeichen*, *Alphabete*, *Texte* und *Daten*. Darauf aufbauend können wir in Kapitel 4 *Information* erklären und uns an dessen Ende kurz an den schillernden Begriff *Wissen* wagen. Bis zu einer Definition in Kapitel 4 werden wir *Information* intuitiv im Sinne von „jemandem etwas mitteilen" benutzen.

3.1 Zeichen und Alphabete

In der westlichen und der nahöstlichen Welt werden Zeichen als Elemente von Schriftsprachen benutzt. Für unsere Zwecke genügen zunächst die Zeichen der lateinischen Schrift, ergänzt um die arabischen Ziffern, mit denen wir rechnen. Wir haben damit drei **Zeichenvorräte**, die großen und die kleinen lateinischen Buchstaben, sowie die arabischen Ziffern, die wir zu einem größeren zusammenfassen. Wir notieren dies in Tabelle 3.1 als Zeichenvorrat mit seinen Bestandteilen, wobei **Kardinalität** die Anzahl der Elemente einer Menge ist.

Tabelle 3.1. Zusammensetzung eines Zeichenvorrates aus Teilmengen

Teilmenge	Zeichenvorrat	Kardinalität
Dezimalziffern	= {0, 1, 2, .. 9}	10
Große Buchstaben	= {A, B, .. Z}	26
Kleine Buchstaben	= {a, b, .. z}	26
`Ziffern_und_Buchstaben`	= {0, 1, .. z}	62

Das klingt plausibel, hat aber Implikationen, die offen gelegt werden müssen. Wir haben nämlich in allen vier Tabellenzeilen, nicht nur bei den Buchstaben, jeweils ein *Alphabet* definiert und die Teilalphabete zu einem neuen zusammengefügt. Ein **Alphabet** ist nach DIN 44300 ein geordneter Zeichenvorrat[1] $A = \{Z_1, Z_2, ..Z_n\}$ mit $Z_1 < Z_2 < .. < Z_n$, also eine Menge, für die eine Ordnung definiert ist, bei der jedes Folgezeichen als größer gilt als sein Vorgänger.

Wir können zwar die Teilalphabete intuitiv lesen, ohne dass alle Elemente aufgeführt sind, das Alphabet `Ziffern_und_Buchstaben` können wir aber nur mit Kenntnis der Teilalphabete richtig interpretieren. Alphabete können beliebige Zeichenfolgen sein, wie etwa

`Sonderzeichen`$_Z$ = {!, ", §, $, %, &, /, (,), =}.

Dies sind offensichtlich nicht alle Sonderzeichen, sondern nur die Untermenge, die auf einer PC-Tastatur über den Ziffern steht. Auch das Alphabet der Dezimalziffern ist auf der Tastatur anders definiert, nämlich als {1, 2,..9, 0}. Für Zwecke des Rechnens wäre das eine sehr schlechte Reihenfolge.

Die Beispiele der Sonderzeichen und Ziffern zeigen, dass die Festlegung willkürlich ist, welche Zeichen in ein Alphabet gehören und was als die richtige Reihenfolge gilt, und sich das nicht aus irgendwelchen „Gesetzen" ableiten lässt. Festlegungen, die allgemeine Gültigkeit haben sollen, sind Vereinbarungen zwischen Akteuren des Wirtschaftslebens. Sie heißen **Standard**.

Wir können jetzt weitere wichtige Begriffe für erste Grundbausteine von Daten definieren. Ein **Wort** ist eine Folge von Zeichen aus einem definierten Zeichenvorrat, deren Ende durch ein vereinbartes Zeichen angezeigt wird. Am häufigsten wird hierfür das Leerzeichen verwendet, vor allem in natürlichen Sprachen. Satzzeichen wie Komma oder Punkt gelten ebenfalls als Endzeichen für ein Wort. Ein **Text** ist eine Folge von Wörtern, zuzüglich der vereinbarten Trennzeichen.

---

[1] Informatik und Linguistik benutzen für die Zwecke der Konstruktion *formaler Sprachen* einen anderen Alphabet-Begriff.

3.1 Zeichen und Alphabete

Die Ordnungsrelation von Alphabeten ist von großem praktischem Wert, weil sie erlaubt, eine allgemein verstandene Ordnung in Texte zu bringen, die als besonders wichtige Grundbausteine von Informationen etwa nach einem *Ordnungsbegriff* sortiert werden. Jeder kennt solche Ordnungen aus Telefonbüchern oder Verzeichnissen auf Computern. Deshalb ist der Name `Ziffern_und_Buchstaben` nicht zufällig mit Unterstrichen geschrieben worden. Er sollte als *ein* Wort gelten. Der Name `1John` wäre in der englischen oder deutschen Sprache kein gültiges Wort, wohl aber auf einem Computer als Dateiname.

Für Texte mit mehr Informationen, als Namen sie beinhalten können, müssen mehr Zeichen erlaubt sein als unser Alphabet aus Tabelle 3.1 hat, selbst wenn wir die oben einführten $Sonderzeichen_z$ noch hinzufügen. Zwei solcher Alphabete sind *EBCDI* (*Extendet Binary Coded Decimal Interchange*) und *ASCII* (*American Standard Code for Information Interchange*). EBCDI hat die Kardinalität $2^7 = 128$, erlaubt also 128 Zeichen, ASCII erlaubt die doppelte Menge von Zeichen, also $2^8 = 256$. Im (älteren) EBCDI-Alphabet sind immer noch weltweit riesige Datenbestände gespeichert. Es ist Basis der Großcomputer, von denen viele auch heute noch betrieben werden. Das Alphabet ASCII legen die heutigen mittleren und kleinen Computer zu Grunde, insbesondere die sog. **PC** (*Personal Computer*). Für unsere Zwecke sind im Moment zwei Dinge relevant: spezielle Zeichen und die Aufteilung in die erste und die zweite Hälfte des Alphabets ASCII.

Die ersten 32 Zeichen von ASCII sind sog. *nicht druckbare* Zeichen, die der Steuerung von Texten auf Ausgabemedien dienen. Das sind vor allem Bildschirme und Drucker. Das bekannteste Zeichen ist LF (*Line Feed*), das für einen Zeilenvorschub sorgt. Es ist ehemaligen Benutzern der mechanischen Schreibmaschine als großer Hebel noch sehr gegenwärtig. Das Teilalphabet der ersten 32 Zeichen heißt `Steuerzeichen`.

Die zweite Eigenschaft von ASCII hat historische Ursprünge, ist aber für jegliche weltweite Kommunikation gerade heute sehr wichtig. Der ursprüngliche ASCII-Code enthielt nur 128 Zeichen wie sein damaliger „Konkurrent" EBCDI und wurde später erweitert. Die Teilalphabete heißen *Lower ASCII* und *Upper ASCII*. Nur Lower ASCII wird international identisch verstanden. Also sollten Internet-Adressen nur aus diesen Zeichen bestehen, denn nur aus ihnen gebildete Texte können ohne spezielle Programme gelesen werden. Von Upper ASCII gibt es kulturspezifische Varianten. So sind beispielsweise unsere Umlaute und das 'ß' nur in Upper ASCII enthalten.

Zusammenfassung Abschnitt 3.1

- ⋄ Ein *Alphabet* ist ein Zeichenvorrat, für den eine Ordnung definiert ist.
- ⋄ *Disjunkte* (sich vollständig unterscheidende) *Alphabete* lassen sich zu größeren Alphabeten verketten.
- ⋄ Ein *Wort* ist eine identifizierbare Folge von Zeichen aus einem Alphabet.
- ⋄ Ein *Text* ist eine Menge von Wörtern, für die bestimmte Trennzeichen definiert sind.

⋄ Ein Text ist im Normalfall nur über *einem* Alphabet[2] definiert.

3.2 Codes

Nun soll die Bedeutung von Codes und danach von Zahlensystemen als besonders bedeutsamen Codes geklärt werden. Auch EBCDI und ASCII werden Codes genannt, wobei mit **Code** meist ein *standardisiertes Alphabet* gemeint ist. 256 Zeichen (ASCII) reichen trotz alternativer Varianten der oberen 128 Zeichen für viele Sachverhalte nicht aus. *Upper ASCII* ist lediglich eine Behelfslösung, denn die alternativen oberen Tabellen von ASCII verursachen viele Kommunikationsprobleme. Für eine wirkliche Internationalisierung braucht man ein Alphabet, das auch Zeichen von Sprachen abbildet, die über weit mehr Buchstaben verfügen als das lateinische Alphabet. Auch gibt es eine Vielzahl anderer Zeichenvorräte etwa der Mathematik oder Chemie, die ebenfalls darstellbar sein sollten. Zur Lösung dieses Problems wurde ein neues, internationales Alphabet mit dem Namen UNICODE geschaffen, das in der Grundstufe $2^{16} = 65.536$ und in einer bereits definierten Erweiterung $2^{32} \approx 4$ Milliarden Zeichen abbilden kann.

Natürlich bedarf es einer Ordnung, die über die Reihenfolge der Zeichen hinausgeht, um ein so großes Alphabet nutzbar zu machen. Diese Ordnung ist die Aufteilung in Teilalphabete, die in Tabellen dargestellt sind. Sie enthalten je nach Kontext drei bis 48 Spalten und jeweils genau 16 Zeilen, sind also entsprechend den Anforderungen des codierten Problembereichs kleiner oder größer (s. Tabelle 3.2). Im Gegensatz zu den alternativen Tabellen des Upper ASCII ist der Zeichenvorrat von UNICODE groß genug, um eine eindeutige Ordnung zu erlauben. Die **Ordnungszahl** eines Codes ist ein Index, über den man Zeichen ansprechen kann und ebenfalls ein Platzhalter für die Zahl, mit der sich mathematische Operationen ausführen lassen. Der Index wird beim UNICODE auch für die Nummerierung der Tabellen benutzt. So wären die Ordnungszahlen des letzten Elementes der ersten und des ersten Elementes der zweiten Code-Tabelle, also die Elemente 128 und 129 des UNICODE-Aphabetes:

$$128_{10} < 129_{10} = 007F_{16} < 0080_{16}$$

Die Ordnungszahlen sind allerdings nicht wie beim ASCII-Code *dezimal* angegeben, sondern *hexadezimal*, wie dies auch beim älteren EBCDI-Code üblich war. 0080_{16} ist die hexadezimal geschriebene Nummer der zweiten Tabelle *und* die Ordnungszahl des ersten Zeichens dieser Tabelle. Bevor wir das hiermit berührte Thema *Zahlensysteme* weiter verfolgen, sollen einige Beispiele in Tabelle 3.2 illustrieren, welch unterschiedliche Problembereiche in UNICODE geregelt sind.[3]

---

[2] Fügt jemand in einen lateinisch geschriebenen Text griechische Worte in Originalschrift ein, weitet er sein Alphabet um die griechischen Buchstaben aus. Tut er dies auf einem Computer, muss das benutzte Alphabet die griechischen Buchstaben enthalten. Andernfalls ist für diese Buchstaben die Operation *Schreiben* nicht definiert.

[3] Genaue Informationen erhält man über http://www.unicode.org.

Tabelle 3.2. Beispiele für Tabellen des internationalen Alphabets UNICODE

Tab-Nr	Tabellen-Name	Inhalt
0000-007F	C0 Controls and Basic Latin	die ersten 128 ASCII-Zeichen
0080-00FF	C1 Controls and Latin-1 Supplement	die meisten Zeichen aus Upper ASCII und zusätzliche Steuerzeichen
0370-03FF	Greek and Coptic	griechisch und koptisch
0400-04FF	Cyrillic	kyrillisch (russisch-serbische Schrift)
0F00-0FFF	Tibetan	tibetisch
13A0-13FF	Cherokee	die Schrift der Cherokee-Indianer
2200-22FF	Mathematical Operators	verbreitete mathematische Symbole
25A0-25FF	Geometric Shapes	geometrische Grundformen
2800-28FF	Braille Patterns	Blindenschrift
4DC0-4DFF	Yijing Hexagram Symbols	Chinesisches Zeichensystem für den Wandel der Natur
E0000-E007F	Tags	Auszeichnungen für Sprachen wie HTML, XML u.ä.

Zusammenfassung Abschnitt 3.2

◊ Die heute verbreiteten Codes wie ASCII und EBCDI genügen den Anforderungen einer *internationalen Kommunikation* nicht. Hierfür ist der viel mächtigere UNICODE definiert.

◊ Wenn jedes Zeichen in einem Code eindeutig innerhalb des Alphabets ist, kann man mit den Zeichen und Worten über die Ordnungszahlen *rechnen*.

3.3 Zahlensysteme

Zahlensysteme sind in unserem Kontext Zeichenfolgen eines Alphabets, denen wir Zahlen zuordnen und mit denen wir Rechenoperationen durchführen können, wie beispielsweise die Addition oder Multiplikation. Damit verknüpfen wir über eine definierte Operation zwei Zeichenketten zu einer neuen Zeichenkette, denn Zahlen bestehen aus mehreren *Ziffern*, bei denen der Wert einer Ziffer von der *Stelle* abhängt, an der sie innerhalb der Zahl geschrieben ist.

Stellenwertsysteme sind Zahlensysteme, bei denen Operationen, die einen größeren Wert ergeben als den der höchsten Ordnungszahl, einen *Übertrag* auf eine zusätzliche Stelle bewirken. Im Gegensatz dazu regeln *Additionssysteme* wie das römische Zahlensystem dieses Problem, ohne die Stellen genau zu beachten. Dort hat jedes Zeichen einen absoluten Wert. Tabelle 3.3 zeigt einige gängige Zahlensysteme mit verschiedener Basis. Jede natürliche Zahl größer 1 kann Basis eines Zahlensystems sein.[4]

---

[4] 2000 v. Chr. benutzten die Bewohner Babylons das Sexagesimalsystem (60er-System), auf dem noch heute die Messung der Zeit und der Winkel beruht.

Tabelle 3.3. Die Alphabete gängiger Zahlensysteme

Name	Wertebereich	Zahlensystem
$\alpha\beta_2$	$= \{0,1\}$	Dualsystem
$\alpha\beta_8$	$= \{0,1,2,..7\}$	Oktalsystem
$\alpha\beta_{10}$	$= \{0,1,2,..9\}$	Dezimalsystem
$\alpha\beta_{16}$	$= \{0,1,2,..9, A,..F\}$	Hexadezimalsystem

Warum haben beim Hexadezimalsystem Buchstaben die Bedeutung von Zahlen? Dies hat vor allem historische Gründe, denn es fehlten Zeichen für die Wertigkeiten 10_{16} bis 15_{16}. Bei Dezimalzahlen braucht man hierfür zwei Stellen; genau das aber durfte für die Zwecke der Computertechnik der Jahre ab etwa 1960 nicht sein. Man hätte neue Zeichen definieren müssen, aber das gaben die von Computern damals verarbeitbaren Alphabete nicht her.

Doch wie lässt sich die oben gegebene verbale Definition präziser ausdrücken? Jedes Stellenwertsystem lässt sich mit der folgenden Formel beschreiben bzw. der dezimale Wert W einer Zahl errechnen:

$$W_{10} = \sum_{i=0}^{N-1} s_i B^i \qquad (3.2)$$

mit: W = Zahlenwert, s = Stellenwert, N = Stellenzahl, B = Basis

Die folgenden Beispiele zeigen die Anwendung von Formel 3.2:

$1994_{10} = 1*10^3 + 9*10^2 + 9*10^1 + 4*10^0 = 1000 + 900 + 90 + 4$
$321_8 = 3*8^2 + 2*8^1 + 1*8^0 = 192 + 16 + 1 = 209_{10}$
$1D_{16} = 1*16^1 + 13*16^0 = 16 + 13 = 29_{10}$
$11111001010_2 = 1*2^{10} + 1*2^9 + 1*2^8 + 1*2^7 + ... + 0*2^0 = 1994_{10}$

Die Umrechnung einer Dezimalzahl in die Zahl eines anderen Systems erfolgt durch die zu Formel 3.2 inverse Operation *Division*. Der Rechengang lässt sich nicht mit einem einfachen Operator beschreiben wie etwa $\sum$, sondern in Form eines Algorithmus. Er lautet:

Teile die Dezimalzahl fortwährend durch die gewünschte Basis und notiere die Divisionsreste, *bis* der Quotient gleich 0 ist. Die Reste – von hinten nach vorne notiert – ergeben die gewünschte Zahl.

Tabelle 3.4 zeigt dies an einem Beispiel nach dem gilt: $1994_{10} = 7CA_{16}$. Auf die gleiche Weise lässt sich errechnen:

$$5264_8 = 2740_{10} = AB4_{16}.$$

Wir brauchen dies nicht bis in die Tiefen der Rechenwerke der Computer zu verfolgen. Zum Verständnis reicht ein Blick auf Codes wie ASCII, EBCDI und UNICODE in Tabelle 3.5 (s. Stahlknecht & Hasenkamp, 2005, Abb 2.2).

Tabelle 3.4. Umrechnung einer Dezimalzahl in eine Zahl zur Basis 16

Division	Quotient	$Rest_{10}$	$Ziffer_{16}$
1994 : 16 =	124	10	A
124 : 16 =	7	12	C
7 : 16 =	0	7	7

Tabelle 3.5. Beispiele der Codierung von Zahlen und Buchstaben

Zeichen	(lower) **ASCII**		**EBCDI**		(einfacher) **UNICODE**	
	OrdnZ	Dual	OrdnZ	Dual	OrdnZ	Dual
0	48	0011 0000	F0	1111 0000	0030	0000 0000 0011 0000
1	49	0011 0001	F1	1111 0001	0031	0000 0000 0011 0001
2	50	0011 0010	F2	1111 0010	0032	0000 0000 0011 0010
..	..	..	..	..	..	..
@	64	0100 0000	-	-	0040	0000 0000 0100 0000
A	65	0100 0001	C1	1100 0001	0041	0000 0000 0100 0001
B	66	0100 0010	C2	1100 0010	0042	0000 0000 0100 0010
C	67	0100 0011	C3	1100 0011	0043	0000 0000 0100 0011
..	..	..	..	..	..	..
ß	-	-	FF	1111 1111	00DF	0000 0000 1101 1111
⌂	127	1111 1111	-	-	007F	0000 0000 1111 1111
ﺐ	-	-	-	-	FEB6	1111 1110 1011 0110

Es wird deutlich, dass im ASCII-Code das Zeichen '0' die Ordnungszahl 48 hat und die anderen Zahl-Zeichen danach folgen. Also könnte man gängige Rechenoperationen schon auf der Ebene des Codes durchführen, indem man von jeder Ordnungszahl die Konstante 48 subtrahiert. Analog würde man beim Hexadezimalsystem für die Werte 10 bis 15 ('A' bis 'F') eine entsprechende Konstante 64 (das at-Zeichen vor 'A') abziehen. Reale Rechner würden zwar viel zu langsam rechnen, wenn sie dies auf der Code-Ebene täten, hier geht es jedoch nur darum zu erkennen, dass es prinzipiell möglich ist, statt mit Zahl-Zeichen auch mit anderen Zeichen zu rechnen. Von dieser Eigenschaft der Codes machen z.B. Suchmaschinen wie etwa *Google* bei der Analyse von Texten intensiven Gebrauch.

Wir können an Tabelle 3.5 noch mehr ablesen: Die Ordnungszahlen sind im ASCII-Code dezimal angegeben und benötigen drei Stellen, während sie im EBCDI-Code hexadezimal notiert sind und deshalb nur zwei Stellen brauchen. Die jeweiligen dualen Entsprechungen nehmen sogar 8 Stellen in Anspruch, beim einfachen UNICODE 16.

In Tabelle 3.5 wurde ein Alphabet (Spalte 1) in mehrere andere Alphabete übersetzt. Diesen Vorgang nennt man **Codierung**. Die Codierung aller denkbaren Zeichen für Zwecke der Verarbeitung in Computern erfolgt mithilfe positiver ganzer Zahlen mit 0 als kleinstem Element. Man kann also die Codierung von *Zeichen* eines beliebigen Alphabets und dessen Verarbeitung durch einen Computer nur nachvollziehen, wenn man das duale *Zahlensystem* kennt und nicht nur von dualen Zuständen der einzelnen dualen Stellen erfährt. Wie wir aus Tabelle 3.5 ablesen können, werden die üblichen Zeichen des ASCII-Codes in 8 Stellen als duale Zahl abgebildet. Mit 8 dualen Stellen kann man $2^8 = 256$ verschiedene Zustände abbilden, also genau den Zeichenvorrat des Upper ASCII-Codes.

Der Zusammenhang von Stellenzahl und der Anzahl möglicher Zustände gilt allerdings für alle Codes und nicht nur für Zahlensysteme. Wenn man wissen möchte, wie viele Zustände Z ein Alphabet der Kardinalität B (= Basis) in einer Zeichenkette mit N Stellen ermöglicht, verwendet man Formel 3.3:

$$Z = B^N \qquad (3.3)$$

Tabelle 3.6. Codierung von Zahlen in verschiedenen Zahlensystemen

dezimal	dual	oktal	hexa-dezimal
0	0	0	0
1	0 0001	1	1
2	0 0010	2	2
..			
7	0 0111	7	7
8	0 1000	10	8
9	0 1001	11	9
10	0 **1010**	12	A
11	0 1011	13	B
..			
15	0 **1111**	17	F
..			
31	1 1111	37	1F

Auf Grund der vielfachen Anwendung hat eine duale Stelle einen Namen, und zwar **Bit**. Die häufig benutzte Einheit von 8 Bit – z. B. für ein ASCII-Zeichen – heißt **Byte**. Wir können jetzt auch begründen, warum das Hexadezimalsystem im Computerbereich so verbreitet ist. Es ist nicht nur kompakter als das Dezimalsystem, sondern es nutzt auch den dualen Code besser aus. Dies kann man an Formel 3.3 erkennen, die für das Oktalsystem mit genau 8 notwendigen Zuständen ($2^3 = 8$) *drei* Stellen und für das Hexadezimalsystem mit 16 Zuständen vier Stellen als notwendig ausweist ($2^4 = 16$). Das Dezimalsystem nutzt die vier Stellen nicht vollständig aus. Dies kann man aus Tabelle 3.6 für das oktale, dezimale und hexadezimale System ablesen (**fett gedruckte** Ziffern). Formel 3.3 kommt in vielen Bereichen der Informationsmodellierung und der Computertechnik eine praktische Rolle zu.

So wird etwa die Fehlermeldung der Windows-Betriebssysteme *Schwerer Ausnahmefehler bei: <Hauptspeicheradresse>* als Hexadezimalzahl gezeigt, weil die wirkliche, duale Adresse völlig unüberschaubar wäre. Als Benutzer bekommt man zwar eine ebenso unverständliche Nachricht, wie eine Dualzahl es wäre, die Nachricht *an sich* ist aber immerhin lesbar. Eine *Information* ist sie nur für wenige Spezialisten, die die Semantik der angezeigten Zahl verstehen.

Doch auch wirtschaftlich gewichtige Entwurfsentscheidungen hängen von diesem Zusammenhang ab, etwa sog. „Schlüssel" in der betrieblichen Praxis, Herstellkosten für Hardware oder die Anzahl der über das Internet weltweit erreichbaren Adressen (sog. *IP-Adressen*). Dies sei durch kurze Beispiele verdeutlicht:

- ⋄ Ein einstelliger numerischer Code für die Produktgruppe einer klassifizierenden Artikelnummer kann die Änderung von Millionen verpackter Artikel nach sich ziehen, wenn sich das Geschäft des Unternehmens auf eine elfte Produktgruppe ausweitet.
- ⋄ Die meisten Handys haben im Prinzip nur eine Zifferntastatur, wie man sie zum Wählen von Telefonnummern braucht, also ein Grund-Alphabet von nur 10 Zeichen. Zum Eingeben von Buchstaben für den SMS-Versand wird jeder Zifferntaste ein zusätzliches Alphabet der mit ihr eingebbaren Buchstaben zugeordnet.
- ⋄ Personalcomputer konnten bis ca. 1990 nur 1 Megabyte (ca. 1 Million Bytes) nicht numerische Zeichen im Hauptspeicher adressieren. Dies lag an der Entwurfsentscheidung für die Hardware, für den Adressteil eines Maschinenbefehls nur 20 duale Stellen vorzusehen ($2^{20} = 1.048.576$).
- ⋄ Das immer noch dominierende Internetprotokoll Version 4 (IPv4) hat maximal 32 Bits für eine sog. *IP-Adresse* zu Verfügung. Demnach können damit weltweit nur $2^{32} \approx 4$ Milliarden Rechner an das Internet angeschlossen werden. Hier gibt es bereits heute (2008) Engpässe, obwohl das Protokoll IPv6 mit 2^{128} Adressen bereits verabschiedet und in neue Rechner eingebaut ist (s. Hansen & Neumann, 2005, 616ff.).

Wir werden das Thema *klassifizierende Schlüssel* in Kapitel 6 (Seite 108) aufgreifen und lernen, dass diese Art von „Schlüssel" heute nicht nur unnötig, sondern sogar schädlich ist.

Zum Abschluss dieses Abschnitts sind noch einige Anmerkungen zu dualen Codes erforderlich. Obwohl die Stellenzahl bei ihnen am größten ist, arbeiten nahezu alle heute verbreiteten Computer intern mit dualen Zahlen, weil die Schaltungen in der Hardware damit am einfachsten – und somit billig – werden. Dies gilt auch für die Übertragung von Daten in Netzen, mit oder ohne Kabel. Zur Datenübertragung genügt es hier zu wissen, dass die Übertragungsgeschwindigkeit der sog. *Kanäle* (Kabel, Radiowellen, Licht) so schnell ist, dass die Länge codierter Zeichen nicht ins Gewicht fällt und dass die Übertragungseinheiten auch nur Computer sind. Es wird also die Anzahl der Zeichen durch die Geschwindigkeit der Übertragung kompensiert.

Wir verfügen jetzt über alle Bausteine, um Daten und deren Klassifizierungen klären und verstehen zu können.

Zusammenfassung Abschnitt 3.3

- ⋄ Wenn die *Reihenfolge der Zeichen* eines Codes genutzt werden soll, muss der Code als Alphabet definiert sein. Dann kann der Computer auch mit Nicht-Ziffern rechnen.
- ⋄ Ein *Zahlensystem* ist aus Sicht der Informationsdarstellung ein Alphabet, auf dem arithmetische Operationen definiert sind.

◊ Die *Kardinalität* eines Codes bestimmt die Stellenzahl, die für eine Information benötigt wird.
◊ Das *Hexadezimalsystem* nutzt den dualen Code besser aus als das Dezimalsystem.

3.4 Datentypen

Der Begriff **Daten** war lange beschränkt auf maschinell verarbeitbare, speicherbare *Zeichen*, womit nur *digitale* (= dual oder mit anderen Zahlensystemen codierte) Zeichen gemeint waren. Heute muss man auch visuelle und akustische Codes (Bilder und Töne) hinzuzählen, die auf der Basis von Bits und nicht von Bytes codiert sind. Sie sind allerdings in der betrieblichen Realität vorerst von untergeordneter Bedeutung, während sie den privaten Bereich längst dominieren. Unsere Grundlage sind auf Grund des betriebswirtschaftlichen Kontextes immer noch *zeichenorientierte* Daten und nicht sog. *bitorientierte*.

Innerhalb der zeichenorientierten Daten gibt es eine weitere wichtige Unterteilung in **strukturierte** und **unstrukturierte Daten**. Am einfachsten kann man sich das an Hand zweier Komponenten von Office-Systemen verdeutlichen. Für die unstrukturierten Daten (Texte) braucht man ein Textsystem, für die strukturierten (Zahlen und deren Bezeichnungen) eine Tabellenverarbeitung, weil beide Arten von Daten mit verschiedenen Operationen zu bearbeiten sind.

Wir besprechen im Folgenden zunächst elementare Datentypen, dann zusammengesetzte Datentypen; danach betrachten wir die Namengebung von Daten und abschließend die Verknüpfung zusammengesetzter Datentypen zu größeren Strukturen.

3.4.1 Elementare Datentypen

Tabelle 3.7 zeigt Beipiele von Artikeldaten eines Unternehmens, das kleinteilige Textilien verkauft. Wir erkennen in den Spalten der Tabelle verschiedene *Typen* von Daten (`Dimension`, `Produktgruppe` usw.). Diese Typen abstrahieren von den konkreten Werten, hier Produkten aus den Produktgruppen Feinstrümpfe (`FS`), Schlipse (`SC`) und T-Shirts (`TS`). Ein *Typ* ist bei Daten die Verallgemeinerung derjenigen Untermenge eines Codes, die gemeinsame Eigenschaften hat.

Tabelle 3.7. Daten von textilen Produkten in der Struktur einer Tabelle

ArtikelNr	Bezeichnung	Dimension	PreisGrp	Marke	ProdGrp	lieferbar?
76248	nur die sitzt	St	3	ND	FS	ja
90723	Bellinda stretch	Bü	5	BE	FS	ja
10101	Alpi superchic	St	9	-	SC	nein
10102	T-Shirt Baumwolle einf.	St	10	-	TS	ja

Wir wollen uns zunächst mit *elementaren Datentypen* als Grundlage jeder betrieblichen Datenbasis befassen, hier den Spalten der Tabelle. Zur Beschreibung benötigen wir eine *formale Sprache*. Da Programmiersprachen solche Sprachen sind, benutzen wir die Grundtypen der Sprache Java[5], nicht aber deren technisch bedingte Untertypen für verschiedene Genauigkeiten von Zahlen.

Die einfachsten Datentypen kennen wir aus der Mathematik. Dies sind die ganzen Zahlen $\mathbb{Z}$ und die gebrochenen (rationalen) Zahlen $\mathbb{Q}$. Sie haben verschiedene mathematische Eigenschaften: Die ganzen Zahlen sind abzählbar, während die gebrochenen ein Kontinuum bilden, d. h. theoretisch beliebig viele Nachkommastellen haben können. $\mathbb{Z}$ und $\mathbb{Q}$ müssen deshalb auch in Computern verschieden abgebildet werden. Die reellen Zahlen $\mathbb{R}$ können wir in der endlichen Genauigkeit von Computern nicht abbilden, da sie unendlich sind. Dennoch heißt der Typ *rationale Zahl* in populären Programmiersprache – etwa (Pascal) – *real*.

Es ist selbstverständlich, dass wir Zahlen und die übrigen Zeichen voneinander trennen müssen, da mit ihnen sehr verschiedene Operationen durchzuführen sind. Also muss es neben den Zahlen einen Typ *Zeichen* geben, das sind die in Abschnitt 3.1 erwähnten Alphabete. Sie umfassen auch die Zahl-Zeichen, also Ziffern. Weiterhin gibt es den für logische Operationen wichtigen Typ *boolean*, der nur die Werte *wahr* (true) oder *falsch* (false) annehmen kann. Diese vier Typen bilden die Basis der elementaren Datentypen, kurz **Basistypen**. Tabelle 3.8 zeigt im oberen Teil die im weiteren Verlauf unserer Ausführungen zu Grunde gelegten Basistypen, auf denen alle höherwertigen Datentypen aufbauen. Im unteren Teil werden nicht „wirkliche" Basistypen gezeigt, sondern Typen, die aus pragmatischen Gründen zu ihnen gezählt werden. Die *Zeichenkette* – als Folge von Character-Elementen – wird aus Handhabungsgründen immer zu den Basistypen gezählt, obwohl sie nicht elementar ist (sie basiert auf dem Typ `character`). Nicht selten wird auch noch der aus `Tag`, `Monat` und `Jahr` zusammengesetzte Typ `Datum` als Basistyp angeboten; ebenso die `Zeit`.

Tabelle 3.8. Basistypen strukturierter Daten und deren pragmatische Erweiterungen

Datentyp	Name	Operationen
Ganze Zahlen	`integer`	rechnen, prüfen
Gebrochene Zahlen	`float`	rechnen
Zeichen	`character`	verketten, suchen, verschieben
Wahrheitswerte	`boolean`	vergleichen
Zeichenketten	`string`	verketten, suchen, austauschen
Kalenderdaten	`date`	umformen, rechnen, Zulässigkeit prüfen
Zeiten	`time`	wie bei `date`: umformen, rechnen, Zulässigkeit prüfen

---

[5] Dies ist eine Sprache zur Programmierung z. B. von Internet-Anwendungen mit vielfältigen Möglichkeiten. Deshalb ist sie unseres Erachtens nach für Programmieranfänger *nicht* geeignet. Einzelheiten und Zugriff: `http://java.sun.com/javase/index.jsp`

Tabelle 3.9 enthält ergänzend zwei **benutzerdefinierte** Datentypen, auch *problemspezifische* Datentypen genannt. Sie schränken die Wertebereiche der *aufzählbaren* Basistypen (float ist nicht aufzählbar) so ein, wie der Benutzer dies definiert. Bspw. kann er die ganzen Zahlen auf 1 bis 10 eingrenzen (1..10) oder die Zeichen 'a'..'z', als Wertebereich eines selbst definierten Datentyps auf die *kleinen Buchstaben* festlegen. Diese stark eingegrenzten Typen sind für betriebliche Daten besonders wichtig und auch sehr verbreitet, da ein großes wirtschaftliches Interesse darin besteht, Daten so exakt wie möglich zu definieren. Dies hilft, durch Datenfehler verursachte Störungen in betrieblichen Prozessen zu vermeiden. Eine besonders wichtige Rolle spielt hierbei der **Aufzählungstyp** enum (*Enumeration*), der uns in Kapitel 5 unter dem Namen *Kategorie* wieder begegnen wird.

Tabelle 3.9. Benutzerdefinierte elementare Datentypen

Bezeichnung	Name	Basistyp	Syntax	Anmerkung
Unterbereichstyp	-	integer	min..max	bedeutet: *von..bis*
		character	min..max	Basis muss ein Alphabet sein
Aufzählungstyp	enum	string	$W_1, W_2, .., W_n$	W_i sind beliebige Zeichenketten

Die Basistypen und die benutzerdefinierten Datentypen bilden zusammen die *elementaren Datentypen*, oft auch *Datenelemente* genannt. Daten in betrieblichen Datenbeständen werden auf der Ebene *elementarer* Typen als konkret zu verarbeitende **Werte** gespeichert.

3.4.2 Zusammengesetzte Datentypen

Die gesamte Tabelle 3.7 (Artikel) ist ebenfalls ein *Datentyp*, genannt **zusammengesetzter Datentyp**. Durch zusammengesetzte Datentypen wird definiert, welche Eigenschaften ein Objekt der realen oder gedachten Welt für Zwecke der maschinellen Verarbeitung haben soll; im Beispiel also ein Produkt. Die Spalten der Datentabellen heißen **Attribute** oder auch *Merkmale*, die Zeilen sind die konkreten **Exemplare**, die aus Werten der Attribute bestehen. Die einzelnen Attribute unseres Beispiels Artikel sind in Tabelle 3.10 mit ihren elementaren Datentypen in Anlehnung an ein Beispiel von Chen (1976, 21) erläutert.

> So wurde etwa durch die restriktive Definition der Artikelbezeichnungen (s. Tabelle 3.10) in einem Unternehmen für die Zukunft verhindert, dass ein sich besonders „pfiffig" vorkommender „Dynamiker" für ein neues Sortiment als Bezeichnung '*nur die* 5 Stück' vergab. Dies hatte zur Folge gehabt, dass alle Dispositionsrechnungen falsch wurden, in denen dieser Artikel vorkam. Der kostspielige Fehler wurde erst nach mehreren Wochen entdeckt.

Wir werden in Kapitel 5 sehen, wie man das in Form von Stücklisten modelliert. Für betriebliche Zwecke werden bei vielen elementaren Daten die Basistypen über benutzerdefinierte Typen eingeschränkt, im Beispiel Artikel sind das alle außer

Tabelle 3.10. Der zusammengesetzte Datentyp `Artikel` mit Attributtypen

Artikel

AttributName	AttributTyp	Mögliche Werte	Erläuterung
ArtikelNr	integer	1000..9999	historisch entstandene Nummern
Bezeichnung	string	'A'..'Z', 'a'..'z', '-', ,	nur diese Zeichen erlaubt
Dimension	enum	Bü, St, m, g	Bündel, Stück, Meter, Gramm
PreisGrp	integer	1..10	bis zu zehn Preisgruppen
ProdGrp	enum	FS, SC, TS	Feinstrümpfe, Schlipse, T-Shirts
Marke	enum	ND, BE, -	nur die, Bellinda, '-' = no name
lieferbar?	boolean	ja, nein	

dem Attribut `lieferbar?`. Dabei wird mit syntaktischen Mitteln zusätzliche Semantik hergestellt, denn man kann maschinell überprüfen, ob der Benutzer einen gültigen Typ eingibt oder auswählt. Er hat keine Möglichkeit, andere als die über den Datentyp vordefinierten Werte in die Datenbasis einzugeben. Man nennt solche Festlegungen der zulässigen Werte von Daten ***Integritätsbedingungen***. Es gelten also nur die Werte im Sinne des Unternehmens als „integer", also als richtig,[6] die dem Wertebereich der selbst definierten Datentypen entsprechen. Alle anderen Werte des Basistyps können nicht nur keine betriebliche Information bilden, sie gelten als falsch.

Die Definition solcher ***Datenstrukturen*** ist als Abstraktionsarbeit prinzipiell nicht automatisierbar, sondern geistige Entwurfsarbeit, die Entscheidungen erfordert. An die Klarheit der Datendefinitionen ist gebunden, ob die verarbeitenden Programme einfach oder kompliziert werden und ob die Information innerhalb der Organisation einheitlich verstanden werden kann. Zur Definition gehören ganz besonders auch aussagefähige *Namen* (s. Ortner (1985)).

3.4.3 Datennamen

Zu Beginn des Kapitels wurde bereits angedeutet, dass die Tradition der Algebra, Variablen nur mit Buchstaben, etwa `m`, `p` oder `w` zu benennen, für unseren Kontext unzureichend ist. Diese sollten schon – ähnlich dem Beispiel `Artikel` – mit `Menge`, `Preis` und `Wert` bezeichnet werden.

Die Namen der Attribute der entsprechenden Datentypen sollten möglichst aussagefähig sein, allerdings mit pragmatischen Abkürzungen, um nicht zu lang zu werden. Es ist zweckmäßig, den Datentyp als Kürzel anzuhängen. Hierfür verwendet man Standard-Abkürzungen, wie sie in Tabelle 3.11 beispielhaft dargestellt sind. Damit ist schon angedeutet, dass *Sprache* bei der Modellierung von Daten eine wesentliche Rolle spielt. Die Namen von Tabellen und Attributen sind *Begriffe* für semantische Sachverhalte. Schon bei Schmalenbach (1963, 28) kann man nachlesen „[...], daß Namen einer Sache zum Schicksal werden können."

---
[6] Die Wortwahl erfolgt nicht gedankenlos. Sie zeigt, wie auf engstem Raum eines Textes die Semantik eines Wortes mit dem Kontext wechselt, denn wir hatten ja gerade `integer` als *ganze Zahl* eingeführt.

Tabelle 3.11. Standard-Abkürzungen in Attributnamen

kurz	lang	Datentyp
Dat	Datum	date
Kls	Klasse	enum
Grp	Gruppe	enum
Nr	Nummer	integer
Knz	Kennzeichen	enum
Anz	Anzahl	integer
Mg	Menge	float

Durch einheitliche Namen und Abkürzungen, wie sie Tabelle 3.11 zeigt, lassen sich Begriffe unternehmensweit standardisieren. Hierdurch gelang es in einem mittelgroßen Unternehmen, die Anzahl der Attribute der Datenbasis von 19.000 auf 800 zu reduzieren (Spitta, 1996).

3.4.4 Verknüpfte Datenstrukturen

Mit Artikel wurde ein Beispiel gewählt, das *unabhängig* von anderen Datentypen ist. Dies ist bei den meisten Tabellen betrieblicher Daten genau *nicht* der Fall. Sie sind vielfältig miteinander verknüpft und damit voneinander abhängig. Ein wichtiges Standardbeispiel ist in Abb. 3.1 dargestellt. Wir sehen vier zusammengesetzte Datentypen als Grafik und als Tabellenkopf. Kursiv gedruckte Attribute des Typs Nr dienen als **Referenz**[7] auf bzw. Beziehung mit anderen Tabellen. Die Datentypen Artikel und Kunde sind *unabhängig*, denn sie enthalten keine Attribute, die auf andere Tabellen zeigen. Auftrag und AuftragsPosition sind von Artikel und Kunde und voneinander *abhängig*.

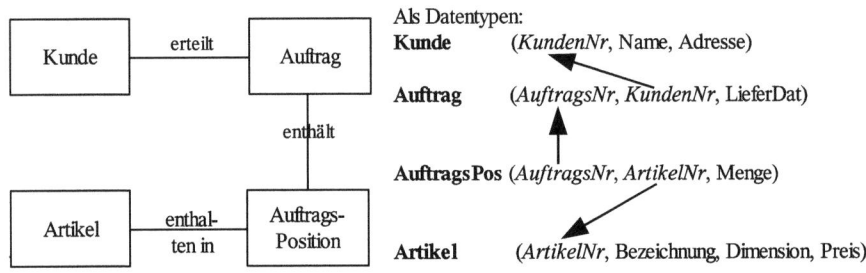

Abb. 3.1. Verknüpfung von Datentypen über Attribute

---

[7] In Programmiersprachen wie Pascal, C und C++ wird hierfür das Wort *Zeiger* benutzt. In der Programmiersprache ist damit die Referenz auf die erste Speicheradresse eines zusammenhängenden Bereiches im Hauptspeicher eines Computers gemeint. Wir wollen diese technische Ebene hier aber nicht betrachten. Deshalb vermeiden wir das sinnvollere deutsche Wort *Zeiger* für diesen Zusammenhang.

Die Verknüpfung kann auch mithilfe von Tabellen dargestellt werden, die Beispielwerte zeigen. Man sieht in Tabelle 3.12, wie die abhängigen Datentypen auf die unabhängigen *zeigen*. Die KundenNr im Auftrag zeigt auf den entsprechenden Kunden, also genau die Tabellenzeile, die einen konkreten Kunden repräsentiert. Die ArtikelNr in der Auftragsposition zeigt auf den beauftragten Artikel. Jede Zeile der Tabelle AuftragsPos zeigt auf den Auftrag, zu dem sie gehört. Weiterhin zeigen die kursiv gedruckten Nummern (Typ *Nr*), dass die Tabelle AuftragsPos keine eigenständige Nummer hat, sondern von Auftrag und Artikel über Referenzen abhängig ist.

Tabelle 3.12. Vier verknüpfte Datentabellen

Kunde		Auftrag		
(*KundenNr*,	Name)	(*AuftragsNr*,	KundenNr,	LieferDat)
17265	Edeka	1221	17265	17.05.2005
17270	Tengelmann	1222	17270	17.05.2005
Artikel		**AuftragsPos**		
(*ArtikelNr*,	Bezeichnung)	(*AuftragsNr*,	*ArtikelNr*,	Menge)
76248	nur die sitzt	1221	76248	750.000
10102	T-Shirt Baumwolle einf.	1221	10102	6.000
		1222	76248	620.000

Wir haben hier Begriffe wie *Schlüssel* oder *Primärschlüssel* vermieden, die einige Leser vielleicht jetzt erwartet hätten. Sie sind *zunächst* für das weitere Verständnis nicht erforderlich. Wir werden sie in Kapitel 6 im Zusammenhang mit der Methodik der Datenmodellierung einführen und dabei sehen, dass durch Verknüpfung vieler solcher zusammengesetzten Datentypen eine betriebliche Datenbasis als komplexes Gefüge von Tabellen entsteht.

Andere Strukturtypen (Bäume, Netze) haben für die Struktur betrieblicher Daten nur noch historische Bedeutung und werden hier nicht behandelt.

Um die Rede von den Datenstrukturen sprachlich zu vereinfachen und an neue Entwicklungen anzuknüpfen, sprechen wir im Folgenden von **Objekttypen** und nicht mehr von *zusammengesetzten Datentypen*. Ein sehr gebräuchliches Synonym für Objekttyp ist **Entitätstyp**. Eine *Entität* wie auch ein *Objekt* ist ein identifizierbarer realer oder gedachter Gegenstand unserer Umwelt bzw. ein einzelnes Element eines Systems.

Wir verfügen jetzt über eine Basis, auf der wir qualifiziert über Kommunikation, Information und Wissen sprechen können.

Zusammenfassung Abschnitt 3.4

◇ Es gibt eine eng umgrenzte Anzahl *elementarer Datentypen*, in denen wir alle Attribute strukturierter Daten ausdrücken müssen.

- ◇ Eine besondere Bedeutung haben dabei die *benutzerdefinierten Datentypen*, mit denen Unterbereiche und Aufzählungen entsprechend dem betrieblichen Kontext festgelegt werden.
- ◇ Auf der engen Einschränkung von Datentypen beruht die Definition von *Integritätsbedingungen*. Sie werden auch *Geschäftsregeln* genannt.
- ◇ Daten müssen unternehmensintern verständliche und einheitliche *Namen* erhalten.
- ◇ Die *Unternehmensdaten* bestehen aus Tabellen, die untereinander vernetzt sind.

3.5 Wiederholung und Übung

- Betrieblich bedeutend sind überwiegend *zeichenorientierte* Daten, von ihnen wiederum die *strukturierten* Daten.
- *Unstrukturierte Daten* sind Texte.
- Die strukturierten Daten werden als *elementare Datentypen* so eng eingegrenzt wie möglich. Die Eingrenzung erfolgt mit Unterbereichs- und Aufzählungstypen. Vor allem letztere sind von großer praktischer Bedeutung.
- Nur elementare Datentypen können *Werte* repräsentieren.
- Eine Menge elementarer Datentypen heißt *zusammengesetzter Datentyp* oder auch *Objekttyp*. Wir betrachten ausschließlich den Strukturtyp *Tabelle*, der die größte Bedeutung für betriebliche Daten hat.
- Mehrere Tabellen können über bestimmte Attribute miteinander verknüpft werden. Diese dienen als *Referenzen* auf andere Tabellen.
- Eine konsistente *Namengebung* ist für die Komplexitätsreduktion der betrieblichen Datenbasis und die Verständigung innerhalb des Unternehmens sehr wichtig.

Begriffe

Abschnitt 3.1: Zeichenvorrat, Kardinalität, Alphabet, Standard, Wort, Text.
Abschnitt 3.2: Code, Ordnungszahl.
Abschnitt 3.3: Zahlensystem, Stellenwertsystem, Bit, Byte, Kanal.
Abschnitt 3.4: Daten: -strukturierte / -unstrukturierte, (Daten-)Typ, Wert, elementarer Datentyp, Basistyp, benutzerdefinierter Datentyp, Aufzählungstyp, zusammengesetzter Datentyp (= *Datenstruktur*), Attribut, Exemplar, Integritätsbedingung, Datenname, Referenz, Objekttyp, Entitätstyp.

Aufgaben

1. Sie benötigen für einen Code, z. B. als Attribut eines zusammengesetzten Datentyps, 30 Ausprägungen. Der Code muss an Bildschirmen und auf Listen dargestellt werden, Sie haben aber nur eine Stelle zur Verfügung. Welches Alphabet empfehlen Sie und wie viele Möglichkeiten würden drei Stellen bieten? Begründen Sie Ihre Lösung (→ Anhang).

2. Definieren Sie einen Datentyp Überweisung mit betriebswirtschaftlich sinnvollen Namen und Typen der Attribute (→ Anhang).
3. Welche elementaren Datentypen kommen in zusammengesetzten Datentypen vor?
4. Geben Sie als Beispiel für miteinander verknüpften Datentypen eine Artikel- und eine Auftragstabelle mit Beispielwerten für ein Auto an.
5. Sie sollen einen einseitigen Text in einem einzigen Attribut eines strukturierten Datentyps, z. B. Hausarbeit abspeichern. Welchen Typ muss das Attribut haben und warum?

4
Kommunikation, Information und Wissen

Dieses Kapitel klärt die Beziehung zwischen *Daten* und *Information* und geht kurz auf das oft damit verknüpfte Thema *Wissen* ein. Da Information erst durch soziale Interaktion zwischen Menschen entsteht, muss mit *Nachrichten* und *Kommunikation* begonnen werden. Dabei wird sich zeigen, dass die soziale Handlung *Kommunikation* zwischen Menschen auch ein technisches Pendant hat, bei dem *Automaten* miteinander kommunizieren.

4.1 Nachrichten und Kommunikation

Kommunikation ist der Austausch von **Nachrichten** zwischen Sendern und Empfängern, die mittelbar und unmittelbar Menschen oder Automaten sein können. Die Anforderungen an die Beschaffenheit der Nachricht hängen von der Art des Senders oder des Empfängers ab. Unter einem **Automaten** wollen wir hier eine Maschine verstehen, die Daten ohne menschlichen Eingriff verarbeiten kann.

4.1.1 Kommunikation zwischen menschlichen Akteuren

Abb. 4.1 zeigt ein einfaches Kommunikationsmodell. Es unterstellt, dass ein Sender eine Nachricht in Form von Daten über einen *Kanal* an einen Empfänger übermittelt. Sind Sender und Empfänger menschliche Akteure, genügt auch ein nicht ganz deckungsgleicher Zeichenvorrat (s. Abb. 4.1: Die Syntax muss nicht exakt sein) und eine gemeinsame semantische Basis, damit sie einander verstehen können. Bereits dieses einfache Modell zeigt, dass das Verstehen einer Nachricht nur in einem adäquaten Kontext möglich ist.

Das Phänomen der Abb. 4.1 kennen wir von einem Fax oder einer E-Mail. Beim Telefon wäre der Kanal **bidirektional**; damit wären auch die Rollen Sender und Empfänger nicht mehr klar zugewiesen. Das würde durch einen Pfeil mit zwei Spitzen (↔) ausgedrückt. Streng genommen spricht man erst von *Kommunikation*, wenn Nachrichten bidirektional ausgetauscht werden, also eine Frage-Antwort-Struktur

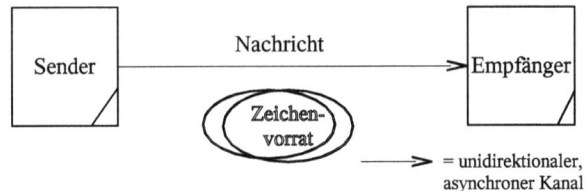

Abb. 4.1. Kommunikation als Nachrichtenübermittlung (unidirektional)

haben. Wir werden jedoch sehen, dass auch unidirektionale Nachrichten zwischen menschlichen Akteuren auf der *technischen* Ebene bidirektional bearbeitet werden.

Die Vielschichtigkeit menschlicher Kommunikation können wir hier nicht behandeln. Spätestens seit den siebziger Jahren ist bekannt, dass sie nie ausschließlich rationale Bestandteile hat, sondern dass immer eine Beziehungsebene mit hinein spielt (s. Watzlawick, Beavin & Jackson, 1974). Die zwischenmenschlichen Aspekte von Kommunikation haben mitunter erhebliche wirtschaftliche Auswirkungen (s. hierzu Spitta, 1989, Kap 9; Picot & Reichwald, 1991, Abschn I). Dies ist aber ein Thema der Personalwirtschaft oder der Organisationspsychologie. Wir beschränken uns hier auf die informationswirtschaftliche Sicht, bei der im Regelfall Automaten (vom Telefon bis zum Computer) an der Kommunikation zwischen menschlichen oder institutionellen Akteuren (z. B. Unternehmen) beteiligt sind.

4.1.2 Kommunikation zwischen Automaten

Eine Kommunikation über Fax oder E-Mail benötigt Automaten, die die Datenübertragung bewerkstelligen. Sie können „unscharfe" Nachrichten, wie in Abb. 4.1 gezeigt, auf einfache Weise nicht verstehen. Vielmehr benötigen sie exakt übereinstimmende Zeichenvorräte und Datentypen. Die Übermittlung erfolgt mit **Protokollen**, bei denen die inhaltliche Nachricht in einem bis auf das Bit festgelegten Teil eingeschlossen ist, der aus einem Kopf (*header*) und einem Fuß (*trailer*) besteht. Header und Trailer müssen exakt einem Standard entsprechen, sonst weist der empfangende Automat die Nachricht ab. Den *Inhalt* gibt der Automat ungeprüft an den menschlichen Empfänger weiter.[1] Die Automaten kommunizieren bei Protokollen immer bidirektional, auch wenn die Nachricht unidirektional ist. Der automatische Sender wartet dabei auf eine positive Quittung des empfangenden Automaten.

> Die Quittung kommt etwa beim Fax nicht, wenn das Empfangsgerät das gesendete Fax aus irgend einem Grund nicht vollständig drucken konnte – Papierstau genügt.

Header	Nachricht	Trailer

Abb. 4.2. Aufbau von Protokollen

---

[1] Von Spezialfällen wie Spam-Filtern wollen wir hier absehen.

Abb. 4.2 zeigt den prinzipiellen Aufbau von Protokollen. Ist die Nachricht ein unstrukturierter Text wie beim E-Mail-Protokoll, spricht man von **Transportprotokollen**[2] , besteht sie aus exakt strukturierten Datentypen, sprechen Hansen & Neumann (2005) von **Anwenderprotokollen**. Solche *höheren Protokolle* haben eine große wirtschaftliche Bedeutung, da Unternehmen Daten vollautomatisch austauschen wollen. Dies geschieht etwa mittels der Protokolle des Typs EDIFACT (*Electronic Data Interchange for Administration, Commerce and Transport*, ein Standard der UNO), bei der Computer eines Lieferanten Sender und Computer des Kunden Empfänger von Rechnungen, Bestellungen oder ähnlichen Datentypen sind. Alles geschieht automatisch, ohne Postversand und menschlichen Eingriff. Solche Protokolle verlangen erhebliche Sorgfalt bei der Festlegung von Zeichen und Wörtern (Syntax), vor allem aber von Inhalten, also Semantik. Die Semantik wird über zusammengesetzte Datentypen übermittelt, die in Abschnitt 3.4.2 eingeführt wurden. Der Empfänger muss jedes Zeichen und jedes Wort genau so interpretieren wie der Sender es gemeint hat.

Die Unterscheidung in uni- und bidirektionale Nachrichten führt auf ein weiteres, konzeptionell wichtiges Begriffspaar. Eine Kommunikation kann **synchron** sein, also zeitgleich, oder **asynchron**, also zeitversetzt. Ein Telefongespräch erfolgt synchron, eine E-Mail oder ein Brief stellen asynchrone Kommunikationsformen dar. Der *Dialog* mit einem Computer erfolgt synchron. Die Benutzerschnittstelle des Personalcomputers ist auf direkte Interaktion mit dem Gerät ausgelegt, also auf **Dialogbetrieb**.

Viele wirtschaftlich bedeutsamen Anwendungen von Computern entfalten ihre Möglichkeiten zur Effizienzsteigerung von Abläufen aber erst im asynchronen Betrieb, auch **Batchverarbeitung** genannt. Per Automat oder menschlichem Bediener wird ein eventuell länger dauernder Prozess angestoßen, der nicht auf Antworten eines menschlichen Kommunikationspartners angewiesen ist, sondern vollautomatisch alle Arbeitsschritte erledigt und seine Ergebnisse in einem Speicher ablegt. Hier zwei Beispiele:

- ◇ In einem Unternehmen mit vielen täglichen Verkaufspositionen an andere Unternehmen startet am Abend jedes Arbeitstages automatisch der Prozess *Fakturierung* (Rechnungserstellung), der mehrere Stunden Zeit beanspruchen kann. Nach dessen Ende werden die Ergebnisse im EDIFACT-Format an die Großkunden übermittelt und von deren Computern nach Prüfung auf formale Korrektheit zwischengespeichert. Jede korrekte Rechnung wird durch einen weiteren Prozess automatisch in die Warteschlange des Buchhaltungsprogramms des Kunden gestellt. Sie heißt *offener Posten* und wird zumindest bei betragsmäßig größeren Rechnungen von einem menschlichen Bearbeiter im Dialogbetrieb geprüft, bevor die automatische Zahlung erfolgt. Diese geschieht mit dem nächsten am Prozess beteiligten Akteur, der Bank.
- ◇ Wir könnten mit der Suchmaschine *Google* im Dialog fast nichts finden, wenn die Firma Google nicht täglich automatische Batchprozesse anstoßen würde, die das Internet durchsuchen und bei Google entsprechende Indexbäume pflegen.

---

[2] Sie dürfen nicht verwechselt werden mit der *Transportschicht* elementarer Protokolle, etwa aus der Protokollfamilie TCP/IP (*Transmission Control Protocol / Internet Protocol*), die nicht Gegenstand dieses Buches sind.

Erst dies ermöglicht uns den gewohnten schnellen Zugriff mit hunderttausenden von Treffern in weniger als einer Sekunde.

Doch auch **Dialoganwendungen** können essenziell für Erfolg oder Misserfolg eines Unternehmens sein. Der Vorteil synchroner Anwendungen liegt im Bereich der Eingabe von Daten durch menschliche Akteure. Nur die Akteure wissen, welche Daten aus ihrer Sicht die richtigen sind. Der Computer wiederum „weiß" – bei sinnvoll entworfenen Integritätsbedingungen – welche Daten er für richtig halten darf. Er muss also synchron, mittels verständlicher Fehlermeldungen, den Benutzer zur Eingabe der korrekten Daten veranlassen, der allein wissen kann, was semantisch richtig ist.

> So steht etwa bei einer Bestellung von Ware im Internet hinter der Meldung „*Ware nicht lieferbar, wählen Sie einen der angebotenen Alternativartikel*" das System eines Anbieters, das in der Lage ist, synchron – also in einer schnellen sog. *Antwortzeit* – den Lagerbestand zu prüfen. Kann das System einen Termin nennen, wann der gewünschte Artikel wieder lieferbar sein wird, hat es auch noch den Bestellbestand geprüft. Kann ein Anbieter dagegen erst nach drei Tagen per Brief reagieren, offenbart er durch diese asynchrone Antwort seine mangelnde Professionalität. Diese bestraft bekanntlich der Markt.

Es hat zu Zeiten des Internet-Booms (um 2001) nicht Wenige gegeben, die solch eine Anwendung für etwas Neues hielten und „E-Business" nannten. Die Anwendung ist aber weder betriebswirtschaftlich noch technisch neu. Es handelt sich um eine Auftragserfassung für Direktbesteller, bei der die Erfassungsmaske ins Internet verlegt wurde. Im Gegensatz dazu ist die Mehrzahl der Textseiten im Internet passiv. Sie bieten nur eine asynchrone Kommunikation, selbst wenn sie animiert sind.

Zusammenfassung Abschnitt 4.1

- Betriebliche *Nachrichten* werden häufig als Texte zwischen Sendern und Empfängern übermittelt. Dies erfolgt uni- oder bidirektional sowie synchron oder asynchron.
- *Kommunikation* erfolgt bidirektional. Sie erlaubt zwischen menschlichen Akteuren Unschärfen in der Syntax der Nachrichten.
- *Protokolle* sind standardisierte Datenstrukturen für die automatische Übertragung von Nachrichten. Sie tolerieren keine Unschärfen.
- *Asynchron* übermittelte Nachrichten können *nur* von Automaten empfangen werden. Hierzu sind Protokolle erforderlich.

4.2 Information

Nach den Grundlagen der Kommunikation betrachten wir *Information* zunächst im Kontext der Nachricht an *einen* Empfänger, danach erweitert auf *viele* Empfänger.

4.2.1 Information für Einzelne

So lange Sender und Empfänger menschliche Akteure sind, gilt das Modell aus Abb. 4.1. Die einzelne Nachricht fließt vom Sender zum Empfänger. Wir betrachten drei Fälle, die unter dem Blickwinkel diskutiert werden, ob Daten die Basis für Information sind und welche Nachrichten Informationen sein können.

Einfache Beispiele

Fall 1: Ein Chef erteilt einem seiner Mitarbeiter einen mündlichen Arbeitsauftrag.
Fall 2: Der Chef erteilt den Auftrag per E-Mail.
Fall 3: Der Chef schickt dem Mitarbeiter eine Papiernotiz mit folgendem Inhalt: *„In diesem Jahr werden wir wieder – wie jedes Jahr – eine Bilanz erstellen."*

zu 1: Der Mitarbeiter erhält eine Nachricht, die für ihn neu und wichtig ist. Die Nachricht wird nicht in Form von Daten festgehalten (z. B. Tonband), *könnte* aber gespeichert werden.

Eine für den Empfänger neue und relevante Nachricht nennen wir *Information*. Sie „formt"[3] etwas im Bewusstsein des Empfängers und sie ereignet sich in einem sozialen Kontext (Bateson, 1972, 412ff.). Hierzu (Boland, 1987, 363):

> „Information is an inward-forming. It is the change in a person from an encounter with data. [...] But data is not information."

zu 2: Wir haben denselben Fall wie bei 1. Jetzt wird die Nachricht in Form von *Daten* überbracht. Diese Nachricht ist ebenso eine Information wie in Fall 1. Die für die Kommunikation zwischengeschalteten Automaten ändern am sozialen Prozess nichts. Die Daten des Beispiels sind unstrukturierte Daten.

zu 3: Diese Nachricht wird ebenfalls in Form von Daten übermittelt. Der Datenträger ist Papier. Sie ist jedoch *keine* Information, denn sie ist weder neu noch relevant. Übermittelt wird eine allen Mitarbeitern bekannte Trivialität.

Nachrichten von der Art des Falles 3, die *keine* Information sind, und die in sozialen Prozessen ganz andere Zwecke als den des Informierens verfolgen, erhalten wir im privaten und beruflichen Leben in großer Zahl. Teilweise basieren sie auf Daten, z. B. SPAM-Mails, teilweise auch nicht.

Erste Definition von Information

Information ist also nicht zwingend an Daten gebunden, nicht einmal notwendiger Weise an Nachrichten, zumindest im Sinne von Abb. 4.1. Materielle und immaterielle Gegenstände, z. B. Daten, können für den Betrachter, der ein *Empfänger* ist, Informationen liefern.

---
[3] lateinisch: *informare*, in eine Form bringen

So vermittelt etwa ein Karton im Versand eines Unternehmens dem Betrachter *Informationen*, auch wenn der Karton kein Akteur ist, sondern ein passives Objekt. Diese Informationen könnten sein: *Größe* (durch optische Wahrnehmung) oder *Gewicht* (durch aktives Anheben seitens des Beobachters). Der Beobachter wird evtl. auf Grund der Informationen *entscheiden*, den Karton wegzutragen oder stehen zu lassen, weil er ihm zu groß oder zu schwer ist. Wenn er den Karton *gesucht* hat, hat der Karton etwas in seinem Bewusstsein verändert, denn der Karton wurde *gefunden*. Der Beobachter *weiß* jetzt, wo sich der Karton befindet.

Auch ein passives Objekt kann Informationen liefern. Intuitiv fällt uns dabei der Begriff *Wissen* ein. Diesen werden wir im nächsten Abschnitt vertiefen. Davor müssen wir aber die Beispiele generalisieren und unser Ergebnis am Stand der Literatur überprüfen. Wir fassen zusammen:

> *Information* ist eine Nachricht, die ein Akteur oder Objekt aussendet *und* die der Empfänger als neu und nützlich empfindet.[4]

Diese Definition – sie ist eine *Nachricht* – kann nur mit einigen Erläuterungen richtig interpretiert werden, die den **Kontext** betreffen:

◊ „Aussendet" ist sehr weit zu interpretieren. Ein passiver Gegenstand „sendet" im umgangssprachlichen Sinn nicht. Ob der Gegenstand etwa sein Bild „sendet" oder der Empfänger sich ein Bild *erzeugt*, reicht in Fragestellungen der Philosophie hinein, die nicht unser Thema sind.

◊ „Neu" muss hier ebenfalls weit verstanden werden. Für den einen Empfänger ist die Nachricht nur beim ersten Mal neu, ein anderer nimmt sie vielleicht auch beim dritten Mal als „neu" an, weil er vergesslich ist.

◊ Schon mit „neu", besonders aber mit „nützlich", wird deutlich, dass nur der *Empfänger* einer Nachricht im besprochenen Sinne subjektiv entscheiden kann, ob eine Nachricht für ihn eine Information ist oder nicht.

Einige wissenschaftliche Auffassungen zum Informationsbegriff

Eine wissenschaftlich allgemein akzeptierte Definition von Information gibt es nicht. Kern unserer oben gegebenen Definition sind die *Subjektivität* des Empfängers und das Kriterium *Relevanz*.

Eine interdisziplinäre, sehr lesenswerte Diskussion des Begriffs *Information* findet sich in einem sonst nicht für alle Einträge empfehlenswerten Lexikon im Internet (Wikipedia (2008)). Der Beitrag zeigt, wie vielschichtig der Informationsbegriff in den verschiedenen Wissenschaftsdiziplinen gesehen wird. Wir werden uns hier auf einige Meinungen aus den Wirtschafts- und Sozialwissenschaften beschränken.

Wir haben oben einen *subjektiven* Informationsbegriff vertreten, der Daten eine relative Objektivität zuspricht und zwischen *Information* und *Daten* trennt. Die ersten Beispiele für Daten in Abschnitt 3.4 stützen die Vermutung von deren Objektivität. Daneben wird auch ein objektiver Informationsbegriff vertreten.

---
[4] Hierzu ein bekanntes Zitat von (Bateson, 1972, 459): „What we mean by information – the elementary unit of information – is a difference which makes a difference."

4.2 Information

Nicht selten wird die aus der Betriebswirtschaftslehre stammende Definition von Wittmann (1959, 14f.) zu Grunde gelegt, die Information als „zweckorientiertes Wissen" bezeichnet (s. auch Bode (1997)). Die Zweckorientierung wird mit den Zwecken *Entscheiden* oder *Handeln* konkretisiert. Wir halten diese Definition nicht für nützlich, da sie einen unscharfen Begriff (Information) durch einen anderen erklärt, der noch unschärfer ist (Wissen). Als Beispiele für diese oder eine ähnliche Auffassung lassen sich Fink et al. (2005, 67) und Stahlknecht & Hasenkamp (2005, 9) nennen.

Der subjektive Informationsbegriff wird von der Disziplin *Wirtschaftsinformatik* mehrheitlich vertreten (z. B. Mertens et al. (2005, 53), Alpar, Grob, Weimann & Winter (2002, 9) und Heinrich, Heinzl & Roithmayr (2007, 133)). Daneben unterscheiden Ferstl & Sinz (2006, 9) „Information als Tätigkeit (*Informieren*) oder als Objektart (*Informationsverarbeitung*)". Dies entspricht nach unserem Verständnis einem objektiven Informationsbegriff.

Krcmar (2005, 16ff.) favorisiert einen *modellorientierten* Informationsbegriff,[5] dem ebenfalls ein subjektives Verständnis von Information zu Grunde liegt. Modelle spiegeln immer die Sichtweise des Modellierers wider und lösen beim Betrachter verschiedene Interpretationen aus.

Auch in der Betriebswirtschaftslehre wurde ein subjektiver Informationsbegriff vertreten und interdisziplinär diskutiert (Witte, 1972, 7f.). Witte hat die Rolle der Information in Entscheidungsprozessen auf der Basis von 345 Unternehmen und Behörden empirisch untersucht und gezeigt, dass es den gerne theoretisch unterstellten „Homo Informaticus" gar nicht gibt, der die für seine Entscheidungen notwendigen Informationen aktiv nachfrage. Wittes Informationsbegriff ist dem von uns vertretenen ähnlich:

> „Nachrichten [sind] dann als Information zu bezeichnen, wenn sie zur Lösung eines *Entscheidungs*-Problems geeignet sind." (Witte, 1972, 4) und weiter hinten: „Die Erklärung der Informationen als Reduktoren der subjektiven Unsicherheit von Entscheidungs-Trägern personalisiert das Problem. Die Informationen sind jetzt nicht mehr bloße Bausteine zur Lösung einer vom Menschen abstrahierten Entscheidung, sondern sie beziehen sich auf Unsicherheit, die von bestimmten Entscheidungs-Personen empfunden wird." (ebenda, 13)

Die Vertreter eines *objektiven* Informationsbegriffs kommen nicht umhin, implizit oder explizit Daten, wie sie hier dargestellt wurden, mit Information gleichzusetzen. Daten werden beim objektiven Informationsbegriff auf eine rein technische Ebene gedrängt, denen jede Semantik fehlt. Dies erscheint angesichts der Beispiele in Abschnitt 3.4 unplausibel, denn niemand kann eine Datenbank definieren, ohne ihr eine Semantik zu geben (s. Pernul & Unland (2001)). Kapitel 5 und 6 werden hierzu entsprechende Beispiele ergänzen.

---

[5] Krcmar stützt sich auf Steinmüller (1997, 155-233), der eine sehr umfassende und tief gehende, interdisziplinäre Analyse der Begriffe Kommunikation, Nachricht, Information und Modell im zweiten von fünf Teilen seines Buches liefert. Wer sich mit der Materie intensiv befassen möchte, dem sei dieses Buch empfohlen.

Der subjektive Informationsbegriff erscheint uns vor allem aus pragmatischen Gründen tragfähiger, da er nicht durch Eigenschaften belastet wird, die Daten zuzusprechen sind. Es ist unstrittiges Basiswissen der Disziplin Informatik (s. z. B. Wirth (1975)), dass Daten eine Semantik tragen, die durch die Namen zusammengesetzter Datentypen und der ihrer Attribute ausgedrückt wird. Wir beschreiben Daten mittels einer *Sprache*, nicht nur mit Wörtern.

Auch andere Disziplinen haben einen subjektiven Informationsbegriff und unterscheiden Daten von Informationen. So formuliert etwa die systemtheoretische Schule der Soziologie mit Bezug auf Bateson (1972):

> „Daten beobachten Unterschiede .., Informationen ... die von einem Beobachter für relevant gehaltenen Unterschiede." (Willke, 2004, 31)

Die Verknüpfung der Begriffspaare *Information – Semantik* und *Daten – Syntax* hat ihre Wurzel in einem sehr simplen Modell aus den 40er Jahren des vorigen Jahrhunderts, entstanden als es noch keine Computer und keine wissenschaftliche Disziplin *Informatik* gab. Es ist die *Semiotik* (Lehre von den Bedeutungen), die mit dem Aufkommen der Informationstechnik in den 60er bis 80er Jahren vielfach adaptiert wurde. Die Semiotik definiert eine Hierarchie *Syntax → Semantik → Pragmatik* mit Zeichen als unterster Ebene, die im Zuge der oben erwähnten Adaption mit einer Hierarchie *Zeichen → Daten → Information* (und oft auch noch) *→ Wissen* verknüpft wurde. Die Hierarchie wird gerne als Pyramide dargestellt. Einige Zitate zu dieser Auffassung:

◇ „Daten werden zu Information, wenn ihnen eine Bedeutung (Semantik) zugeordnet wird." (Bodendorf, 2003, 1)
◇ „Die Anreicherung mit zusätzlichem Kontext verschafft Daten zusätzliche Bedeutung, so dass Information entsteht." (Krcmar, 2005, 11)
◇ „Beginnt man unten bei Zeichen und fügt Syntax hinzu, so erhält man Daten, ..." (Laudon et al., 2006, 452)

Die semiotische Pyramide erscheint als Modell nicht tragfähig und wird von dem Finnen Tuomi sogar radikal in Frage gestellt, indem er eine Umkehrung der Reihenfolge zwischen oben und unten fordert:

> „Data emerge only after we have information, and that information emerges only after we already have knowledge." (Tuomi, 2000, 103) und weiter: „Data can emerge only if a meaning structure, or semantics, is first fixed and then used to represent information." (ebenda, 107)

Fazit zur semiotischen Pyramide

Wir denken, die Theorie der semiotischen Pyramide hält selbst einfachen Falsifizierungsversuchen nicht stand. Die Realität ließe sich allenfalls durch ein Netz beschreiben, in dem Syntax, Semantik und Pragmatik mehrfach rekursiv gekoppelt sind. Wir kommen in Abb. 4.5 (Seite 59) darauf zurück. Von den folgenden Beispielen würde jedes für sich alleine zur Falsifizierung des Modells einer simplen Hierarchie ausreichen:

Zeichen können in der Form von *Signalen* sehr wohl eine Semantik tragen und pragmatisch eingesetzt werden. Ein Beispiel ist das Zeichen '!' auf Dialogoberflächen von Computern mit der Semantik „Achtung".

Daten werden mittels Syntax zu komplex zusammengesetzten Datentypen aufgebaut; man spricht von *semantischer Modellierung*. Kapitel 3 deutet dies an; die Kapitel 5 (Die *Inhalte* betrieblicher Daten; Semantik) und 6 (Die *Struktur* der Daten; Datenmodelle) werden hier umfassend anknüpfen.

Informationen – mitunter gerade die unternehmerisch besonders wichtigen – beruhen keinesfalls immer auf Daten. So ist vielleicht eine Bemerkung im Gespräch beim Golfspiel zwischen Unternehmern die entscheidende (letzte) Information für die neue Produktidee.

Wir erheben nicht den Anspruch, der subjektive Informationsbegriff sei der einzig richtige, behaupten aber, dass er für ein Gebiet *Informationswirtschaft* pragmatische Vorteile hat. Der objektive Informationsbegriff entsteht, wenn man Daten eine Semantik abspricht. Dann muss die *Semantik* von der Ebene der Information bewältigt werden, die sich besser auf das *Informieren* der Akteure konzentrieren sollte.

Mit semantisch begründeten *Daten* ist es möglich, Daten die Werte *richtig*, *unsicher* oder *falsch* zuzusprechen, so dass *Information* von *unsicherer Information* und von *Desinformation* unterschieden werden kann, wenn sie auf Daten beruht. Die Typenlehre aus Kapitel 3 zielt genau darauf ab, bestimmte Aspekte von Semantik syntaktisch festzulegen mit dem Ziel, auf diese Weise eine maschinelle Verarbeitung zu ermöglichen. Neue Entwicklungen wie etwa XML (*Extensible Markup Language*) erweitern dieses Konzept auf unstrukturierte Daten. Darauf gehen wir in Kapitel 9 ein.

Abschließende Definition von Information

Am Beispiel von Tabelle 3.10 (Seite 39) (Attributtypen von `Artikel`) können wir noch einen letzten Aspekt des Informationsbegriffs beleuchten, bevor wir eine endgültige Definition geben. Schon das Verstehen einer Nachricht ist gebunden an einen **Kontext**. Im Beispiel von Tabelle 3.10 ist der Kontext *Vertrieb von Kleintextilien*. Ein anderes Beispiel wäre das aus dem Englischen übernommene `integer` als Datentyp und das deutsches Fremdwort *integer*. Ohne Kontext kann das Wort nicht richtig verstanden werden.

Bereits die Semantik von Daten, ganz besonders aber die Interpretation einer Nachricht als Information ist vom *Kontext* der Kommunikationssituation abhängig. Dimensionen für Kontexte sind:

⋄ Wer oder was ist der Sender?
⋄ In welcher Situation oder Umgebung befindet sich der Empfänger?
⋄ Welches Bewusstsein und welche Kenntnisse (umgangssprachlich *Wissen*) hat der Empfänger?

Wir können das für den Fall zeichenbasierter Nachrichten in Anlehnung an Endres (2004, 90) formalisieren, um die Vielschichtigkeit von *Information* auszudrücken. Danach ist Information ein Quintupel

$$I = (A*, Sy, Se, Ko, Ke) \tag{4.1}$$

wobei $A* = w_1, w_2, ..w_n$ eine Menge von Wörtern w_i über einem Alphabet A ist, Sy eine Menge von Symbolen, Se deren Semantik, Ko ein *Kontext* und Ke die *Kenntnisse* und das Bewusstsein des Empfängers der Nachricht sind.

Information wäre dann eine Nachricht über einer definierten Sprache. Der Empfänger muss den Kontext der Nachricht kennen und sie muss für ihn neu und relevant sein.

Dies könnte in Erweiterung zu Abb. 4.1 wie in Abb. 4.3 dargestellt werden. Zu beachten ist, dass die Abbildung einen *synchronen* Empfang zeigt, weil die Informationseigenschaft erst zu diesem Zeitpunkt feststellbar ist. Die Abbildung berücksichtigt ebenfalls den Aspekt der Wahrnehmung von Objekten durch den Empfänger, der auf Seite 50 diskutiert wurde.

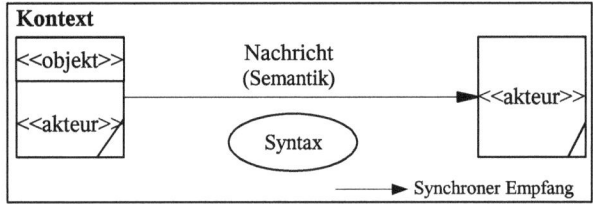

Abb. 4.3. Empfang von Nachrichten, die Informationen sein könnten

Wir schließen nach dieser Definition eine Information zwischen Automaten aus. Dies kann auch anders gesehen werden (s. z. B. (Steinmüller, 1997, 212)). So könnte man das EDIFACT-Beispiel aus Abschnitt 4.1.2 auch folgendermaßen interpretieren:

Firma A überträgt gemäß dem EDI-Standard für den Nachrichtentyp INVOIC (*invoice*) Rechnungen an Firma B, semantisch exakt nach dem Standard definiert, gesendet und empfangen von Automaten. Jede Rechnung ist neu und relevant für Firma B, könnte also als „Information" bezeichnet werden.

Wir können das Beispiel aber auch im Rahmen unseres Informationsbegriffs als Information interpretieren. Sender und Empfänger dieser Information sind die Akteure *Firma A* und *Firma B*, die die Übermittlung von Routineinformationen automatisiert haben. Die Struktur der Daten ist festgelegt, nicht aber die übermittelten Werte bzw. Exemplare der Daten (Höhe der Rechnung und die Verteilung auf Rechnungspositionen). Die übermittelten Daten sind auf der Ebene der Akteure tatsächlich Informationen, denn jede Rechnung ist einmalig, daher neu und sicher auch relevant.

4.2.2 Information für Organisationen

Wir wissen nun, dass Daten eine Semantik tragen. Diese wird in einer Organisation nicht von Systementwicklern „verordnet" oder mit einer Standardsoftware „eingekauft", sondern sie bildet sich durch Kommunikationsprozesse. Die Organisation „belegt" Begriffe im Laufe der Zeit mit einer kollektiven Semantik. Die so einheitlich verstandenen Daten bilden eine wirksame Basis für gleich gerichtete Informationen in ähnlichen Kontexten, zumindest in Routineprozessen (s. Abschnitt 2.4.2). Boland (1987, 377) spricht von

„... the fundamental importance of interpersonal dialogue and the search for meaning through language in a human community."

Wir werden auf die Bedeutung von Sprache für die Bildung von Begriffen innerhalb einer Organisation in Abschnitt 4.3.2 zurück kommen. Eine einheitliche Begriffswelt für organisational gleich gerichtetes Verstehen wird allerdings in größerem Umfang nur bei strukturierten Daten gelingen. Wir erweitern das Nachrichtenmodell aus Abb. 4.1 auf den Fall mehrerer Empfänger (s. Abb. 4.4).

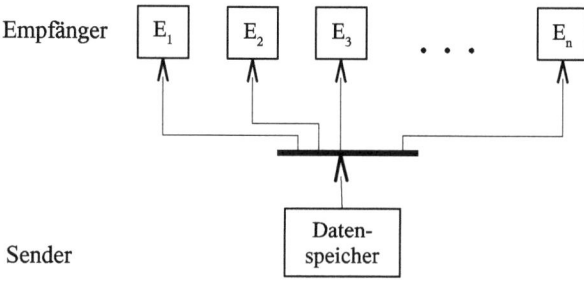

Abb. 4.4. Nachricht aus einem Speicher an viele Empfänger

Der Sender kann auch ein Automat sein, der gespeicherte Daten gleichzeitig an viele Empfänger übermittelt. Bei strukturierten Daten wie der Artikeltabelle 3.10 (Seite 39) ist die Wahrscheinlichkeit hoch, dass alle personalen Empfänger, für die die Nachricht neu und wichtig ist, eine ähnliche Information empfangen. Sind die übermittelten Daten unstrukturiert, etwa der Geschäftsbericht, ist die Wahrscheinlichkeit für eine kollektiv gleichartige Information sehr gering. In diesem Fall werden von den Empfängern aus derselben Nachricht wahrscheinlich verschiedene Informationen gewonnen.

Es wäre höchst ineffizient, nur einzelne Akteure miteinander kommunizieren zu lassen. Um Kollektive gleichartig zu informieren, benötigt man im Allgemeinen *Datenspeicher* als Puffer für Nachrichten. Wie Tontafeln und Bücher zeigen, ist das nichts Neues. Seit der Entwicklung von Computern mit entsprechenden Speichermedien haben sich jedoch die Möglichkeiten der automatischen Verarbeitung gespeicherter Daten drastisch erweitert.

Der Speicher ermöglicht es, Nachrichten nachvollziehbar und wiederholt abrufbar zu erhalten. Das ist die Rolle der Datenbasis eines Unternehmens. Strukturierte Daten geben im Routinebetrieb relativ eindeutige Informationen, um diesen Bereich des betrieblichen Geschehens möglichst frei von Störungen zu halten. *Nicht* gelingen wird dies mit unstrukturierten Daten, etwa Sitzungsprotokollen.

Wir können also durch sorgfältig modellierte Datentypen dafür sorgen, dass die betriebliche Datenbasis allen Mitgliedern der Organisation mit hoher Wahrscheinlichkeit ähnliche Informationen liefert. Hierzu muss allerdings nicht nur die Datenbasis formal und inhaltlich homogen sein, sondern die Organisation bestimmte Eigenschaften aufweisen. Dies ist Gegenstand des nächsten Abschnitts.

Zusammenfassung Abschnitt 4.2

- Die Informationseigenschaft einer Nachricht erfordert einen gemeinsamen *Kontext* und die *Relevanz* der Nachricht für den Empfänger. (Was für den Empfänger nicht neu ist, kann auch nicht relevant sein; die Umkehrung gilt allerdings *nicht*.)
- Die Informationseigenschaft ist nur *subjektiv* durch den Empfänger feststellbar.
- *Speicher* ermöglichen es uns, Nachrichten asynchron und beliebig oft zu versenden.
- Information kann mittels streng formalisierter Daten *automatisch* übermittelt werden. Innerhalb des Unternehmens sind die Empfänger menschliche Akteure. Außerhalb des Unternehmens sind die Empfänger *Institutionen* (andere Unternehmen, Behörden und Ähnliches).
- Durch *strukturierte Daten* erhöhen wir die Wahrscheinlichkeit, dass eine Nachricht von Kollektiven gleich verstanden wird, dass also eine relativ einheitliche *Information* der Akteure erreicht werden kann.

4.3 Betriebliches Wissen

Was der Alltagsbegriff *Wissen* in welchem Kontext bedeutet, ist vielschichtig und keinesfalls allgemeiner Konsens. Die Spanne möglicher Kontexte und Interpretationen des Begriffs reicht von der in Abschnitt 4.2 zitierten Informationsdefinition von Wittmann, der Wissen intuitiv verwendet, über *Wissensmanagement* in Unternehmen (Nonaka & Takeuchi, 1995) bis zu einer allmählich entstehenden *Wissengesellschaft* der Soziologie (Willke, 2001, Kap 5). Für die Zwecke der betrieblichen Informationswirtschaft wollen wir uns auf drei Fragestellungen beschränken:

1. Ist Wissen eine betriebliche Ressource, die man handhaben, also *managen* kann?
2. Was könnte *organisationales Wissen* eines Unternehmens sein?
3. Was hat dies mit Daten und Information zu tun?

Verbreitete Sichten des Phänomens Wissen sind entweder *ressourcenorientiert* (Wissen als Produktionsfaktor) oder *marktorientiert* (Wissen als Fähigkeit eines Unternehmens am Markt) (Bick, 2004, 11-15). Wir wollen hier eine Ressourcenorientierung von Wissen unterstellen, das den in Kapitel 1 erwähnten Produktionsfaktor Information teilweise einschließt.

4.3.1 Ist Wissen eine handhabbare Ressource?

Zur Beantwortung von Frage 1 wollen wir bei einem intuitiven Verständnis von Wissen ansetzen, zunächst beim einzelnen Akteur. So lange eine Person es nicht äußert, zeigt oder aufschreibt, ist ihr Wissen **implizit**. Es liegt nicht in Form von Daten vor, ist von der Person auch in vielen Fällen nicht explizit formulierbar (das sog. „Gefühl"). In unserem Kontext betrachten wir **explizites Wissen**[6], das in Form semantisch sorgfältig modellierter und technisch sicher gespeicherter *Daten* vorliegt, also überwiegend statisch ist. Aus Daten lassen sich Informationen gewinnen, die zusammen mit implizitem Wissen zu *Handlungen* führen können, z. B. zu Entscheidungen.

Wird eine Entscheidung einem Optimierungsalgorithmus übertragen, wird ausschließlich auf der Basis von Daten entschieden. Ob die in Form eines Computerprogramms vorliegenden Handlungsanweisungen *Daten* oder explizites *Wissen* sind, kann verschieden gesehen werden[7]. Oberflächlich betrachtet, sind Programme auch Daten, allerdings mit außerordentlich viel Semantik behaftete. Wir können sie in diesem Buch nicht behandeln. Zur Begründung sollte genügen, dass Programme häufig unverständlich sind, weil der Programmierer sein Wissen schlecht codiert hat. Auf Programme bzw. Software wäre also eher die Kategorie *implizites Wissen* anwendbar, allerdings die dynamische Komponente. Als Daten betrachtet sind Programme lediglich Texte, geschrieben in einer formalen Sprache. Auch ein mathematischer Beweis ist nur ein Text. In beiden Fällen steckt allerdings hinter der Syntax eine komplexe Semantik. Als Nachricht verwendet, hängt es vom impliziten Wissen des Empfängers ab, ob die Texte Informationen sein können oder nicht. Wissen, das sich auf Daten stützt, umfasst zwingend eine **Handlungskompetenz**, die Daten in adäquater Weise zu nutzen (s. Steinmüller (1997, 237); Talaulicar (2004)) und damit implizites Wissen. Dies bedeutet, dass der Wissensbegriff eines Lexikons oder eines Ratewettbewerbs im Fernsehen falsch ist (Willke, 2001, 12). Wenn ich „weiß", dass Goethe der Autor des Faust ist, verfüge ich noch über keine Handlungskompetenz. Dies wäre allenfalls *knowing-that*. Wissen über den Faust hätte ich erst, wenn ich erkären könnte, was die Grundaussagen des Dramas sind (*knowing-how*). Auch im Gehirn gespeicherte Gedächtnisinhalte sind wahrscheinlich Daten, wenn auch in einer Repräsentation, die wir noch nicht vollständig verstehen (Spitzer, 2000, 209ff.).

Handhabbar sind also Daten und in gewissem Umfang die Handlungskompetenz der Mitarbeiter. Man spricht also zu Recht von einer handhabbaren Ressource. „Handhabbar" heißt aber keinesfalls steuerbar im Sinne von Automaten, sondern

---

[6] Neben der in Anlehnung an Nonaka & Takeuchi genannten Unterscheidung wird Wissen auch getrennt (s. (Bick, 2004, 31)) in eine statische Komponente (*knowing-that*) – Faktenwissen oder auch *Kennen* – und eine dynamische (*knowing-how*) – *prozedurales Wissen* oder auch *Können*. Beide Dimensionen können sich auf implizites oder explizites Wissen beziehen.

[7] So behandelt Steinmüller (1997, 233-259) in der zweiten Hälfte von Teil II seines Buches umfassend das Verhältnis zwischen Information, Wissen, Erfahrung und Entscheidung. Dabei werden auch Programme als wichtiges Element des Wissens einer Organisation betrachtet: „Programme wissen nicht nur, was sie tun, sondern sie *tun*, was sie *wissen* – sie 'können'." (ebenda, 240)

„partiell beeinflussbar", denn es geht um Führung und Weiterbildung von Menschen (s. auch (Bick, 2004, 32)) sowie die dazu gehörenden Rahmenbedingungen.

4.3.2 Daten- und Wissensmanagement

Jetzt ist der Blick auf Kollektive von Akteuren auszuweiten, etwa Organisationseinheiten oder ganze Unternehmen. Entsprechende Untersuchungen von Nonaka & Takeuchi (1995) und Willke (2001) weisen aus, dass es auch Wissen als betriebliche Ressource gibt, die sogar für die Zukunftsfähigkeit von Unternehmen besonders wichtig werden kann.

Eine gut entworfene und gepflegte Datenbasis ist ein Teil dessen, was man als „Wissensbasis" eines Unternehmens bezeichnen könnte. Man könnte als einfache Beispiele für betriebliches Wissen geheim zu haltende Rezepturen und Produktionsverfahren wie etwa die Rezepte für Nivea Creme oder Coca Cola benennen. Dies wären geheim zu haltende *Daten*, die besonders geschützt werden müssen. Doch dies ist zu vordergründig, denn organisationales Wissen umfasst erheblich mehr als Daten. Es könnte eher mit einem Begriff wie *Unternehmenskultur* umrissen werden, die man z. B. mit *innovativ* oder *defensiv* charakterisieren könnte.

Obwohl Wissensmanagement sicher zum Thema *Informationswirtschaft* gehört, können wir es in diesem einführenden Buch nicht tiefer gehend behandeln. Wir beschränken uns auf die Frage: *Tragen Daten zur organisationalen Wissensbasis bei, und wenn ja, wie?*

Betriebliche Daten als Ressource benötigen ein *Datenmanagement* (s. Dippold, Meier, Ringgenberg, Schnider & Schwinn, 2005, Kap 11), das von einer Organisationseinheit durchgeführt wird, die sich inhaltlich um die in Datenbanken abgelegten Unternehmensdaten kümmert. Dies ist keine technische Funktion. Datenmanagement kann als Teilfunktion eines umfassenden Wissensmanagements gesehen werden. Im Zusammenhang mit Wissen gibt es zwei Grundfragen des Datenmanagements, die *Namengebung*, hinter der eine unternehmensweite Sprachkultur steht, und die *Redundanzfreiheit*, hinter der die Eindeutigkeit gespeicherter Fakten und Pläne steht, also letzlich die Frage, ob Daten als Informations- und Entscheidungsgrundlage richtig oder (potentiell) falsch sind.

Namengebung: Datenstrukturen bezeichnen komplexe Objekte der realen oder gedachten Welt. Sie lassen sich auf atomare Objekte zurückführen, in Kapitel 3 als Merkmale bzw. Attribute bezeichnet. Alle Ebenen von Daten bedürfen eines Namens, um sie ansprechen zu können. Diese Namen sind wichtige Bausteine der Sprachkultur und damit auch von Denkstrukturen in einem Unternehmen (s. Ortner, Schienmann & Thoma, 1996). Sie prägen nicht nur implizites Wissen, sie definieren bei zusammengesetzten Datentypen sogar Begriffe. Begriffe sind die Grundlagen jeder Sprachkultur. Die Attribute, die wir einem *Artikel* zusprechen, definieren die Sicht des Unternehmens, was unter einem `Artikel` verstanden wird (s. Tabelle 3.7).

Redundanzfreiheit: Es gibt nicht nur die Datenobjekte selbst, sondern auch Beziehungsgeflechte, die zusammengesetzte Datentypen untereinander bilden. In der Informatik heißen solche begrifflichen Strukturen *Semantische Netze*, in der Wirtschaftsinformatik ist eher der etwas speziellere Name *Datenmodelle* üblich. Eine integrierte Datenbasis, die von einem Unternehmen effizient genutzt und durchschaut werden soll, sollte keine redundanten Daten[8] enthalten. Diese Eigenschaft ist ihr zuzusprechen, wenn jedes Faktum nur genau einem Objekttyp zugeordnet ist und nicht mehreren Typen des Beziehungsgeflechts. Nur eine redundanzfreie Datenbasis kann Teil einer expliziten Wissensbasis des Unternehmens sein, denn Redundanz ermöglicht inkonsistente und damit falsche Daten.

Wir werden in den Kapiteln 5 und 6 sehr detailliert behandeln, was diese Datenbasis semantisch ist und wie sie betriebswirtschaftlich konstruiert werden muss. Darüber hinaus wird in Kapitel 9 auch eine mögliche „Wissensbasis" aus unstrukturierten Daten angesprochen, in der andere Regeln gelten als bei strukturierten Daten.

4.3.3 Wissen, abschließend betrachtet

Abb. 4.5 zeigt, wie Wissen, Daten und Information aus unserer Sicht miteinander verknüpft sind. Der Zusammenhang ist nicht hierarchisch, sondern vernetzt und zyklisch. Alle Übergänge ereignen sich durch Kommunikation zwischen menschlichen Akteuren oder durch Handeln einzelner Akteure, die die wichtigsten Elemente einer Organisation darstellen. Die Knoten der Grafik zeigen nur strukturelle Zusammenhänge, keine Größenordnungen. Darüber „wissen" wir nichts Allgemeingültiges. Der Datenanteil der Organisation ist hervorgehoben, weil er die explizit sichtbare Ressource ist, die am leichtesten Gegenstand von „Management" sein kann.

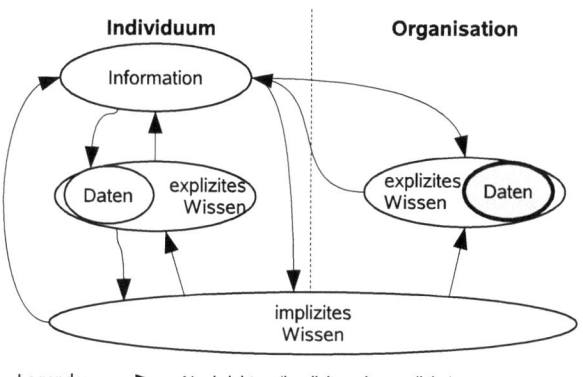

Abb. 4.5. Die Zusammenhänge zwischen Wissen, Daten und Information

---

[8] *Redundanz* (Weitschweifigkeit) hat je nach Kontext verschiedene Bedeutungen. Erstens benennt sie die Eigenschaft einer Nachricht (s. Abb. 4.1), mehr Zeichen und Wörter zu enthalten als zum Verstehen notwendig sind. Diese Redundanz ist *erwünscht*. Zweitens gibt es eine *unerwünschte* Redundanz, die bei versehentlich oder aus Bequemlichkeit mehrfach gespeicherten Daten entsteht. Auch kopierte Texte sind redundante Daten.

4 Kommunikation, Information und Wissen

Abb. 4.5 zeigt folgende Zusammenhänge:

- Implizites Wissen wird – z. B. durch Aufschreiben oder „erzählen" – explizit. Es kann weiter zu Daten formalisiert werden. Beide Formen expliziten Wissens eignen sich als Information, die aber nur von Individuen wahrgenommen werden kann. Nicht jede Nachricht bei dieser Kommunikation wird als Information gewertet. Implizites Wissen kann auch direkt als Information kommuniziert und damit explizit gemacht werden.
- Das Individuum kann der Organisation explizite Nachrichten übermitteln, die in die Datenbasis eingestellt oder von anderen Akteuren als explizites Wissen wahrgenommen werden. Das Individuum kann aber auch sein implizites Wissen „für sich behalten".
- Das Individuum kann auch für sich selbst Daten als explizites Wissen erstellen. Ein Beispiel sind Datentabellen auf dem PC. Das Individuum kann aus explizitem Wissen und Daten auch sein implizites Wissen erweitern.
- Das implizite Wissen zwischen Individuum und Organisation ist nicht unterscheidbar, da es nicht beobachtet werden kann.

Wenn ein Akteur eine Nachricht schon kennt, kann sie keine Information sein. Sie gehört aber zu seinem Wissen. Stellt er dieses Wissen, das wahrscheinlich über die Nachricht hinaus implizite Bestandteile hat, den übrigen Organisationsmitgliedern als Daten zur Verfügung, hat er in der Datenbasis das *organisationale Wissen* erweitert und kommuniziert dies erfolgreich. Personalwirtschaft bzw. Unternehmensführung benutzen in diesem Zusammenhang das eingängige Begriffspaar **Kennen** und **Können** (Becker, 2006b, 228 f.). Wir halten abschließend fest:

Wissen ist wegen seiner impliziten Bestandteile ebenso individualisiert wie Information. Gemeinsames implizites Wissen mehrerer Akteure erfordert einen gemeinsamen Kontext, etwa ein Unternehmen oder ein soziales Netzwerk. Ein besonders wichtiger Teil des Wissen eines Unternehmens besteht aus Daten. Implizites Wissen kann explizit gemacht werden, wenn wir über einen allgemein verstehbaren Formalismus zur Beschreibung verfügen[9]. Der Unterschied von Wissen und Information ist die Handlungskompetenz und die mehrfache Verwendbarkeit der zu Grunde liegenden Daten, die im Allgemeinen nur *einmal* (individuelle) Information sein können.

Zusammenfassung Abschnitt 4.3

- Wissen hat *implizite* und *explizite* Bestandteile. Letztere werden in Form von Daten abgebildet.
- Die kreative Benutzung von Daten beruht auf implizitem Wissen und *Können*. Der Bereich Können oder auch *Handlungskompetenz* ist Gegenstand der Personalwirtschaft.

---

[9] Mit diesem Satz wird implizit ein grundlegender Widerspruch angesprochen. „Belastbare" Formalismen wie die mathematische Sprache sind meist nur Wenigen zugänglich, also gerade *nicht* „allgemein" verständlich.

◇ Der explizite Teil des Wissens wird in der Informationswirtschaft mittels der Teilfunktion *Datenmanagement* verwaltet.
◇ *Organisationales Wissen* besteht aus den Daten einer Organisation zuzüglich des impliziten Wissens ihrer Mitglieder.

4.4 Was ist der Produktionsfaktor Information?

Diese Frage wurde bereits in Kapitel 1 in intuitiver Form beantwortet. Jetzt sind wir in der Lage, auf Basis der Begriffe Daten, Information und Wissen genauer zu werden.

Wie Abschnitt 4.3 zeigt, zerfällt die Ressource „Information" in einen relativ objektiven Teil, die Unternehmensdaten, einen ausschließlich subjektiv von Akteuren wahrnehmbaren, die Information, und einen zwar auch subjektiv residierenden, aber kollektiv wahrnehmbaren, das Wissen. Das implizite Wissen der Akteure ist nicht wahrnehmbar (die Kompetenz), aber deren Handeln. Das Wissen der Mitarbeiter eines Unternehmens ist stärker an den Produktionsfaktor Arbeit/Personal als an irgendwelche Technik gebunden.

Wir beschränken uns im Kontext dieses Buches auf die betriebliche Ressource Daten, die für Information und Wissen gleichermaßen eine Basis bildet. Es sei jedoch betont, dass eine Organisation aus menschlichen Akteuren besteht, deren kollektives implizites Wissen zum expliziten der Datenbasis hinzu kommt, will man vom *Wissen* eines Unternehmens insgesamt sprechen. Nur diese beiden Bestandteile zusammen können *organisationales Wissen* sein, das es offensichtlich gibt (Willke, 2004). Dies aber ist Gegenstand der betrieblichen Personalwirtschaft und der Soziologie.

Information wird umgangssprachlich – auch in anderen Sprachen als dem Deutschen – synonym mit Daten und teilweise auch Wissen benutzt. Dies tun wir auch, wenn wir von *Informationswirtschaft* sprechen. Es sei aber kurz erläutert, was den Begriff vom *Informationsmanagement* abhebt. Krcmar (2005, 1) versteht unter Letzterem das „Management von Information, von Informationssystemen (IS) und von Informations- und Kommunikationstechnologie (IKT)." Wir halten ein wie auch immer gestaltetes Management von Information im Unternehmen für unmöglich[10], weil es schon schwierig genug ist, ein wirksames *Datenmanagement* zu installieren (s. Abschnitt 4.3.2). Der Anspruch, individuelle Informationsfähigkeit und implizites Wissen systematisch managen zu wollen, erscheint uns unrealistisch. Deshalb betrachten wir nicht die *Funktionen*, sondern die **Ressourcen**, die von einer Querschnittfunktion *Information* zu managen sind: Hardware, Software, Daten und Personal. Unser Begriff von Informationsmanagement ist also bewusst eng gehalten und auf das ursprüngliche, aus den USA kommen *Information Resource Management* (IRM) beschränkt[11].

---

[10] Jeder Mitarbeiter und jede Organisationseinheit „managt" seine/ihre Informationen.
[11] Laudon et al. (2006, 46-49) geben eine aktuelle Darstellung der vielfältigen Sichten des Begriffs und Gebiets *Informationsmanagement*.

Hardware (fast immer) und **Software** (stark zunehmend) sind von spezialisierten Lieferanten zu beziehende und zu pflegende Technik. Es gibt keinen prinzipiellen Unterschied zum Technikmanagement anderer betrieblicher Bereiche, etwa bei Produktions- oder Transportmitteln. Jede Technik hat ihre fachlichen Spezifika. Es gibt im Übrigen eine starke Tendenz, das Technikmanagement aus Unternehmen auszulagern (sog. *Outsourcing*). Mit dem Management zentralisierbarer Aufgaben durch eine **Personalfunktion** ist unstrittig eine entsprechende Querschnittfunktion betraut. Es bleiben die **Daten**. Es liegt auf der Hand und ist auch in fast allen Unternehmen üblich, die Verantwortung für die Daten einer Querschnittfunktion zu übertragen, wie sie in Kapitel 1 benannt wurde. In der Unternehmenspraxis hat sie oft (noch?) Aufgaben zum Management der Informationstechnik, die aber zunehmend ausgelagert werden.

Das folgende Kapitel 5 wird belegen, dass der überwiegende Teil der Daten eines Unternehmens *im* Unternehmen in den verschiedenen Fachfunktionen entstehen und dort auch verantwortet werden muss. Die im folgenden Kapitel betriebswirtschaftlich begründeten originären Daten, auch *operativ* genannt, sind die Grundlage vielfältiger Informationen, die alle Mitglieder eines Unternehmens benötigen. Dabei gibt es automatisierte Routineinformationen und ad-hoc-Informationen, die explizit nachgefragt oder von den Akteuren selbst beschafft werden (einfache Abfragen).

Weil die Datenbasis und die aus ihr gewonnenen Informationen niemals vom Unternehmen getrennt werden können, bleiben die Daten die zentrale Ressource einer betrieblichen Funktion *Information* und damit der unverzichtbare Kern des gleichnamigen Produktionsfaktors. Man kann zwar den technischen Betrieb einer Datenbank oder eines Anwendungssystems (s. Kapitel 7) an Dienstleister auslagern, niemals aber die Verantwortung für die in der Organisation erzeugten, originären Daten (s. Kapitel 8).

4.5 Wiederholung und Übung

- Kommunikation erfolgt über *Kanäle* in Form von *Nachrichten*. Die informationswirtschaftlich relevanten Nachrichten haben die Form codierter Daten. An dieser Art von Kommunikation sind *Automaten* beteiligt.
- Die zwischenmenschliche Kommunikation ist ein Thema der Personalwirtschaft oder der Psychologie.
- Kommunikation zwischen Automaten erfordert *Protokolle*. Besonders interessant sind *höhere* Protokolle zwischen automatisierten *Anwendungen*.
- *Informationen* sind Nachrichten, die für den Empfänger neu, relevant und verständlich sind.
- Gleich verstehbare *Information an Kollektive* kann im nicht trivialen Fall nur aus strukturierten Daten stammen.
- *Wissen* kann, gestützt auf systematisch gepflegte Daten, eine wichtige *Unternehmensressource* sein. Allerdings darf dabei die individuelle oder soziale Seite des impliziten Wissens nicht übersehen werden.

- Wissen ist *Handlungskompetenz* und nicht lexikalisches „Wissen". Letzteres sind Daten.

Begriffe

Abschnitt 4.1: Kommunikation, Nachricht, Automat, uni- / bidirektionale Kommunikation, Protokoll, synchrone / asynchrone Kommunikation, Batchverarbeitung, Dialog.
Abschnitt 4.2: Information, Kontext.
Abschnitt 4.3: Datenmanagement, Wissen, Handlungskompetenz, Kennen, Können.
Abschnitt 4.4: Informationsmanagement, Informationstechnik, Informationswirtschaft

Aufgaben

1. Erweitern Sie Abb. 4.1 für den Fall einer E-Mail so, dass zwischen den Akteuren auch die beteiligten Automaten eingezeichnet sind. Es genügt, wenn Sie die Automaten „Computer" nennen. Sie müssen sie aber so kennzeichnen, dass sie unterscheidbar sind. Überlegen Sie sich, wie Sie die Kommunikation zwischen den Computern kennzeichnen. Sie erstellen damit eine intuitive Skizze des Internet-Protokolls SMTP (*Simple Mail Transfer Protocol*) (→ Anhang).
2. Was für eine Art von Protokoll haben Sie mit Aufgabe 1 gezeichnet und warum nennt man es *asynchron*? Begründen Sie Ihre Antwort (→ Anhang).
3. Zeichnen Sie nach dem Schema von Aufgabe 1 die Übertragung von Rechnungen eines Lieferanten an seine Kunden mit dem Protokoll EDIFACT. Sie brauchen dafür nicht zu wissen, wie dieses Protokoll aufgebaut ist.
4. Zeichnen Sie die Dialoganwendung *Auftrag erteilen* aus der Sicht eines Unternehmens, das Konsumartikel im Internet anbietet. Beachten Sie, dass der *Kunde* den Auftrag erteilt. Die Zeichnung muss als UML-Aktivitätsdiagramm ausgeführt werden, wie Sie es in Kapitel 2 kennengelernt haben.
5. Begründen Sie, warum jede Lieferantenrechnung (s. Aufgabe 3) für den Kunden eine Information ist.
6. Erläutern Sie, *ob* und wenn ja *was* Abb. 4.4 damit zu tun hat, dass der VW-Konzern plant (Herbst 2007), die Gehaltsnachweise an seine Mitarbeiter per E-Mail zu verschicken.

5
Die Inhalte betrieblicher Daten

In diesem Kapitel werden diejenigen Daten besprochen, die wir als *Ressource* Daten bezeichnet hatten. Am Beispiel eines Industrieunternehmens wird gezeigt, welche Datentypen dies sind und aus welchen wesentlichen Attributen sie bestehen. Dabei wird es sich als notwendig erweisen, Fragen nach der Struktur von Daten zu stellen, weil wir Strukturen und Prozesse der Realwelt abbilden müssen. Dies wird allerdings noch intuitiv geschehen, da in diesem Kapitel die betriebswirtschaftliche *Semantik* von Daten im Vordergrund steht. Die Betrachtung formaler Aspekte erfolgt in Kapitel 6.

5.1 Klassifikation betrieblicher Daten

Die Vielfalt betrieblicher Daten lässt sich über alle Branchen nicht allgemein behandeln. Es ist jedoch möglich, ein Referenzmodell für den in der Betriebswirtschaftslehre am häufigsten zu Grunde gelegten Unternehmenstyp anzugeben, den *Industriebetrieb* (s. auch Scheer (1997)[1]). Die hier vorgestellte Trennung der Daten in originäre und abgeleitete ist in der Lehrbuchliteratur neu. Sie dient dazu, sich zunächst auf die Basis der betrieblichen Daten zu beschränken.

5.1.1 Allgemeiner Überblick

Ein fruchtbarer Blick auf betriebliche Daten kann nur gelingen, wenn man in die Vielfalt betrieblicher Informationen eine Struktur bringt, die überschaubar ist und dauerhaft Bestand hat. Wir suchen kein Entwicklungskonzept (s. hierzu Scheer (1998)), sondern ein Ordnungsschema für Daten.

Ein Ansatz für eine Klassifikation, die sich implizit auf Daten bezieht, ist die Einteilung in *Grund- und Sonderrechnung* von Schmalenbach (1963) (s. auch Wedekind,

---

[1] Die Modelle sind sehr komplex und erscheinen deshalb eher für Fortgeschrittene geeignet. Dies gilt vor allem im Bereich der Produktion.

1979). Die Grundrechnung müsse, so Schmalenbach, dauerhaft stabil bleiben, unabhängig davon, welche Änderungen das Unternehmen im Laufe der Zeit durchmacht. Aus der Grundrechnung könne man dann beliebige Sonderrechnungen erzeugen, die auch über lange Zeiträume strukturstabil sind, wenn sie sich auf die Grundrechnung abstützten. Für unsere Zwecke scheint eine analoge Klassifikation in *originäre* und *abgeleitete Daten* zweckmäßig, die genau der Schmalenbach'schen Intention entspricht. Sie wurde unseres Wissens nach erstmals auf einer Fachtagung von Hasso Plattner (1981) verwendet[2], einem der vier Gründer der SAP AG. Wir werden sehen, dass unsere Klassifikation es ermöglicht, einen trennscharfen Überblick über die betrieblichen Daten zu bekommen.

Originär sind diejenigen Daten, die an einer Quelle entstehen. Der Datenursprung ist meist der Betrieb selbst, noch konkreter: Menschen, gelegentlich auch Maschinen, die Messdaten erzeugen. Seltener stammen originäre Daten aus der Umwelt des Unternehmens, z. B. (gekaufte) Marktdaten. Die originären Daten dienen der gerade erwähnten Grundrechnung, haben aber für sich noch keinen nennenswerten Nutzen. Dieser entsteht erst durch **abgeleitete** Daten, die Schmalenbach'sche Sonderrechnung. Für diese Kategorie werden heute nicht Daten, sondern *Programme* gepflegt, denn sie werden ausschließlich *berechnet*. Schon Schmalenbach (1963, 267ff.) warnt davor, für nicht zu befriedigende Informationsbedürfnisse die Grundrechnung zu verändern.

Bereits die Klassifikation von Schmalenbach könnte ganz grob mit dem Begriffspaar Daten – Information gleichgesetzt werden. Hier ist sie Konzept, wenn auch mit der Einschränkung, dass originäre Daten ebenfalls Informationen sein können. Die sorgfältig zu pflegenden *Daten* als betriebliche Ressource werden von der Vielfalt daraus ableitbarer *Informationen* getrennt. Abb. 5.1 zeigt in einer oft benutzen Darstellung den Grundaufbau betrieblicher Daten, ergänzt um die gerade erwähnte Unterscheidung. Nach Sinz (1983) kann man nur dann von einem *integrierten Datensystem* sprechen, wenn das System der Daten hierarchisch konsistent ist. Dies soll mit der Pyramide zunächst informell ausgedrückt werden.

Die Pyramide zeigt die von der Basis nach oben zunehmende Verdichtung der betrieblichen Daten. Verdichten bedeutet im betrieblichen Kontext häufig *aggregieren* bzw. *addieren*. So werden etwa für das Führungsdatum Umsatz2007 bei einem Warenhauskonzern hunderte Millionen von Einzelverkäufen zu einer Zahl addiert, dem Gesamtumsatz. Ebenso gehören die Bilanz sowie die Gewinn- und Verlustrechnung (GuV) zu den Summendaten an der Spitze der Pyramide. Wir sprechen, um auch Kennzahlen für die Unternehmensführung mit einzubeziehen, von *aggregierten Daten*.

Wir betrachten in diesem Kapitel fast ausschließlich die *originären* Daten, von ihnen wiederum nur die Istdaten der Routinevorgänge, die sie steuernden *Grunddaten* (zusammen die *administrativen Daten*) und zwei Typen von *Bestandsdaten*. Für *Grund-, Vorgangs-* und *Bestandsdatentypen* werden die Abkürzungen GDT, VDT und BDT verwendet. Ein *Vorgang* bezeichnet im Kontext dieses Buches meist

---

[2] Eine fast gleichnamige Unterscheidung, die Ferstl & Sinz (2006, 147) treffen, hat eine andere Semantik, die in der Struktur von Daten begründet ist.

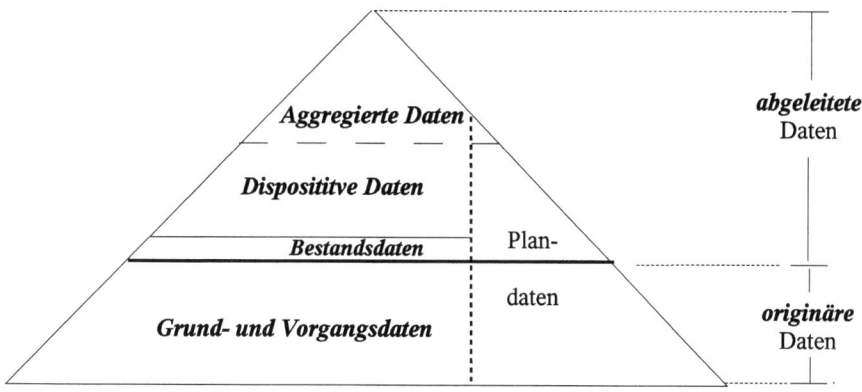

Abb. 5.1. Verdichtungsebenen betrieblicher Daten

einen Routinevorgang. Die Plandaten sind überwiegend Gegenstand der betrieblichen Funktion *Controlling*.

Die Vielfalt der abgeleiteten Daten wird an Hand einiger zentraler Beispiele vorgestellt. Gelegentlich werden sie auch *informative* Daten genannt.

5.1.2 Originäre und abgeleitete Daten

In Abschnitt 2.4.2 hatten wir von einer „Spur" gesprochen, die betriebliche Prozesse in Form von Daten hinterlassen. Dies sind die Aufzeichnungen der Geschäftsvorfälle und einiger Hilfstätigkeiten, die den größten Teil der *originären Daten* bilden. Wie in einem Zettelkasten wird notiert, wann ein Vorgang mit welchen quantifizierten Größen (Mengen oder Werte) stattgefunden hat oder stattfinden soll. Wir hatten diese Art von Daten bereits als *Vorgangsdaten* bezeichnet.

Wollen wir entscheidungsrelevante Informationen über Vorgänge ableiten, werden wir nicht der Vielzahl der Einzelfälle und deren vielleicht zufälligen Ausschlägen folgen, sondern die Daten verdichten, indem wir mit grundlegenden Rechenoperationen (addieren, Durchschnitte und sonstige Quotienten bilden, zählen, Minima und Maxima ermitteln) *abgeleitete Daten* erzeugen. Dies erfolgt durch *Programme*, weshalb abgeleitete Daten niemals von Benutzern in elektronische Speicher geschrieben werden dürfen, sondern nur durch Programme. Um abgeleitete Daten zu bilden, müsste der Mensch selbst rechnen, und zwar bei jeder Änderung originärer Daten aufs Neue. Dies hat im einfachsten Fall Fehler die Folge; es wären aber auch Manipulationen möglich.

Jeder Wert in einer Bilanz ist ein hoch verdichtetes, *abgeleitetes* Datum. Man wird kein seriöses betriebliches Anwendungssystem finden (s. Kapitel 7), in dem es Eingabemöglichkeiten für abgeleitete Daten gibt. Solche Daten sind z. B. Warenbestände. Sie verändern sich durch die (originären) Vorgangsdaten *Zu- und Abgangsbuchungen*. Jeder Wirtschaftsprüfer wird die *Vorgänge* prüfen, um die Korrektheit abgeleiteter Daten festzustellen.

Zum besseren Verständnis ein einfaches Beispiel aus dem Handwerk:

Ein Handwerker will Mitte November wissen, ob er seine Umsatzziele in diesem Jahr erreichen wird. Ohne Computer wird er die Endbeträge aller verschickten Rechnungen addieren. Er kann sich den Rechenstreifen seiner Additionsmaschine in den Ordner mit den Rechnungen legen, damit er am Jahresende nicht die gesamte Arbeit wiederholen muss. Dieser wird ihm aber nur dann etwas nützen, wenn sich an den schon in der Summe enthaltenen Rechnungen – etwa durch Reklamationen – nichts mehr ändert. Am Jahresende wird er einen *Buchungsschluss* machen müssen, bevor er irgend welche Daten etwa an den Steuerberater oder das Finanzamt weiter gibt. Der Buchungsschluss bewirkt, dass er keine originären Daten (seine Rechnungen) mehr ändern darf.

Die Unterscheidung zwischen originären und abgeleiteten Daten hat sehr viel mit den *Grundsätzen ordnungsgemäßer Buchführung* (GoB) zu tun (s. z. B. Wöhe et al., 2002), und zwar mit dem Grundsatz der materiellen und formellen Ordnungsmäßigkeit (§ 238ff HGB). Dieser bestimmt, dass jeder Vorgang durch Dritte nachvollziehbar sein muss, z. B. die Bezahlung einer Rechnung. Früher waren dies Originalbelege in Papierform, heute sind dies Vorgangsbuchungen in Form nicht manipulierbarer Daten und Originalbelege, etwa Lieferantenrechnungen. Nur wenn alle Vorgangsdaten zu den ausgewiesenen abgeleiteten Daten führen, ist ein Geschäftsvorfall *nachvollziehbar*.

Neben der Nachvollziehbarkeit kommt allerdings eine technische Komponente hinzu. Inzwischen haben selbst Handwerker Computer, aus denen heraus sie die Rechnungen erzeugen und auch gleich in einer Buchhaltungskomponente speichern. Der „Zettel im Ordner" ist unnötig, weil heutige Rechner die aktuellen Umsatzinformationen quasi auf Knopfdruck liefern können. Es gibt also zunehmend weniger Gründe, abgeleitete Daten zu speichern. Sie werden berechnet, wenn man sie braucht, und sind dann zum Zeitpunkt der Berechnung entsprechend korrekt.

Dies trifft für immer mehr abgeleitete Daten zu, aber nicht für alle. In mittleren und großen Unternehmen führen Millionen von Vorgängen zu wenigen abgeleiteten Daten, etwa den Monatsumsätzen je Produkt. Dies ist zur Zeit (2008) und absehbar für die nächsten zehn Jahre synchron (also im Dialog) nicht möglich, sondern nur asynchron, da die Rechenzeit solcher Aggregationen im Minuten- bis Stundenbereich liegen kann. So benötigt die Absatzstatistik eines Versandhandels weit über zehn Stunden Laufzeit. Dies führt dazu, dass bestimmte abgeleitete Daten unter genau definierten Bedingungen *doch* gespeichert werden müssen. Für umfassende informative Datenbestände dieser Art werden heute sog. *Data-Warehouse-Systeme* eingesetzt (s. z. B. Dippold et al., 2005, Kap 9).

Eine Sonderrolle unter den abgeleiteten Daten nehmen die *Bestandsdaten* ein. Wir definieren **Bestandsdaten** als abgeleitete, synchron mit Vorgängen gespeicherte Daten.[3] Es muss gewährleistet sein, dass sie durch geeignete Änderungsoperationen immer konsistent mit den ihnen zu Grunde liegenden Vorgangsdaten sind, mit anderen Worten, ihre Aktualisierung muss mit der Buchung der Vorgänge eine *Transaktion* (s. Abschnitt 2.4.3) bilden. Nur für genau diesen Fall benutzen wir den Begriff

---

[3] Mertens et al. (2005, 55) geben eine andere Definition.

Realtime. Darunter versteht man die *synchrone* Buchung mehrerer Datenbestände in *einer* Transaktion.[4]

So sind etwa Waren- und Materialbestände in Firmen mit vielen Lägern und weit verteilten Standorten als (abgeleitete) dispositive Daten zentral gespeichert. Sie müssen allerdings durch jede Zu- und Abgangsbuchung automatisch aktualisiert werden. Man braucht diese *summarischen Bestände* für dispositive Zwecke, etwa bei einer Verfügbarkeitsprüfung, die der Kunde im Internet online (also synchron) erwartet. Nur mit diesem Wissen kann die Informationspyramide aus Abb. 5.1 richtig interpretiert werden. Auch Soll- und Habenbuchungen in der Buchhaltung bilden je Buchungssatz *eine* Transaktion und werden am Periodenende zu Bestandsdaten saldiert.

Abgeleitete Daten werden niemals durch menschliche Akteure, sondern *immer* durch Programme erzeugt. Deshalb muss kurz über einige Grundbegriffe des Programmierens gesprochen werden.

5.1.3 Exkurs *Programmieren*

Das Schreiben von Computerprogrammen ist nicht Gegenstand dieses Buches. Trotzdem lässt es sich nicht vermeiden, *Daten* und *Programme* zu unterscheiden. Daher soll kurz erklärt werden, was ein Programm ist.

Üblicher Weise werden Programme in einer formalen Sprache geschrieben, etwa COBOL (*Common Oriented Business Language*), Pascal oder Java. Tabelle 5.1 zeigt einen einfachen Programmbaustein, *Prozedur* oder auch *Methode* genannt, der einen Text auf dem Bildschirm ausgibt. Der Leser soll durch das Beispiel einen ersten Eindruck bekommen, was *formal* bedeuten könnte: Es gibt sehr rigide, in jeder Programmiersprache andere syntaktische Regeln, die genau eingehalten werden müssen, wenn ein Programm durch einen Computer ausführbar sein soll.

Tabelle 5.1. Ein Programmbaustein in drei Programmiersprachen

COBOL	Pascal	Java

Meldung.
    Display 'hallo'.
	procedure meldung;
	begin
	    writeln('hallo');
	end;
		void Meldung {
		    System.out.println('hallo');
		}

Auch ohne weitere Erklärungen zur Syntax wird der Leser eine Vorstellung davon bekommen, was *Programme* sein könnten, die in der Realität aus Tausenden von Befehlen bestehen.

Man spricht von *Programmsystemen* oder auch *Anwendungssystemen* (mehr hierzu in Kapitel 7). Ein **Programmsystem** ist – ganz im Sinne unseres Systembegriffs aus Abschnitt 2.1 – eine Menge von Programmen (die Elemente), die einander benutzen (die Beziehungen) und eine Systemgrenze haben (den Benutzer bzw. die Organisation).

---
[4] Das SAP-System R/3 ® hat seinen Namen daher. 'R' steht für *Realtime* (s. Plattner (1981)).

Die Programmstücke aus Tabelle 5.1 führen in allen drei Beispielen nur *einen* Befehl aus, der die Zeichenkette 'hallo' auf den Bildschirm schreibt. Die restlichen Wörter und Zeichen sind Erfordernisse der jeweiligen formalen Sprache. Ein realistischeres, aber für unsere Zwecke schon zu umfangreiches Programm würde eine Nachricht beliebigen Inhalts aus einer Datenbank lesen, die *getrennt* vom Programm gespeichert ist. Diesen Aspekt werden wir in Kapitel 9 wieder aufgreifen.

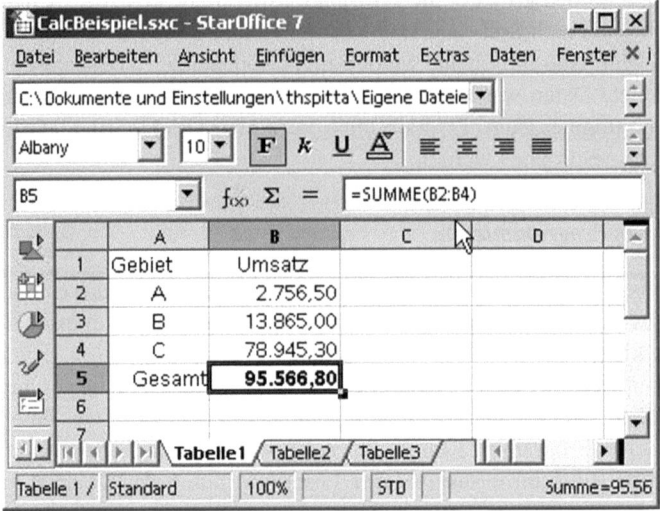

Abb. 5.2. Programm Tabellenkalkulation mit einer Summe

Einige Leser werden ein Programm wie in Tabelle 5.1 noch nie gesehen oder geschrieben haben. Sie werden aber sehr wohl eine Tabellenkalkulation aus einem Office-System kennen (s. Abb. 5.2). Bei ihr sind Befehle und Daten miteinander vermischt. Viele Befehle „schreibt" man durch Anklicken, etwa die Benutzung einer Funktion *Summe*. In einfachen Fällen erkennt das System automatisch, auf welche Daten man eine Operation anwenden möchte, z. B. beim Summieren einer Zeile oder Spalte. In komplizierteren Fällen muss man sie in Form so genannter *Bezüge* eingeben. Auch dies ist in einem stark erweiterten Sinn *Programmieren*: Der Mensch gibt dem Rechner Befehle, die jener immer wieder ausführt, wenn die Daten sich ändern. Diese Art des Programmierens ist gerade bei der Erstellung abgeleiteter Daten einfacher Art sehr verbreitet.

Doch so einfach es ist, dies zu lernen, so leicht kann man damit auch Fehler machen. Bei der Tabellenkalkulation sind die Fehlerquellen falsche Bezüge – etwa beim Einfügen einer Zeile hinter dem letzten Summanden einer Summe – oder falsch benutzte Funktionen. Es können auch versehentlich Formeln durch originäre Daten überschrieben werden, da fast niemand die Möglichkeit des Schutzes von Zellen kennt.

Wenn wir annehmen, dass die originären Daten richtig eingegeben wurden, liegt die Quelle für Fehler bei abgeleiten Daten *immer* in den Programmen, unabhängig davon, wie programmiert wurde.

5.1.4 Betriebliche Daten im Überblick

Wir werden in den folgenden Abschnitten dieses Kapitels die wichtigsten originären Daten detailliert besprechen. Dabei sparen wir die Funktionen der Produktion weitgehend aus, da sie für eine Einführung zu komplex sind. Die Grund- und Vorgangsdaten der Produktion sind wegen der Vielfalt industrieller Produktionsformen kaum generalisierbar und verlangen vom Leser ein Grundverständnis von industrieller Fertigung. Die handwerkliche Baumarkt-Metapher führt hier zu falschen Analogien, weil viele industrielle Fertigungen durch standardisierte, sich ständig wiederholende Funktionen gekennzeichnet sind.

Tabelle 5.2 gibt eine Vorschau und Orientierungshilfe. Sie zeigt links die verschiedenen Arten von Daten, grob gegliedert in die Klassen der beiden vorhergehenden Abschnitte. Die unterste Ebene ist im Singular benannt, z. B. *Kontenplan*. Dies sind die wichtigsten Datentypen, die in den folgenden Abschnitten besprochen werden. In der zweiten Spalte zu jedem Datentyp werden Beispiele oder charakteristische Eigenschaften der Datentypen genannt, z. B. *einfacher, aber wichtiger Grunddatentyp* beim Kontenplan.

So sind **Grunddaten** in der Tabelle als *unabhängig von Vorgangsdaten* gekennzeichnet, während letztere immer *abhängig von Grunddaten* sind. Zu den Grunddaten gehören einerseits Datentypen, die betriebliche Ressourcen beschreiben. Sie müssen in der Bilanz auftauchen, treten aber im Routinebetrieb wenig in Erscheinung. Die wichtigste Kategorie der Grunddaten spielt im Routinebetrieb eine große Rolle, die *operativen* Grunddaten. Sie sind teilweise von sehr komplexer Struktur. Im Gegensatz dazu sind die *Kategorien* – die dritte Gruppe der Grunddaten – sehr einfach strukturiert, dafür aber vielfältig. Sie dienen vor allem dem Controlling aller betrieblichen Entscheidungsebenen.

Die **Vorgangsdaten** sind diejenigen Daten, die in den betrieblichen Routineprozessen entstehen (s. Kapitel 2). Sie sind die Grundlage der meisten abgeleiteten Daten, denn das Management aller Entscheidungsebenen möchte zunächst wissen, wie sich die betrieblichen Vorgänge (Aufträge, Erlöse usw.) zeitlich entwickelt haben. Ggf. werden sie *Plandaten* gegenüber gestellt, die meist auf einer verdichteten Ebene existieren. So wird man nicht den Tagesumsatz eines Produktes planen, sondern Monats-, Quartals- und Jahresumsätze.

Tabelle 5.2. Überblick *betrieblicher Daten*

Art der Daten (Datentyp)	Eigenschaften und Erläuterungen
Originäre Daten	
Grunddatentyp (GDT)	Dauerhaft bis langlebig; unabhängig von Vorgängen
I. Sachanlagen	Datentypen Kontenklasse 0 ohne immat. und Finanzanlagen
Gebäude	
Grundstück	
Anlage (Arbeitsplatz)	
II. Operative Grunddaten	
Produkt	Tief gestaffelte, hierarchische *Rollen*
Kunde	Synonym *Debitor*
Lieferant	Synonym *Kreditor*
Mitarbeiter	
Kontenplan	Einfacher, aber wichtiger Grunddatentyp
Lager	In einfachen Fällen nur Kategorie
III. Kategorien	Sog. Schlüssel oder Codes; meist in Form von Abkürzungen
Werk	
Sparte	
Kostenstelle	
Marke	
u.v.a.m.	
Vorgangsdatentyp (VDT)	*Zeitpunktbezogen*; Flussgröße in Prozessen; abhängig von GDT; Grundlage abgeleiteter Daten; meist als Struktur *Komposition*.
Verkaufsbeleg	z. B. *Angebot*, *Auftrag*, *Rechnung*
Einkaufsbeleg	z. B. *Bestellung*, *Abruf*, *Rechnung*
Leistung	Häufig gesteuert von *Arbeitsplan*
Bewegung	Meist als *Lagerbewegung*
Buchung	Mit Integritätsbedingungen der Doppik
Abgeleitete Daten	
Dispositive Datentypen	Durch Programme ermittelte oder Plandaten
Bestandsdatentypen (BDT)	Zwingend *realtime* aus Vorgängen gebucht
Lagerbestand	Je Werk, Lager, Artikel, gespeist aus Bewegungen
Konto	Gemäß Kontenplan, gespeist aus Buchungen
Bedarf	Für Material- und Produktionsplanung
Budget	Soll-Vorgaben je Kostenstelle oder ähnliche Pläne
u.a.	
Aggregierte Datentypen	Häufig *zeitraumbezogen*
Bilanz	Nach HGB oder IFRS
GuV	Gewinn- und Verlustrechnung
Kosten	Kostenstellen - Soll-/Ist-Vergleich
Absatz	*Mengen* je Produkt, Region usw.
Umsatz	*Werte* je Produkt, Region usw.
u.v.a.m.	
Kennzahlen	z. B. Return on Investment

Zusammenfassung Abschnitt 5.1

◊ *Originäre Daten* sind diejenigen Daten, die in einer Organisation durch menschliche Entscheidungen oder technische Erfassung „am Ursprungsort" entstehen.

◊ *Abgeleitete Daten* sind aus originären durch Berechnungen von Programmen ermittelte Daten. Sie ändern sich so lange, wie die ihnen zu Grunde liegenden originären Daten änderbar sind. Da abgeleitete Daten nur durch (Rechen-)Operationen entstehen und nicht durch menschliche Entscheidungen, darf es niemals möglich sein, sie (originär) über Tastaturen oder sonstige externe Geräte (auch nicht über Datenbestände) in eine Datenbasis einzubringen.

◊ Umgekehrt sind Daten von Führungs- oder Dispositionssystemen (s. Kapitel 7) nur dann korrekt, wenn sie auf originären Daten aufbauen. Auf diesem „Gesetz" beruhen die *Grundsätze ordnungsgemäßer Buchführung* und ähnlicher Regelwerke, wie wir spätestens seit Schmalenbach (1963) wissen.

◊ *Bestandsdaten* sind synchron mit Vorgangsdaten geänderte, abgeleitete Daten, die aus technischen oder betriebswirtschaftlichen Gründen gespeichert werden.

◊ Fehler in abgeleiteten Daten können nur Fehler in *Programmen* sein.

◊ *Plandaten* werden häufig geschätzt; dann sind sie originäre Daten. Sie können aber auch auf Berechnungen beruhen; dann sind sie dispositive Daten (s. Abb. 5.1). In diesem Fall sind die den Rechenverfahren zu Grunde liegenden Daten und Parameter die originären Daten.

5.2 Grunddaten

Grunddaten (auch *Stammdaten*) sind das datenäquivalente Abbild der betrieblichen Ressourcen, die über lange Zeiträume abgebildet werden. Dies sind Objekte (z. B. Produkte) oder Subjekte (z. B. Mitarbeiter). Die Grunddaten steuern alle betrieblichen Vorgänge, die als Daten aufgezeichnet werden. Wir teilen sie in drei Gruppen, die Grunddaten I bis III.

5.2.1 Grunddaten I (Sachanlagen)

Nur die *Grunddaten I* entsprechen dem üblichen betriebswirtschaftlichen Ressourcenbegriff, während die *Grunddaten II* kurzfristiger zu verstehen sind. Die Grunddaten I eines Unternehmens [5] sind:

◊ *Gebäude und Grundstücke*
◊ *Anlagen und Arbeitsplätze*.

---

[5] Dies gilt nicht *nur* für Industrieunternehmen!

Sie sind ein Abbild des Produktionsfaktors *Betriebsmittel*, der Zu- oder Abgang eine *Investition* bzw. *Desinvestition*. Als typisches Beispiel wollen wir den Grunddatentyp **Anlage** diskutieren. Er wird von der Funktion *Anlagenbuchhaltung* (s. Tabelle 2.1) verwaltet und der Kontenklasse 0 der Buchhaltung zugeordnet.

Um zu verstehen, wie ein Datentyp im Detail definiert ist, müssen wir uns seine *Attribute* ansehen, die seine *Eigenschaften* abbilden. Von ihnen werden bei einer Anlage festgehalten:[6]

Anlage (`AnlagenNr, Bezeichng, AnschaffDat, InBetriebDat, AnschaffPreis, Standort, AbschreibungsKls, AusserBetriebDat`)

Wenn man den Datentyp so modelliert, unterstellt man, dass sich das Abschreibungsverfahren über die Lebensdauer der Anlage nicht ändert, denn wir haben die `AbschreibungsKlasse` wie etwa das `InBetriebnahmeDatum` als Eigenschaft *einer* Anlage (= eine Tabellenzeile) modelliert. Wenn aber der Gesetzgeber zur Ankurbelung der Konjunktur Sonderabschreibungen einführt, könnte diese Modellierung sich als zu einfach erweisen. Es ist nicht möglich, verschiedene zeitabhängige Daten in einem Grunddatentyp einfacher Struktur festzuhalten, da der Grunddatentyp selbst zeitunabhängig ist. Einen Zeitbezug braucht man aber, wenn das Abschreibungsverfahren während der Lebensdauer der Anlage geändert werden soll. Eine Ergänzung des Datentyps um einen zeitabhängigen Datentyp könnte so aussehen:

AnlagenZustand (`AnlagenNr, StichtagsDat, AbschreibungsKls, StichtagsWert`)

Durch die `AnlagenNr` wird der Zusammenhang mit dem ursprünglichen Datentyp hergestellt. Die `AbschreibungsKlasse` (linear, progressiv, degressiv usw.) wäre dann keine Eigenschaft des Datentyps `Anlage` mehr, sondern des von ihm abhängigen Datentyps `AnlagenZustand`. Wir können also Grunddaten um zeitabhängige Daten erweitern, allerdings nur mit zusätzlichen, von den ursprünglichen abhängigen Tabellen. Nur so können wir Daten über „Lebensabschnitte" eines Datentyps festhalten.

Wenn wir ein neu erworbenes Anlagegut dem Anlagevermögen zubuchen, gilt es als *aktiviert*. Doch was ist „das" Anlagegut? Hierzu zwei Beispiele:

1. Die Aktivierung einer neuen Büroausstattung, bestehend aus einem Schreibtischstuhl, zwei Schränken und einem Schreibtisch dürfte keine Probleme bereiten. Je Element erhalten wir in einer Datentabelle `Anlage` eine neue Zeile.
2. Nun soll ein Personalcomputer dazu kommen, bestehend aus Bildschirm, Tastatur, Maus und Desktop. Was ist jetzt das *Anlagegut PC*? Wenn die Komponenten einzeln gebucht werden, fehlt die Möglichkeit, die technische Zusammengehörigkeit der Bestandteile zu buchen. Hierfür ist die modellierte Tabelle nicht ausreichend.

Die Lösung des Strukturproblems, dass eine Anlage aus identifizierbaren Teilanlagen besteht, werden wir bei den Grunddaten II am Beispiel von Stücklisten kennen lernen.

---
[6] Entsprechend Kapitel 3 sind die mit fettgedrucktem Namen benannten Datentypen als *Tabellen* zu verstehen. Die Namen in Klammern () sind die Spaltenüberschriften. Man kann in Tabellenfelder beispielhafte *Werte* schreiben, wie in Tabelle 3.7 (Seite 36) gezeigt.

5.2.2 Grunddaten II (Operative Grunddaten)

Bei den *Grunddaten II* ist das einzelne Exemplar eines Typs teilweise kurzlebiger, begegnet uns aber im Routinebetrieb ständig in der Gestalt von Objekten oder Subjekten. Wir geben zunächst eine Übersicht über *Rollen* und Synonyme der wichtigsten Grunddaten II, das sind Produkt, Kunde, Lieferant, Mitarbeiter und Lager:

Produkt (Teil, Artikel, Erzeugnis, Baugruppe, Zwischenprodukt, Ersatzteil, Material, Verpackung)
Kunde (Regulierer, Auftraggeber, Debitor, Niederlassung, Filiale, Rechnungs- und Warenempfänger)
Lieferant (Kreditor, Zulieferer, Zwischenmeister, Lohnveredler)
Mitarbeiter (Angestellter, Arbeiter, Manager, Außendienst-Mitarbeiter)
Lager (Gebäude, Gebäudeteil, Teil eines Raumes (Halle), Ebene, Stellplatz)

Die Grunddaten II haben einen klaren Bezug zu der einleitenden Abb. 1.1 des Gesamtunternehmens. Alle fünf Datentypen korrespondieren mit dem Materialfluss, dem Geldfluss und den Beziehungen des Unternehmens zur Umwelt. Sie sind häufig hierarchisch gegliedert, das Produkt *immer*.

Am Beispiel des Grunddatentyps **Produkt** und seiner Attribute `Marke`, `Dimension` und `Preis` sind folgende Fragen zu klären:

1. *Rollen* eines Produkts: Wie stellt man eine Objekthierarchie dar?
2. *Stückliste*: Wie werden *Bäume* (s. hierzu Abb. 5.3) abgebildet, wenn die Kanten Eigenschaften haben?
3. *Marke, Dimension*: Wie bilden Aufzählungstypen die Realität am besten ab?
4. *Preise*: Wie kann ein Attribut je nach betriebswirtschaftlicher Semantik Datentypen zugeordnet werden?

Davor eine kurze Begriffsklärung. **Graphen** sind Zeichnungen aus *Knoten* (o) und *Kanten* (–). Sie können alle denkbaren Formen haben. Die Form in Abb. 5.3 für eine Hierarchie nennt man *Baum*.

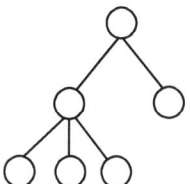

Abb. 5.3. Ein Graph in der Form *Baum*

Rollen in einer Objekthierarchie (Knoten von Graphen)

Als besonders wichtiges Beispiel für die komplexe Struktur der Grunddaten zeigt Abb. 5.4 den Datentyp **Produkt**, abstrahierend auch *Teil* genannt. Der Begriff *Teil*

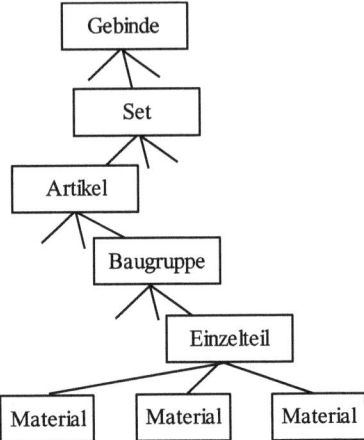

Abb. 5.4. Rollenhierarchie Grunddatentyp **Produkt** (Teil)

ist gegenüber der Rolle *Material* semantisch neutraler als „Produkt". Dem entsprechend wird jetzt der Datentyp `Teil` mit seinen Rollen und wichtigsten Attributen entwickelt.

Bei `Teil` befassen wir uns mit dem dominierenden Grunddatentyp *jedes* Industrieunternehmens, der das Funktionieren der Grundfunktionen Beschaffung, Produktion und Absatz bestimmt. Wohl definiert und sorgfältig gepflegt, ist er ein wichtiger Erfolgsfaktor für die Logistik, vor allem bei breitem Produktspektrum und schneller Folge von Produktversionen. Die Grunddaten zum Datentyp `Teil` entstehen im Geschäftsprozess *Produktgestaltung* bzw. *-entwicklung* (s. Abb. 2.6, Seite 18). Schlecht gepflegte Produktdaten sind eine Quelle für kostentreibende Störungen der Routineabläufe. Besonders wichtig werden die Produkt-Grunddaten bei kundenindividueller Fertigung von Varianten, etwa bei Autos oder Möbeln. Aber auch im Handel, ein wichtiger Kunde der Konsumgüterindustrie, spielt das Produkt eine dominierende Rolle (s. z. B. Becker & Schütte, 2004).

Wir konkretisieren Abb. 5.4 mit beispielhaften Daten. Tabelle 5.3 zeigt einen Datentyp `Teil`, in dem die Rollen *Gebinde, Set, Artikel, Baugruppe, Einzelteil* und *Material* als Abkürzungen angegeben sind. Die Attribute `Rolle`, `Marke` und `Dimension` sind Aufzählungstypen. Im oberen Teil der Tabelle sind einfache Beispiele aus einem Verbrauchermarkt, im unteren ein Automobil mit einer Baugruppe und einigen Einzelteilen eingetragen.

Stücklisten (Kanten von Graphen)

Stücklisten sind ein besonders wichtiger Bestandteil betrieblicher Daten, weil sie die Basis für ständig gebrauchte dispositive Berechnungen sind. Nur mit ihrer Hilfe kann man Materialbedarfe oder Materialverwendungen ermitteln, die zwei Fragen beantworten:

5.2 Grunddaten

Tabelle 5.3. Beispiele von Produktdaten verschiedener Rollen

Teil					
TeilNr	Rolle	Bezeichnung	Marke	Preis	Dimension
471	Gebinde	Sockenmischung Wolle	nur die	200,00	Stück
237	Set	Bindedraht ummantelt	-	9,50	Stück
478	Artikel	Wollsocke	nur die	2,99	Paar
210	Material	Karton 10x50x20	nur die	0,43	Stück
238	Artikel	Drahtrolle	-	0,38	Stück
239	Material	Bindedraht grün	-	0,06	m
241	Material	Etikett, selbstklebend	-	0,07	Stück
101	Artikel	Polo IV	VW	12562,00	Stück
172	Baugruppe	Rad, Sommer	VW	107,30	Stück
716	Einzelteil	Felge	VW	29,70	Stück
912	Einzelteil	Radmutter	VW	0,52	Stück
181	Material	Reifen 165/70	Conti	32,80	Stück
175	Baugruppe	Rad, Sommer	VW	102,10	Stück
797	Material	Reifen 165/70	Firest	31,20	Stück

◊ *Welche Mengen welcher Teile werden zur Herstellung benötigt?* Diese Frage beantwortet die *Stückliste*.
◊ *In welche Produkte ist ein Teil in welcher Menge eingebaut?* Diese Frage beantwortet die *Teileverwendung*, die wir nicht weiter behandeln.

Die gängigste dieser Dispositionsrechnungen heißt *Bedarfsermittlung*, die auf einer Stücklistenauflösung basiert. Der Baum in Abb. 5.4 ist, mit Werten für die Kanten gefüllt, eine *Stückliste*. Sie erlaubt es, den Material- oder Baugruppenbedarf für eine vorgegebene Menge von Verkaufseinheiten zu errechnen oder die Herstellkosten eines Produkts zu ermitteln (*Kalkulation*).

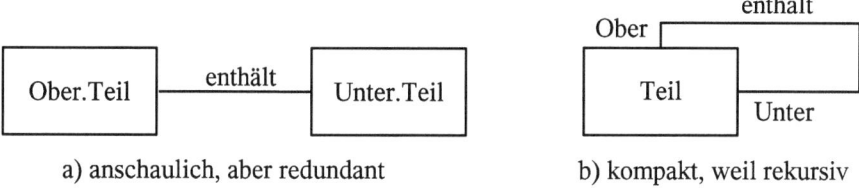

a) anschaulich, aber redundant   b) kompakt, weil rekursiv

Abb. 5.5. Grafische Darstellungen einer Stückliste

Wir haben mit Tabelle 5.3 (Teil) nur die *Knoten* des Graphen abgebildet. Was noch fehlt, sind die *Kanten*. Hierfür benötigen wir eine zweite Tabelle, da die Menge, mit der ein untergeordnetes Teil in einem übergeordneten enthalten ist, in gar keinem Fall eine Eigenschaft des Datentyps Teil sein kann. Hierfür wird ein Datentyp Stückliste gebraucht, der zwei Exemplare des Grunddatentyps Teil miteinander verbindet, das übergeordnete (Rolle *Ober*) und das untergeordnete (Rolle *Unter*).

Zeichnerisch ist dies in Abb. 5.5 ausgedrückt, wobei die Variante b) allgemein bevorzugt wird, weil sie klarer macht, dass es nur *einen* Datentyp gibt und nicht zwei. Die Rollen sind in Abb. 5.5b) dicht an den Datentyp auf der entgegengesetzten Seite der Assoziation (*enthält*) geschrieben. Die Leserichtung ist *links nach rechts*. Formale Aspekte der zeichnerischen Notation werden wir in Kapitel 6 vertiefen.

Tabelle 5.4. Stückliste zur Tabelle `Teil`

Stückliste		
Ober.TeilNr	*Unter.TeilNr*	Menge
471	478	50
471	210	1
238	239	5
237	238	3
237	239	0,05
238	241	1
101	172	4
172	716	1
172	181	1
172	912	4
175	716	1
175	912	4
175	797	1

Tabelle 5.4 zeigt die Stücklisten der drei folgenden Beispiele:

1. TeilNr 471 ist ein Karton mit 50 Paar Socken, den der Verbrauchermarkt beim Produzenten einkauft, um die Artikel einzeln an die Endverbraucher weiter zu verkaufen. Für den Produzenten ist der Karton ein Material (TeilNr 210), das geeignet beschriftet sein muss. Der Produzent täte gut daran, neutrale Kartons einzukaufen und noch ein zusätzliches Material zu verwenden, nämlich ein selbst klebendes Etikett mit Markenbezeichnung, Stückzahl und Barcode, das in seinen Daten gemäß Tabelle 5.3 aber fehlt. (Das Etikett TeilNr 241 lässt sich hierfür *nicht* verwenden.)
2. TeilNr 237 ist das Set von drei Rollen Bindedraht (TeilNr 239), die jeweils von einem selbst klebenden Etikett (TeilNr 241) zusammengehalten werden. Das Set ist mit 5 cm Draht verbunden.
3. TeilNr 101 ist die Andeutung der Stückliste für ein Auto, das vier Räder, aber kein Ersatzrad mehr hat. Ein Rad ist eine Baugruppe (TeilNr 172), die mit verschiedenen Reifen (TeilNr 181 und 797) bestückt werden kann und mit vier Radmuttern (TeilNr 912) befestigt ist. Allerdings ist das Rad mit einem anderen Reifen auch eine *andere* Baugruppe (TeilNr 175).

Der Leser wird sich beim letzten Beispiel ausmalen können, dass die Tabelle der Teile eines Autos sehr groß wird. Entsprechend umfangreich ist die Stückliste. Auch das Verfahren der Stücklistenauflösung ist jetzt nachvollziehbar. Zeichnet man sich den Baum Auto → 4 Räder → Einzelteile eines Rades auf, dann sieht man, dass der Bedarf an Radmuttern für ein Auto z. B. $16 = 4*4$ beträgt.

Es ist am Beispiel des variant bereiften Rades aber auch zu erkennen, dass eine derartig hoch redundante Stückliste nicht die endgültige Lösung des Problems sein kann. Eine gelbe Karosserie ist nach unserem einfachen Modell eine andere Baugruppe als eine grüne (oder eine *Variante* verschieden farbiger Karosserien) und ein Rad mit Firestone-Reifen ein anderes als das mit Continental-Reifen. Die Lösung dieses Problems der *Variantenstückliste* ist jedoch nicht Gegenstand dieses Buches. Sie wird in vielen Abhandlungen zur Produktionswirtschaft behandelt. Zur Verdeutlichung ein Zitat aus einer dieser Quellen:

„Dabei muss man mit vernetzten Produktionsstrukturen, bei denen gleiche Materialien über verschiedene Zwischenprodukte mehrfach in dasselbe Endprodukt eingehen, ... rechnen." (Kistner & Steven, 2002, 249f)[7]

Es dürfte deutlich geworden sein, dass die Stückliste das Strukturproblem beim Datentyp `Anlage` ebenfalls löst, weil auch Anlagen als Stücklisten beschrieben werden können.

Aufzählungstypen als Attribute

Tabelle 5.3 (`Teil`) hat drei weitere Attribute, mit denen sich unter anderem die Lösung der Rollen-Hierarchie hinterfragen lässt. Diese Hierarchie kann auch anders modelliert werden, was wir hier aber nicht ausführen können. Wir fragen, wie zuvor ähnlich beim Typ `Anlage`: Ist `Marke` ein Attribut *jeder* Rolle und ist der Wert für alle Rollen gleich?

`Marke` ist ein Aufzählungstyp, den wir für das Beispiel *kleinteilige Textilien* (s. Abschnitt 3.4.1, Seite 36) als

```
Marke = {nur die, Bellinda, Elbeo, Alpi, '-'}
```

modelliert hatten. Die Aufzählung kann jederzeit um neue Marken erweitert werden und die Kennung '-' berücksichtigt den Fall *NoName*, also *kein Markenprodukt*. Das wäre für *alle* Rollen eine korrekte Modellierung, da mehrfach verwendetes Material keine Marke aufweisen und Mehrfachpackungen immer nur eine Marke enthalten würden. Der betriebswirtschaftliche Grundgedanke einer Marke würde konterkariert, wenn die Marke nicht auch Eigenschaft eines größeren Gebindes wäre, sofern es als solches verkauft wird. Mit anderen Worten: Es *soll* keine Mischkartons verschiedener Marken geben. Aber auch der sicher sinnvolle Fall einer Transportpalette mit Paketen verschiedener Marken für den Endverbraucher könnte die Produkthierarchie nach oben erweitern, da sie sich neutral kennzeichnen ließe. Beim Auto könnte sogar ein Rad unter der Marke des Reifenherstellers und nicht des Felgenverkäufers (im Beispiel *VW*) vertrieben werden.

---

[7] Detaillierte datentechnische Lösungen werden von Scheer (1997) und Kurbel (2005) behandelt.

80 5 Die Inhalte betrieblicher Daten

Die Modellierung von Marke als Eigenschaft von Teil ist also schlüssig. Dimension ist ebenfalls ein Aufzählungstyp, bei dem es allerdings kein neutrales Element geben darf: Jedes Teil *muss* eine Dimension für Mengenangaben haben, damit mit ihnen richtig gerechnet werden kann.

Was ist ein *Preis*?

Ohne Zweifel ist der Preis in einem ökonomischen Kontext eines der wichtigsten Merkmale eines Produktes. Seine Semantik ist aber von der Rolle des Teils abhängig. Als Lösung lassen sich *Sammelrollen* definieren, die sich je nach Kontext (Eigenfertigung, Zukauf) überschneiden (s. Abb. 5.4, Rollenhierarchie *Produkt*):

```
Verkaufsteil = {Gebinde, Set, Artikel}
Produktionsteil = {Baugruppe, Einzelteil}
Einkaufsteil = {Produktionsteil, Material}
```

und auf dieser Basis festlegen:

Verkaufsteil.Preis ist der *Verkaufspreis*
Produktionsteil.Preis ist der *Standard-Verrechnungspreis*
Einkaufsteil.Preis ist der *Einkaufspreis*.

Mit *diesen* Festlegungen wäre die Modellierung von Teil in Tabelle 5.3 für die beiden Attribute hinreichend genau. Ist sie aber in jedem Fall praktikabel?

Ein „Hersteller" von Kleintextilien – der in Wirklichkeit fast alle seine Produkte nur verkauft, aber nicht selbst produziert – hat mit allen Farb- und Größenvarianten 150.000 Einzelartikel. Kann er eine Preisänderung durch Aktualisierung von 150.000 Tabellenzeilen bewältigen? Wohl kaum. Er wird PreisGruppen haben (s. Tabelle 3.7, Seite 36), die er in einer Preistabelle verwaltet. Sie könnte wie Tabelle 5.5 gestaltet sein. Es sind dann nur noch so viele Preise zu pflegen, wie es Preisgruppen gibt.

Tabelle 5.5. Eine Preistabelle als Beispiel für Gruppierungen

PreisGruppe	
PreisGrp	Preis
1	2,99
2	3,99
3	5,49
usw.	

Der Preis ist jetzt keine direkte Eigenschaft des Produktes mehr, sondern der Preis-Gruppe. Durch die Preisgruppe haben wir einen sehr großen Wertebereich (Datentyp float) in einen anderen, sehr kleinen abgebildet (*gruppiert*). Eine **Gruppierung** ist die Abbildung einer Menge auf ein neues Element, hier also die Menge der Preise $< 3,00$ € auf die Preisgruppe 1.

Tabelle 5.6. Beispiele gleichartiger Artikel

Artikel				
ArtNr	Bezeichnung	Marke	Preis	Dimension
611	Toaster	Row	48,50	Stück
920	Toaster	-	29,95	Stück
063	Toaster	Elan	36,00	Stück

Wir können damit die Diskussion des Attributs `Preis` noch immer nicht abschließen. Wie bilden wir Preise ab, die vom Lieferanten abhängig sind? Tabelle 5.6 zeigt einen vereinfachten Grunddatentyp `Artikel`, bei dem wir die Rollen außer Acht lassen. Tabelle 5.7 zeigt dazu zwei weitere Datentabellen, einen Grunddatentyp `Lieferant` und eine Tabelle `LieferantArtikel`. Nur in ihr können wir den gewünschten lieferantenspezifischen Preis abbilden. *Dieser* Preis ist Eigenschaft einer Verbindung zwischen den Grunddatentypen `Lieferant` und `Artikel`. Eine solche Tabelle nennt man auch ***Verbindungsdatentyp***. Die Tabelle `LieferantArtikel` könnte außer dem Preis auch noch weitere Eigenschaften in Form von Attributen haben, etwa `Warenklasse = {Marken, NoName}` und andere.

Tabelle 5.7. Grunddatentyp `Lieferant` und lieferantenspezifischer Artikelpreis

Lieferant				LieferantArtikel		
LiefNr	Name	Stadt	LiefKls	*LiefNr*	ArtNr	Preis
12	Rowa	Wuppertal	C	12	611	45,20
16	Metro	Alzey	A	47	611	47,00
47	EHG	Bielefeld	A	16	920	19,90
a)				b)		

Der Grunddatentyp `Lieferant` wurde hier recht einfach abgebildet. Er hat ein Attribut `LieferKlasse`, das die Zuverlässigkeit des Lieferanten durch Kennzeichnungen wie {A, B, C} ausdrückt, wobei A die beste Wertung sein soll.[8] Die Verbindungstabelle zwischen zwei Grunddatentypen trägt hier die Daten, auf deren Basis ein Einkäufer zu entscheiden hat. Er kann zwischen dem „billigeren", aber weniger zuverlässigen Lieferanten (`LiefKls = C`) und dem teureren, aber verlässlicheren (`LiefKls = A`) wählen. Trotz des lieferantenspezifischen Artikelpreises bleibt der Preis als Attribut in der weiter oben besprochenen Bedeutung als Eigenschaft des Artikels bestehen.

Nach der sehr ausführlichen Diskussion von `Teil` und seinen Attributen sollen die verbleibenden Grunddaten II kürzer dargestellt werden, da sie weniger komplex sind als `Teil`.

---

[8] In der Materialwirtschaft spricht man auch von *ABC-Analysen*; s. Kapitel 7.

Weitere operative Grunddaten

Die Grunddatentypen `Kunde` und `Mitarbeiter` sind, generalisiert betrachtet, *Personen*, der Mitarbeiter eine *natürliche*, der Kunde nicht selten eine *juristische*. Wir werden jedoch auf derartige Hierarchien nicht eingehen, da sich außer `Name` und `Adresse` keine generalisierten Attribute ergeben. Daher genügt für unsere Zwecke die folgende Auflistung:

Kunde (`KundenNr, Name, Adresse, BonitaetsKls`)
Mitarbeiter (`PersonalNr, Name, Vorname, GeburtsDat, GebName, KindAnz, Adresse, GehaltsGrp, EintrittsDat`)

Dies gilt, so lange die Grunddatentypen aus Sicht des Unternehmens einfach gesehen werden. Muss aber z. B. ein Betriebsteil des Kunden beliefert und mit der Zentrale abgerechnet werden, oder muss das Kindergeld für den Staat ausgezahlt werden, für das man die Geburtsdaten der Kinder benötigt, bekommt man wieder mehrstufige Strukturen. Sie lassen sich jedoch mit den bis jetzt bekannten Mitteln formulieren (Beispiele `Anlage` und `Teil`). Die sehr differenzierten Kundenstrukturen von Handelsunternehmen, die von Industrieunternehmen beliefert werden, können beispielsweise bei Becker & Schütte (2004) nachgelesen werden.

Ein einfacher Grunddatentyp von großer praktischer Bedeutung ist der **Kontenplan**. Er umfasst neben der jeweiligen Kontenbezeichnung nur noch die beiden Attribute `BilanzTyp` und `ErfolgsTyp` mit den Wertebereichen {`aktiv, passiv, wechsel`} für Aktiv-, Passiv- und Wechselkonten und {`erfolg, bestand`} für Erfolgs- und Bestandskonten. Der Grunddatentyp ist definiert als:

Kontenplan (`KontoNr, Bezeichnung, BilanzTyp, ErfolgsTyp`)

Ebenso wäre als Beispiel für eine Reihe weiterer einfacher Grunddatentypen die **Organisationseinheit** zu nennen. Sie hat ebenfalls nur drei Attribute, von denen aber das dritte eine große strukturelle Bedeutung hat:

OrgEinheit (`OrgEinhNr, Bezeichnung, Kostenstelle`)

Die Kostenstelle ist eine typische Kategorie (s. Seite 83) die als Aufzählungstyp abgebildet werden kann. Das Beispiel soll vor allem vermitteln, dass es ein schwerer betriebswirtschaftlicher Strukturfehler ist, Kostenstellen und Organisationseinheiten gleich zu setzen. Erstere ist eine Stelle, der Kosten zugeordnet werden, letztere ein Verantwortungsbereich. Bei Umstrukturierungen zerstört man durch eine solche Gleichsetzung die Integrität der Grundrechnung. Allgemeiner:

> Jedes Attribut darf nur genau ein semantisches Faktum abbilden, niemals mehrere.

Das in Tabelle 5.2 mit aufgezählte **Lager** nimmt eine Sonderstellung ein. In vielen Unternehmen, die auch Läger an mehreren Standorten haben, genügt eine *Nummer* oder ein *Kurzcode*, um ein Lager zu kennzeichnen. Dann ist das betriebliche Objekt *Lager* nur als *Kategorie* abgebildet, die im nächsten Abschnitt mit einem Lager-Beispiel behandelt wird. Wenn man jedoch weitere Eigenschaften über dieses Objekt der Realwelt als Daten festhalten möchte, muss ein Lager als Grunddatentyp II behandelt werden. Er hat Eigenschaften in Form folgender Attribute: *Grundfläche*,

Höhe, Zahl der Stellplätze, Gebäude, Stockwerk usw. Den Aufwand für die Modellierung und Pflege dieser Daten wird man aber nur dann betreiben, wenn dispositive Anwendungen benötigt werden, die diese originären Daten für ihre Berechnungen voraussetzen.

5.2.3 Grunddaten III (Kategorien)

Zu den Grunddaten zählen auch die *Kategorien*, in der Industriepraxis häufig „Schlüssel" genannt. Sie sind einfach strukturiert, da sie maximal als zweispaltige Tabellen existieren, aber anders zu behandeln sind als etwa die zweispaltige Tabelle `PreisGruppe`. Logisch sind Kategorien Attribute vom Typ `enum` (*Aufzählung*). Als Tabellen werden sie nur auf Grund der einfacheren Pflegbarkeit als so genannte *Schlüsseltabellen* in Datenbanken gespeichert, also aus technischen Gründen. Da die Elemente von Aufzählungstypen oft als leicht handhabbare Kürzel definiert werden, enthalten solche Schlüsseltabellen genau zwei Spalten, und zwar eine Langform oder Erläuterung und den dazu passenden Kurzcode als Zeichenkette oder ganze Zahl. Tabelle 5.8 zeigt zwei Beispiele für `Werk` und `Lager`. Von solchen Kategorien gibt es in fast jedem Unternehmen einige Hundert. Sie spielen in betrieblichen Daten eine sehr große Rolle, ganz besonders auch für das Controlling, da dies die Merkmale sind, nach denen man Daten klassifiziert und verdichtet. Sie bedürfen eines besonders sorgfältigen Entwurfs und entsprechender Pflege.

Tabelle 5.8. Zwei Schlüsseltabellen

Werk		Lager	
WerkKnz	Bezeichnung	*LagerNr*	Name
ALT	Altenstadt	701	Zentrallager Rheine
AUG	Augsburg	640	Außenlager Horstmar
HOR	Horstmar	122	Lager Altenstadt
RHE	Rheine	123	Regionallager Peiting
SOG	Schongau		

a) Kennzeichen   b) Nummer

Weitere Beispiele für Kategorien aus verschiedenen Bereichen zeigt Tabelle 5.9, wobei die Terminologie an das Softwaresystem SAP R/3 ® angelehnt ist, das im Bereich Daten auch betriebswirtschaftliche Begriffe geprägt hat. Wenn ein Unternehmen Standardsoftware installiert, importiert es zwangsläufig eine Vielzahl neuer oder geänderter Kategorien, die dann die alten Begriffe sukzessive verdrängen.

Wir wollen Kategorien nur als Aufzählungstypen notieren, also *nicht* als Datentypen. Dies vereinfacht die Modellierung der Daten, ohne Realitätsaspekte unzulässig zu verkürzen. Wir notieren die Kategorien mit allgemein verständlichen Abkürzungen oder auf Basis einmal erklärter Kürzel, wie das in Tabelle 3.11 (Seite 40) gezeigt wurde. Für das erste Beispiel aus Tabelle 5.8 schreiben wir

```
Werk = {ALT, AUG, HOR, RHE, SOG},
```

Tabelle 5.9. Beipiele für Kategorien betrieblicher Daten

Organisationsstruktur	Rechnungswesen	Materialwirtschaft	Vertrieb
Mandant	Kostenart	Materialart	Sparte
Werk	Kostenstelle	Produktgruppe	Gebiet
Buchungskreis	Belegart	Saison	Bezirk
Geschäftsbereich	Buchungsschlüssel	Materialklasse	Kundengruppe
Vertriebsbereich		Bewegungsart	Versandart
Kostenrechnungskreis			Marke

da die Abkürzungen *im* Unternehmen bekannt sind. Sie gehören neben der in Abschnitt 3.4.3 besprochenen Namengebung zur **Sprachkultur** einer Organisation, die entweder relativ unsystematisch „wächst" oder systematisch *gepflegt* wird. Eine auf konsequenter *Namengebung* und damit Begriffsbildung beruhende Sprachkultur ist Voraussetzung für ein erfolgreiches Wissensmanagement in einem Unternehmen (s. Abschnitt 4.3).

In Kapitel 6 werden wir auf die weit verbreiteten *klassifizierenden Schlüssel* eingehen, die es aus Gründen der früher vorherrschenden *manuellen* Datenverarbeitung noch fast überall gibt. Sie sind nichts Anderes als in Zeichenketten zusammengezogene Kategorien, die sich mit heutigen datentechnischen Mitteln fast immer problemlos handhaben lassen, ohne ihre höchst problematischen Eigenschaften zu übernehmen. Hierzu zählen auch hierarchische Kategorien wie z. B. die deutschen Postleitzahlen oder die Nummern der Standard-Kontenrahmen. Die Lösung kann aber erst mit den formalen Mitteln des Folgekapitels vermittelt werden.

Zusammenfassung Abschnitt 5.2

1. Allgemeine Strukturen
   - *Betriebliche Objekte* werden als zusammengesetzte Datentypen (*Objekttypen*) beschrieben, deren Attribute diejenigen Eigenschaften der Objekte sind, die wir als Daten aufzeichnen wollen.
   - Hinter der Zuordnung von *Eigenschaften* zu Datentypen können Entscheidungen des Unternehmens oder der Umwelt stehen (Bsp. Seite 80ff., `Preis`).
   - *Grunddatentypen* stehen für Objekte bzw. Subjekte der realen oder gedachten Welt, die *statisch*, also zeitlos betrachtet werden.
   - Die Attribute müssen an Hand ihrer *Wertebereiche* sorgfältig daraufhin geprüft werden, ob sie *Eigenschaft* nur des Datentyps sind und nicht von etwas Anderem (Bsp. Seite 80ff., `Preis`).
   - Wollen wir zeitliche oder objektbezogene *Strukturen* abbilden, müssen wir komplexere Datentypen bilden als nur einfache Tabellen (Bsp. Seiten 73f., 75ff. und 76: `Anlage` und `Teil` mit `Stückliste`).
   - Wenn Grunddatentypen *Beziehungen* zueinander haben sollen, müssen zusätzliche Datentypen entworfen werden. Dies gilt bei Verbindungen mit sich selbst (Bsp. Tabelle 5.4, `Stückliste`), zwischen verschiedenen Grund-

datentypen (Bsp. Tabelle 5.7b), `LieferantArtikel`) und bei Beziehungen zu einem virtuellen Grunddatentyp *Zeit* (Bsp. Seiten 73f., `AnlagenZustand`).
2. Anwendungsspezifische Strukturen
    ⋄ Die für den Routinebetrieb besonders wichtigen Grunddatentypen sind `Produkt`, `Kunde`, `Lieferant` und `Mitarbeiter`. Sie sind komplex strukturiert, können aber zunächst vereinfacht als Tabellen (ohne Hierarchien und Rollen) modelliert werden.
    ⋄ Die Grunddaten zum *Produkt* werden im Detail sehr komplex, weil Hierarchien oft *Rollen* darstellen.
    ⋄ Durchgängig abstrahierende Produktdaten (`Teil`) bestimmen die Möglichkeiten wichtiger *Dispositionsrechnungen* wie der Bedarfsrechnung.
    ⋄ Das Erfassen von Grunddaten verursacht *Kosten*. Deshalb wird man nur diejenigen Grundobjekte mit denjenigen Attributen pflegen, die für operative, dispositive und informative Zwecke benötigt werden (Bsp. Seite 82f., `Lager`).
    ⋄ Datennamen sind *Begriffe*. Eine systematische Namengebung fördert die Sprachkultur und damit das *Wissensmanagement* eines Unternehmens.
3. Spezielle Strukturen
    ⋄ Bei *Rollenhierarchien* muss geprüft werden, welche Attribute Eigenschaften welcher Rollen sind. Gegebenenfalls müssen semantische Festlegungen getroffen und schriftlich fixiert werden. Von diesen Festlegungen hängt die Korrektheit von Programmen ab, die abgeleitete Daten erzeugen.
    ⋄ Es kann sich als notwendig erweisen, Attribute bezüglich ihrer *Werte* zu *standardisieren* und als separate, mit den ursprünglichen Datentypen verknüpfte Tabellen zu modellieren (Bsp. Tabelle 5.5, `PreisGruppe`).
    ⋄ Eine sehr große Gruppe der Grunddaten ist einfach strukturiert. Dies sind die *Kategorien*, in Betrieben *Schlüssel* genannt. Sie werden nicht als Datentypen, sondern als elementare Datentypen der Art `enum` (Aufzählung) modelliert.
    ⋄ Da *Kategorien* auch Objekte benennen, können sie zu komplexeren *Grunddatentypen* werden, wenn man außer der Bezeichnung weitere Eigenschaften abbilden möchte. Ein Beispiel hierfür ist der Typ `Lager` auf Seite 82f.

5.3 Vorgangsdaten

Es wurde noch nicht geklärt, wie Grunddaten irgend etwas *steuern* (s. Satz 1 des Abschnittes 5.2). Dies lässt sich nachvollziehen, wenn man sich das Zusammenspiel und die Unterschiede zwischen Grund- und Vorgangsdaten vergegenwärtigt.

Die *Vorgangsdaten* (auch *Bewegungsdaten*) sind *nicht* zeitlos wie die Grunddaten, im Gegenteil, sie sind *immer* auf den Zeitpunkt bezogen, zu dem der Vorgang stattgefunden hat; sie enthalten also immer ein Attribut (Vorgangs-)`Datum`. Auf diese Weise protokollieren Vorgangsdaten betriebliche Prozesse. Auf Grund der Anforderungen des Externen Rechnungswesens gibt es *aufzeichnungspflichtige Vorgänge*.

Die übrigen sind *nicht aufzeichnungspflichtig* und werden geführt, um Planungs-, Steuerungs- und Kontrollmöglichkeiten zu erhalten. Auch die aus Ferstl & Sinz (2006, 33) übernommene Abb. 2.5 (Seite 16) (Lenkungs- und Leistungsflüsse) bezeichnet alle Kanten des Graphen mit den Namen von Vorgangsdatentypen.

5.3.1 Aufzeichnungspflichtige Vorgänge

Vorgangsdaten sind die originäre „Datenspur", die alle wichtigen **Geschäftsvorfälle** hinterlassen. Dies tun sie teils auf der Basis gesetzlicher Vorgaben (§ 238 und § 239 HGB) und teilweise auf Grund betrieblicher Erfordernisse, die das Controlling definiert. § 239(4) HGB regelt die **Belegpflicht**, der jeder Kaufmann unterliegt. Sie ist zu erfüllen durch Originalbelege in Papierform oder fälschungssicher gespeicherte Belegdaten (§ 257(1) Nr 4). Die „Belegdaten" sind unsere Vorgangsdaten, von denen die wichtigsten in den Geschäftsprozessen *Beschaffung*, *Vertrieb* (bzw. *Auftragsabwicklung*, s. Abb. 2.4, Seite 15) und *Kundendienst* entstehen.

Tabelle 5.10. Aufzeichnungspflichtige Vorgangsdaten des Routinebetriebs

Vorgang	Datentyp
Forderung	Rechnung für Kunden
Zahlung	Entgelt für Mitarbeiter
	Rechnung an Lieferanten bzw. deren Begleichung
Zahlungsverpflichtung	Bestellung bzw. Wareneingang
Bestandsveränderung Vorräte	Lagerbewegung beim Warenein- und -ausgang

Alle mit tatsächlichen oder absehbaren Vermögensveränderungen verbundenen Vorgänge sind nach § 240 HGB aufzeichnungspflichtig. Die im Routinebetrieb wichtigsten sind in Tabelle 5.10 grob benannt, andere – wie z. B. Tilgungen von Krediten oder Abschreibungen – behandeln wir hier nicht.

Zu allen Vorgängen muss das Datum festgehalten werden, zu dem der Vorgang sich zugetragen hat. Wir können jedoch nicht schematisch das Datum als Attribut eines Vorganges annehmen. Deshalb ist in der Übersichtstabelle 5.2 (Seite 72) eingetragen, dass Vorgänge auf einen *Zeitpunkt* bezogen sind. Die Zeitpunktbezogenheit bedeutet, dass gleichartige Vorgänge voneinander unterscheidbar sein müssen, etwa der Lagerabgang des *gleichen* Artikels für verschiedene Sendungen innerhalb weniger Sekunden. In diesem Fall setzt sich der notwendige Zeitpunkt aus dem Kalenderdatum *und* der Uhrzeit zusammen. Vorgänge mit hoher Frequenz benötigen also eine sehr genaue Zeitangabe; bei solchen mit niedriger Frequenz kann die Zeit gröber angegeben werden.

Aufzeichnungspflichtig sind nur Zu- und Abgänge von Waren und Vermögen aus dem Unternehmen mit den dazu gehörenden rechtlichen Verpflichtungen. Die nach außen gehenden Daten hatten wir im einleitenden Überblick des Unternehmens als System (Abb. 1.1) nur angedeutet. Genauer dargestellt, zeigt ein Ausschnitt in Abb. 5.6, dass Vorgangsdaten als Input aus der Umwelt empfangen und analog auch als Output an sie abgegeben werden, in diesem Fall Bestellungen und Lieferantenrechnungen. Der Beschaffungsmarkt aus Abb. 1.1 ist jetzt zum konkret identifizierbaren *Akteur* geworden, über den das Unternehmen Daten speichert, um seine Geschäftsprozesse abwickeln zu können.

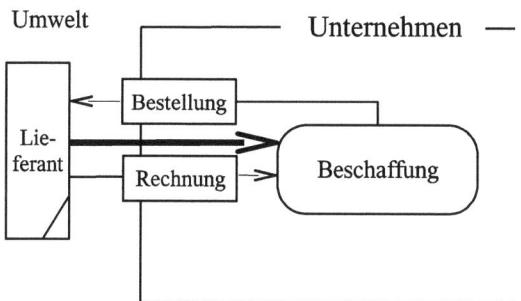

Abb. 5.6. Präzisierender Ausschnitt aus Abb. 1.1 mit einem Vorgangsdatentyp

Abb. 5.7 als Ausschnitt der Teilfunktion *Absatz* (s. Abb. 2.4) zeigt weitere Eigenschaften von Vorgangsdaten. Abb. 5.7 ist die erste Prozessdarstellung dieses Buches, die alternative Ausgänge aus einer Aktivität heraus benötigt, ausgedrückt durch ein Entscheidungssymbol (Raute), und danach verfeinert wird („Harke" in der Aktion *Versand*).

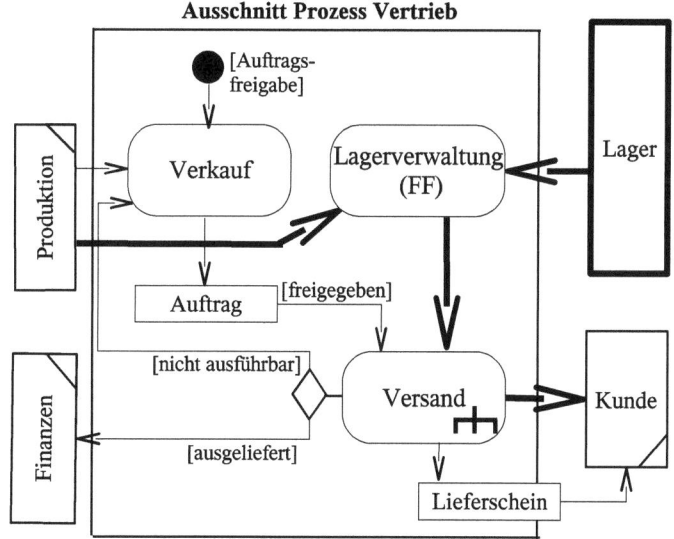

Abb. 5.7. Ausschnitt aus Abb. 2.4 (Teilprozesse Absatz)

Die in Tabelle 5.10 gezeigten Vorgangsdaten sind über die Prozesse stark miteinander und mit gespeicherten Bestandsdaten vernetzt. Dies lässt sich an der **Lagerbestandsführung** zeigen, deren Buchungen unternehmensintern stattfinden, aber ebenfalls aufzeichnungspflichtig sind. Dies folgt indirekt aus den Grundsätzen ordnungsgemäßer Buchführung. Da jede Rechnung aufzeichnungspflichtig ist, gebietet die Belegpflicht, dass auch alle Vorgänge nachvollziehbar sind, die zu dem das System verlassenden Vorgang geführt haben. Dies sind der Auftrag, die Abgangsbuchungen vom Lager und der Lieferschein. Um das deutlich zu machen, wird in Abb. 5.7 der Vorgang Lagerabgang mit seinen umgebenden oder auslösenden Vorgängen gezeigt.

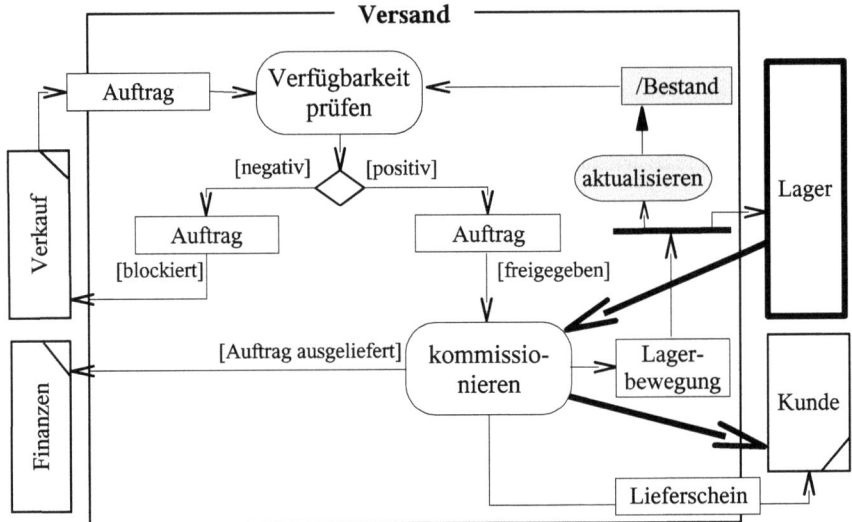

Abb. 5.8. Verfeinerte Funktion *Versand* (Lagerabgang)

Der freigegebene Auftrag ist Auslöser für den Versand, der in Abb. 5.8 verfeinert modelliert ist. Man sieht, dass eine Entscheidung darzustellen ist, die in vielen Unternehmen automatisiert durch Programme zur Versandabwicklung gefällt wird. Implizit kann man sie schon aus den zwei Ausgängen der Aktion *Versand* in Abb. 5.7 ablesen, in denen Nachrichten an *mehrere* Funktionen übermittelt werden. Dabei taucht in Abb. 5.8 ein durch das Zeichen '/' speziell gekennzeichneter, abgeleiteter Datentyp /Bestand auf, der mit einer anderen Art von Assoziation erzeugt wird als sonst in Aktivitätsdiagrammen üblich. Der geschlossene Pfeil drückt in UML eine *synchrone* Kommunikation aus (s. Kapitel 4), gegenüber den sonst in den Prozessdarstellungen ausreichenden *asynchronen* Übergängen. Technisch ist die Aktualisierung zwingend eine Datenbanktransaktion (s. Abschnitt 2.4.3), da die abgeleiteten Daten immer stimmig mit den originären sein müssen. *Abgeleitete* Daten oder Beziehungen (*Assoziationen*) werden nach UML mit dem Zeichen Slash ('/') gekennzeichnet.

Eine solche Assoziation ist zwingend mit einer Berechnungsvorschrift zu versehen, wie in Abb. 5.9 dargestellt.

Abb. 5.9 zeigt dies auch als Datenstruktur, in der jede Lagerbewegung den (bilanzpflichtigen) Bestand ändert. Beim Buchen (originärer) Vorgangsdaten werden (abgeleitete) Bestandsdaten erzeugt, zu denen die Ableitungsvorschrift als Integritätsbedingung angegeben werden muss.

Abb. 5.9. Die Erzeugung abgeleiteter Daten über Operationen

Die **Buchung** spielt eine ähnliche Rolle wie die (Lager-)Bewegung. Sie ist der einzige (originäre) Vorgangsdatentyp des Rechnungswesens, obwohl die abgeleiteten Typen /Konto und /Bilanz viel eher ins Blickfeld treten. Jeder *Buchungssatz* der doppelten Buchführung (Doppik) ist ein Vorgangsobjekt aus im Grundsatz *zwei* Buchungen (bei *gemischten Buchungssätzen* kann eine davon in mehrere Elemente zerfallen), die sowohl in „Büchern" aus Papier als auch in IT-Speichern zwingend als *Transaktion* ablaufen müssen:

Es wird entweder vollständig oder gar nicht gebucht.

Leicht formalisiert, lautet das Schema eines Buchungssatzes (Wielenberg, 2006, Abschn. 3.3):

Soll-Konto | Betrag | **an** | Haben-Konto | Betrag

Da der Betrag beim Standard-Buchungssatz (nicht gemischt) immer gleich sein muss, ist er im folgenden Datentyp nur einmal enthalten, ergänzt um andere wichtige Attribute.

Buchung (*BuchungsNr*, DatZeit, Soll.KontoNr, Haben.KontoNr, Betrag, Text, BelegNr)

Die BelegNr verweist auf den der Buchung zu Grunde liegenden, aufzeichnungspflichtigen Beleg, etwa einen Lieferschein (Verkauf), eine Lieferantenrechnung (Einkauf) oder einen Erstattungsbeleg (Reisekosten eines Mitarbeiters). Die Buchung besteht im einfachen Fall aus zwei Positionen, die den Betrag auf der jeweils richtigen Seite (Soll / Haben) in das angegebene Konto buchen. Was die „richtige Seite" ist, wissen Buchhalter bereits seit etwa 400 Jahren, sie *handeln* auch richtig

(s. Abschnitt 4.3, *Wissen*). Trotz der auch heute noch gegebenen hohen Verlässlichkeit von Buchhaltern ist dieses Wissen jedoch längst in Programme eingeflossen, so dass die beiden Positionen der Buchung in jedem Standard-Buchhaltungssystem automatisch richtig gebucht werden, wenn ein menschlicher Akteur den Buchungssatz am Bildschirm richtig eingegeben hat. Gebucht werden dabei die folgenden, im Standardfall zwei Positionen in *einer* Datenbanktransaktion:

BuchungsPos (`BuchungsNr`, `KontoNr`, `Betrag`)

Dabei sind *Soll* positive und *Haben* negative Beträge. Die 0 kann nicht vorkommen, weil es nichts zu buchen gäbe. Entsprechend den Regeln der Doppik (Wielenberg, 2006) werden Zugänge auf *Aktivkonten* im Soll mit Gegenbuchung im Haben eines anderen Kontos und Abgänge auf *Passivkonten* genau umgekehrt gebucht. Bei gemischten Konten hängt die „Seite" des Kontos (Soll oder Haben) vom Saldo ab. Dies bedeutet, dass die eigentlichen **Konten** der Buchhaltung *abgeleitete* Daten sind, die wir aber wegen des Kontextes, wie beim Lager, zusammen mit den Vorgängen betrachten müssen. Dies ergibt:

/Konto (`KontoNr`, `BuchungsNr`, `Text`, `DatZeit`, `Betrag`)

Ein Attribut für Soll- und Habenbuchungen ist nicht erforderlich, da die Integritätsbedingung

$$\text{Betrag}_{Soll} > 0; \text{Betrag}_{Haben} < 0$$

bestimmt, auf welcher Seite in ein Konto gebucht wird. Dabei werden nur die Vorgänge des Typs `Buchung` (= *ein* Buchungssatz) dauerhaft gespeichert, da nur über sie die `BelegNr` nachvollziehbar bleibt. Die `BuchungsPositionen` werden maschinell erzeugt und müssen *nicht* gespeichert werden. Nach Datum sortiert ausgegeben, bilden die Buchungssätze das sog. *Journal*; das ist die zeitliche Reihenfolge aller Buchungen. Es stellt eine wichtige Informationsquelle für Buchprüfer dar.

In realen Fällen kann ein Buchungssatz auch aufgesplittet sein, z. B. wenn Rechnungsnetto, Skonto und Umsatzsteuer Bestandteile eines vom Kunden überwiesenen Rechnungsbetrages sind oder bei der Buchung der an den Kunden geschickten Rechnung als „offener Posten". Die Bestandteile der Buchung werden auf verschiedenen Zielkonten verbucht. Bei der Ausgangsrechnung lautet der Buchungssatz

Forderung 119 an Umsatzerlöse 100
an Umsatzsteuer 19

Dies wird ermöglicht durch eine andere Konstruktion des Vorgangs:

Buchung (`BuchungsNr`, `DatZeit`, `Text`, `BelegNr`)
BuchungsPos (`BuchungsNr`, `KontoNr`, `SollHaben`, `Betrag`)

Damit kann es zu einer Buchung beliebig viele Buchungspositionen im Soll oder Haben geben. Dies wird durch das Attribut `SollHaben` ermöglicht, einen Aufzählungstyp, der die Werte `S` oder `H` annehmen kann. Er ersetzt die oben gegebene Integritätsbedingung mit positiven und negativen Beträgen. Das Beispiel zeigt, dass es für viele Situationen unterschiedliche Modellierungen geben kann und man immer nach einer allgemein gültigen Lösung suchen sollte.

Wir wollen jetzt die Vorgangsdaten der Auftragsabwicklung genauer betrachten, die sowohl aufzeichnungspflichtige als auch nicht verpflichtende Datentypen mit großen Gemeinsamkeiten enthalten.

5.3.2 Vorgangsdaten als Prozessdokumentation

Ähnlichkeiten zwischen Auftrag, Lieferschein und Rechnung waren bereits in Kapitel 2 im Zusammenhang mit dem Prozess Auftragsabwicklung angedeutet worden. Dies soll jetzt hinterfragt und verallgemeinert werden. Abb. 5.10 zeigt zunächst als einfache Skizze, welche Datentypen den Prozess *Auftragsabwicklung* (s. Abb. 2.7) vom und zum Kunden dokumentieren.

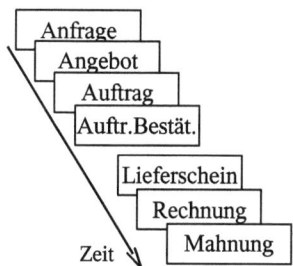

Abb. 5.10. Rollen der Datentypen der Auftragsabwicklung mit Kundenbezug

Bei näherem Hinsehen auf die Attribut-Ebene fällt auf, dass sich die Datentypen sehr ähnlich sind, die während des Prozesses entstehen. Es gibt lediglich Verweise (*Referenzen*) auf die jeweiligen Vorgänger, also Auftrag auf Angebot, Rechnung auf Auftrag usw. Dies legt den Gedanken nahe, die Datentypen zu einem Verkaufsbeleg zu generalisieren und wie bei Teil die konkreten Belege als *Rolle* zu verstehen.

Angebot (*AngebotsNr*, Datum, Text, KundenNr, Wert)
Auftrag (*AuftrNr*, Datum, *AngebotsNr*, Text, KundenNr, Wert)
AuftrBestät (*AuftrBestNr*, Datum, *AuftrNr*, Text, KundenNr, Wert)
Lieferschein (*LieferschNr*, Datum, *AuftrNr*, Text, KundenNr, Anzahl)
Rechnung (*RechnungsNr*, Datum, *AuftrNr*, Text, KundenNr, Wert)
Mahnung (*MahnungsNr*, Datum, *RechnungsNr*, Text, KundenNr, Wert)

Diese Rollen zeigt Abb. 5.11 in der Notation der UML. Es sind die Rollen, die ein Auftrag in der Abwicklung einnehmen kann. Bis auf die Rechnung sind es betriebliche Entscheidungen, welche dieser Rollen ein Unternehmen datenmäßig festhält. Sie nehmen mit der Individualisierung der Produktion und natürlich auch mit dem Wert der Produkte zu. Ein Einzelfertiger wertvoller Produkte (z. B. Werft, Bauunternehmen) wird *alle* Rollen benutzen, um bis zum Kunden und im Produktionsprozess ein Höchstmaß an Transparenz zu erzielen. Die Rollen müssen jedoch im konkreten Fall nicht alle belegt sein. Insbesondere die ersten beiden werden sich auf Einzel- und Kleinserienfertiger beschränken. Wenn ein Unternehmen sich einen Nutzen von einer schriftlichen Auftragsbestätigung verspricht, wird es den Aufwand zu ihrer Erstellung betreiben. Wenn es am Markt auch ohne sie bestehen kann, wird es die

Auftragsbestätigung weg lassen, da sie Kosten verursacht. Diese Kosten sind heute mithilfe des Internets so niedrig geworden, dass inzwischen auch im Massengeschäft Auftragsbestätigungen als E-Mail üblich werden (z. B. Amazon oder Deutsche Bahn). Die Beispiele dürfen aber *nicht* so verstanden werden, dass das Internet für jede Art von Verkauf das geeignete Medium für den Transport von Vorgangsdaten ist.

Man sieht nicht nur, dass die Folge der Vorgänge den Prozess *Auftragsabwicklung* abbildet, man kann sogar den Rollen der Datentypen die Phasen einer Transaktion aus der Transaktionskostentheorie zuordnen (s. Picot, Reichwald & Wigand, 2001). Die Phasen sind in Abb. 5.11 unterhalb der Datentypen angegeben.

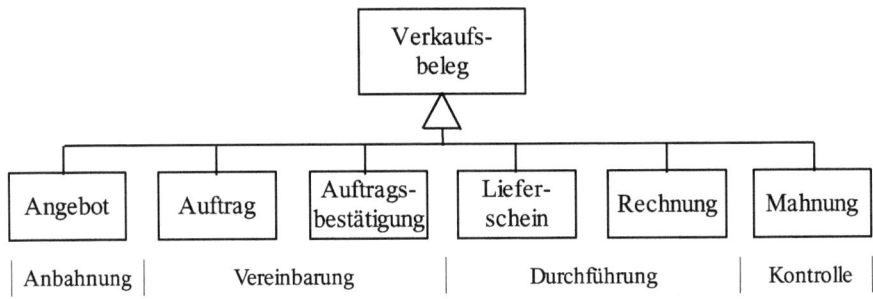

Abb. 5.11. Rollen des generalisierten Datentyps `Verkaufsbeleg`

Die bisher verwendeten Daten der Auftragsabwicklung sind noch unvollkommen. Ein Auftrag bezieht sich schließlich selbst auf dem Wochenmarkt auf Objekte, die man kaufen möchte, und zwar möglichst *mehrere* mit *einer* Transaktion.

Um nicht alle Attribute von `Auftrag`, `Rechnung` usw. für jeden Artikel zu wiederholen, bildet man hierfür separate Tabellen (*Positionen*), die mit der jeweiligen Rolle verknüpft sind:

AngebotsPos (`AngebotsNr, ArtikelNr, Menge, Preis`)
AuftragsPos (`AuftrNr, ArtikelNr, Menge, Preis`)
AuftrBestPos (`AuftrBestNr, ArtikelNr, Menge, Preis`)
LieferschPos (`LieferschNr, ArtikelNr, Menge`)
RechnPos (`RechnungsNr, ArtikelNr, Menge, Preis`)
MahnPos (`MahnungsNr, ArtikelNr, Menge, Preis`)

Man sieht, dass alle spezialisierenden Positionen mit Ausnahme des Lieferscheins identische Attribute haben. Dort fehlt das Attribut `Preis`. Ein Lieferschein ist die Information, die benötigt wird, um einen Materialfluss zu begleiten. Es interessiert nur die Menge und nicht der Preis. Dieser ist Teil der Rechnung, die oft auf anderem Wege befördert wird. Üblich sind inzwischen in der „Versandlogistik" auch Konstrukte der Art `Lieferschein-und-Rechnung`.

Die *Generalisierung* der Datentypen des Prozesses zu *Verkaufsbeleg* scheint also sinnvoll zu sein. Wir betrachten den Verkaufsbeleg hier nur konzeptionell und fragen noch nicht nach einem Datentyp dieses Namens und seinen Attributen. Dies ist erst notwendig, wenn wir uns in Kapitel 6 genauer mit den Strukturen befassen.

Ein Datentyp der Verkaufsabwicklung, der noch in die Anbahnungsphase gehört, wurde nicht in die Generalisierung mit einbezogen, die *Anfrage*. An diesem Datentyp kann man zeigen, wie Daten sich stufenweise vom unstrukturierten Text (formloser Brief) zum strukturierten Datentyp wandeln (s. Kapitel 9).

Anfrage$_a$ (AnfrageNr, Datum, Text, Absender)

Fall a) tritt ein, wenn ein anonymer Nachfrager des Marktes in der Rolle *Interessent* auftritt. Er kann noch keine KundenNr haben.

Anfrage$_b$ (AnfrageNr, Datum, Text, KundenNr)

Im Fall b) ist er bereits Kunde oder bekannter Interessent und *hat* eine Kundennummer.

Anfrage$_c$ (AnfrageNr, Datum, Text, KundenNr)
AnfragePos$_c$ (AnfrageNr, ArtikelNr, Text, Menge)

Fall c) hat dieselbe Struktur wie ein Angebot, nur dass die Datenstruktur aus Sicht des Kunden gesehen wird. Er kann alternativ einen Text oder eine Artikelnummer eingeben.

Wir können jetzt das hier Gezeigte verallgemeinern, indem wir eine generelle Struktur für Vorgangsdaten vorstellen.

5.3.3 Eine Referenzstruktur für Vorgangsdaten

Wie an den Rollen des Verkaufsbelegs gezeigt, kommen wir mit einer flachen Tabellenstruktur nicht aus. Wir benötigen für fast alle Vorgangsdaten *zwei* Datentypen, um sie in Tabellenform abbilden zu können, und zwar in einer einheitlichen Struktur. Dies wird in Abb. 5.12 am Beispiel eines Auftrags grafisch und verbal gezeigt. Wir sehen die Referenzstruktur **Komposition** (gepunkteter Rahmen), die eine *Ganzes - Teile - Beziehung* ausdrückt, gekennzeichnet durch eine Raute als Kantenende beim Ganzen. Das Ganze existiert genau einmal, von den Teilen muss mindestens ein Exemplar existieren. Der Auftrag als Ganzes ist ein Aggregat, das sich auf *einen* Kunden bezieht, enthält aber Bezüge auf *viele* Artikel.

Die betrieblichen Vorgänge bestehen fast immer aus Positionen, von denen sich jede auf genau ein manipuliertes Objekt bezieht, hier den Artikel als kleinste Verkaufseinheit. Ein konkreter Auftrag wiederum ist genau einem Kunden zugeordnet, der jedoch zu verschiedenen Zeiten *mehrere* Aufträge erteilen kann. Dies erklärt, warum wir Abb. 5.11 nicht korrigieren müssen. Jedes Rechteck der Spezialisierungen ist ein komplexer Datentyp der Art Komposition, bestehend aus zwei Tabellen, wie in Abb. 5.12 gezeigt. An dieser Stelle sei auch an die sehr ähnliche Abb. 3.1 (Seite 40) und die dort gemachten Aussagen zur Verknüpfung der Tabellen über *Referenzen* (Zeiger) erinnert (Verweis auf den Kunden).

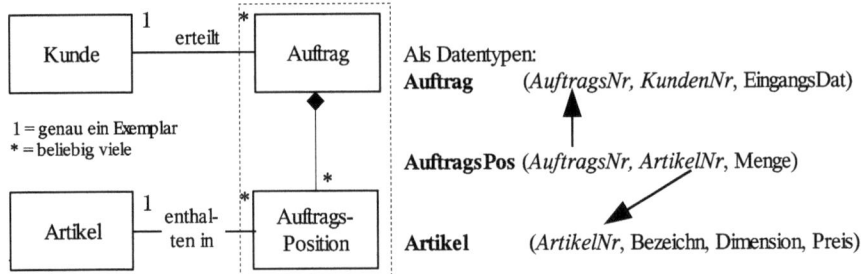

Abb. 5.12. Komplexer Objektttyp mit Verweis auf Grunddatentypen

Die Komposition ist das Referenzmuster[9] zumindest für alle hier betrachteten Vorgänge des Routinebetriebs. Selbst ein seltener Vorgang wie die Einstellung einer Führungskraft kennt *mehrere* Bewerber. Dem widerspricht auch nicht der degenerierte Fall, in dem es nur ein Exemplar beim Teil gibt, etwa wenn ein Mitarbeiter scheinbar nur *einen* Leistungsnachweis führt. Ohne ein Teil macht das Ganze keinen Sinn, d. h. es kann keinen Auftrag mit null Auftragspositionen und keine abrechenbare Leistung ohne nicht wenigstens einen Nachweis derselben geben.

An Abb. 5.12 ist auch zu sehen, welche Bedeutung Attribute von Grund- und Vorgangsdaten haben. Alle *dauerhaften* Eigenschaften sind Attribute der Grunddaten (`Preis`), nur die *temporären* gehören zu den Vorgangsdaten (`Menge` oder ein auftragsspezifischer Preis).

5.3.4 Weitere Vorgangsdaten

Nachdem die Vorgangsdaten **Verkaufsbeleg**, **Buchung** und **Bewegung** erläutert sind, verbleiben von den allgemein verbreiteten Routinevorgängen (s. Tabelle 5.2) noch die folgenden:

Einkaufsbeleg (`BestellNr`, Datum, Text, LieferantNr, /Wert)
Leistung (`LeistungsNr`, Datum, AuftragsNr)

Der **Einkaufsbeleg** ist spiegelbildlich zum Verkaufsbeleg zu sehen. Meist wird er „einfacher" sein, da keine Notwendigkeit besteht, die Organisation des Lieferanten so differenziert abzubilden wie die eigene. Lediglich die Artikelnummer des Lieferanten wird man angeben müssen. In der Regel genügt ein Datentyp `Bestellung`, dessen Zustände in einem Aufzählungstyp *Zustand* abgebildet sind:

`Bestellung.Zustand` = {angefragt, bestellt, unterwegs, geliefert},

so dass sich ergibt:

Bestellung (`BestellNr`, Datum, Text, LieferantNr, Zustand, /Wert)
BestellPos (`BestellNr, ArtikelNr`, LiefArtikelNr, Menge).

---
[9] Beachten Sie die kontextabhänige Bedeutung des Wortes *Referenz* (s. hierzu Kapitel 4) in den letzten beiden Sätzen.

Der Wert der Bestellung ist ein abgeleitetes Attribut, das aus der Summe der errechneten Werte der Bestellpositionen gebildet wird. Ein Einkaufsbeleg Abruf (s. Tabelle 5.2) ist datentechnisch identisch mit einer Bestellung. Die juristisch wirksame, hinter dem Abruf stehende „Bestellung" nennt sich *Rahmenvertrag*.

Die **Leistung** muss ausführlicher erläutert werden. Eine Leistung wird erbracht von einem Mitarbeiter; allerdings weist sie immer eine zusammengesetzte Struktur auf. Die Struktur kann jedoch in verschiedenen Ausprägungen auftreten. Entweder will man die Leistungen im Zeitablauf sehen. Dann wird sich Leistung auf einen Kunden- oder Produktionsauftrag beziehen. Sie kann aber auch direkt auf Aufträge bezogen werden. Dann ergibt sich eine umgekehrte Struktur der Komposition zwischen dem Ganzen und seinen Teilen. Wir zeigen zwei von mehreren denkbaren Varianten in Abb. 5.13.

Leistung$_a$ (*LeistungsNr, Datum, AuftragsNr*)
LeistungsPos$_a$ (*LeistungsNr, PersonalNr, Dauer, Tätigkeit*)
Leistung$_b$ (*LeistungsNr, Datum, PersonalNr*)
LeistungsPos$_b$ (*LeistungsNr, AuftragsNr, Dauer, Tätigkeit*)

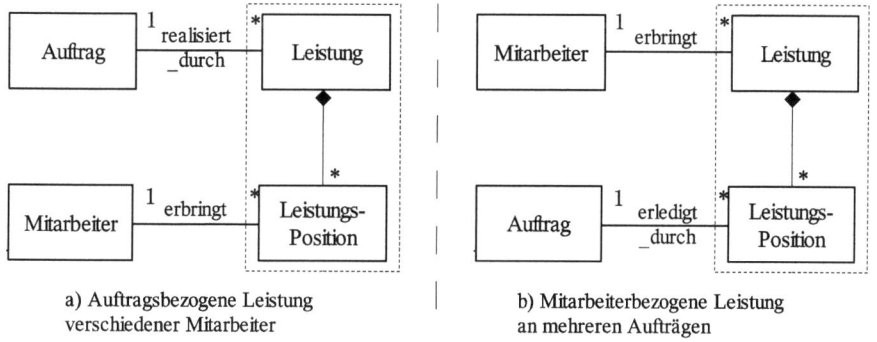

a) Auftragsbezogene Leistung verschiedener Mitarbeiter

b) Mitarbeiterbezogene Leistung an mehreren Aufträgen

Abb. 5.13. Zwei Varianten der Leistungserbringung

Betriebswirtschaftlich wird hierdurch allerdings nur der einfachste Fall der *Einzelfertigung* berücksichtigt, nicht aber die Vorgänge der *Serien-* und *Massenfertigung*. Wir haben Leistungen mit Bezug auf einen *Kunden*auftrag betrachtet und in Arbeitszeiten gemessen. Das entspricht der Zielsetzung dieses Buches, einfache Referenzstrukturen zu liefern, damit die Orientierung in der komplexen Realität später besser gelingt.

Für die Produktion lassen sich nicht annähernd so allgemeingültige Strukturen angeben wie für den Verkauf. Um die mit Abb. 5.13 gegebenen Möglichkeiten in einen allgemeineren Kontext zu stellen, sei hier ein Auszug aus einem neueren Lehrbuch (Albach, 2001, 240) zu den prinzipiellen Vorgangsdaten industrieller Produktion gegeben (Produktionsmengen, Werkstoffmengen, Arbeitsmengen und Maschinenlaufzeiten):

„Die Leistungserstellung verursacht den Verbrauch von Produktionsfaktoren entsprechend der Produktionsfunktion

$$x = f(r_1, r_2, r_3) \tag{5.1}$$

mit
x - Leistungserstellung der Periode (Menge)
r_1 - Verbrauch an Werkstoffen (Menge)
r_2 - Einsatz von Arbeitsstunden
r_3 - Einsatz von Maschinenstunden."

Die Realität sei hier nur grob angedeutet, damit der Leser eine intuitive Vorstellung von der großen Komplexität der Vorgangsdaten in einer repetitiven Produktion bekommt.

- ⋄ Die Leistung wird nicht mehr in Arbeitszeit, sondern in Produktionseinheiten gemessen (Stück, Länge, Volumen), weil Standardzeiten je Einheit bekannt sind.
- ⋄ Die Leistung wird als Erfüllung von *Arbeitsplänen* erbracht und gegen deren Positionen erfasst. Arbeitspläne mit *Vorgabezeiten* beherrschen die *Werkstattfertigung* für Kleinserien. Die Vorgabezeiten sind in *Rüstzeiten* (Einrichten der Maschine) und *Stückzeiten* (Zeit pro Einheit) getrennt und müssen auch als Istzeiten dieser Struktur entsprechen.
- ⋄ Bei einer hoch automatisierten Großserien- und Massenfertigung fallen für die Produktion pro Einheit gar keine Arbeitszeiten mehr an. Zu erfassen sind die Leistungen für Rüstzeiten und Instandhaltung und die hier besonders wichtigen Laufzeiten der Maschinen (s. Gleichung 5.1).

Zusammenfassung Abschnitt 5.3

1. Strukturen
    - ⋄ Vorgangsdaten zeichnen die *Geschäftsvorfälle* auf.
    - ⋄ Dementsprechend müssen sie sich auf einen *Zeitpunkt* beziehen (Monat, Tag, Stunde, ggf. sogar Sekunde), damit gleichartige Vorgänge voneinander unterschieden werden können.
    - ⋄ Vorgangsdaten sind immer *abhängig* von Grunddaten; das Umgekehrte gilt nie.
    - ⋄ Alle wesentlichen Vorgänge werden in Form einer *Komposition* zweier eng verknüpfter Tabellen modelliert.
    - ⋄ *Abgeleitete Daten* werden mit '/' gekennzeichnet. Entweder werden einzelne Attribute gekennzeichnet, z. B. Auftrag./Wert, oder zusammengesetzte Datentypen, z. B. /Bestand bzw. /Konto.
2. Inhalte
    - ⋄ Viele Vorgänge sind nach den GoB *aufzeichnungspflichtig*.
    - ⋄ Aus den Vorgängen Lagerbewegung und Buchung (= *Buchungssatz*) werden automatisch *Bestandsdaten* gebildet. Dies sind /Bestand und /Konto.

⋄ Die Vorgänge der Verkaufsabwicklung reichen aus, den von ihnen aufgezeichneten Geschäftsprozess zu beschreiben. Sie lassen sich als *Verkaufsbeleg* generalisieren.
⋄ Die Vorgänge der Produktion sind nicht so leicht standardisierbar wie die des Verkaufs, der Beschaffung oder der Buchhaltung.

5.4 Abgeleitete Daten

Abgeleitete Daten zerfallen in *dispositive* Daten, die den Routinebetrieb unterstützen, und *aggregierte* Daten, die für Führungszwecke stärker verdichtet sind. Die Grenze zwischen ihnen lässt sich allerdings nicht so scharf ziehen, wie dies in dem schematischen Abb. 5.1 zu Beginn dieses Kapitels erscheint.

5.4.1 Dispositive Daten

Dispositive Daten unterstützen die dispositive Tätigkeiten im Unternehmen (s. z. B. Mertens, 2004). Teilweise ersetzen sie auch die menschliche Arbeitskraft, wenn zwischen verschiedenen Rechenvorgängen keine menschlichen Entscheidungen erforderlich sind. Wenn die dispositiven Tätigkeiten des Routinebetriebs nicht vollständig automatisiert sind, laufen sie heute überwiegend *computerunterstützt* ab. Die Programme erzeugen dispositive Daten für menschliche Entscheider, z. B. den Nettobedarf eines Materials für einen Einkäufer. Dieser kann sich weiterer Entscheidungshilfen bedienen, etwa um eine optimale Bestellmenge zu ermitteln.

Der wichtigste dispositive Datentyp jedes Unternehmens mit einem größeren Absatzvolumen (*Menge*, nicht Wert!) ist ein (virtueller) Typ /Absatz, da es wichtig ist, etwas über die verkauften Produkte und ihre regionale und personelle Zuordnung (Außendienst) zu erfahren. „Virtuell" ist der Datentyp deshalb, weil der Absatz nur ein Attribut des folgenden verdichteten Datentyps ist:

/**Absatz_Umsatz**$_a$ (`Jahr, Monat, ArtikelNr, PersonalNr,`
            `/Absatz, /Umsatz`)

Die meist *Vertriebsstatistik* genannte, häufig noch gedruckte Liste ist eine Verdichtung aller Rechnungspositionen über alle gleichen Artikel. Sie hat bei 100 Artikeln, die pro Außendienstmitarbeiter und Monat verkauft werden, und 50 Mitarbeitern $12 * 100 * 50 = 60.000$ Zeilen, das wären 1.200 gedruckte Seiten. Es ist verständlich, wenn man das *nicht* mehr auf Papier bringen möchte, sondern eine Navigationsmöglichkeit über Bildschirme schaffen wird.
In der hoch verdichteten Form

/**Absatz_Umsatz**$_b$ (`Jahr, /Absatz, /Umsatz`)

ist das dagegen nur noch eine einzige Zeile mit drei Zahlen. Dies ist der allseits bekannte *Jahresumsatz* einer Firma. Die Größe *Absatz* würde überhaupt nur Sinn machen, wenn man homogene Produkte mit identischer Dimension hätte. Man sieht, dass sich viele wichtige Gruppierungen von Absatz und Umsatz erzeugen lassen.

98 5 Die Inhalte betrieblicher Daten

Dies kann nach Produkten, Außendienstmitarbeitern (für eine erfolgsabhängige Entlohnung) oder Perioden sein. Die Verdichtungsoperation ist jeweils eine simple Addition; beide Beispiele sind *zeitraumbezogen*.

Tabelle 5.11. Verfahren zur Erzeugung dispositiver Daten und ihre Datenquellen

Funktion	Verfahren	Ergebnis (disp. Daten)	Datengrundlage
Beschaffung, Lagerhaltung	ABC-Analyse	Klassifik. Einkaufsteile	Teil, Bestellung
	Losgröße	Opt. Bestellmenge	Teil, Bestellung, Lagerabgang
	Wiederbeschaffung	Opt. Bestellzeitpunkt	- wie Zeilen davor -
	Ersatzinvestition	Opt. Ersatzzeitpunkt	Anlage, MaschinenZeit
	Bedarfsermittlung	Zu beschaffende oder zu reservierende „Teile"	Teil, Stueckliste /Bestand, Bestellung
Produktion	Programmplanung	Realisierbares Produktionsprogramm	Teil, Anlage (Kapazität)
	Durchlaufterminierg	Liefertermin	Teil, Arbeitsplan
	Losgröße	Opt. Fertigungmenge	Teil, Anlage, Arbeitsplan
	Verschleißteile	Opt. Ersatzintervalle	Anlage, MaschinenZeit
	Kalkulation	Herstellkosten	Teil, Stueckliste
Absatz	Preisfindung	Optimaler Preis	Rechnung bzw. Zahlung
	Nachfrage - Absatzanalyse	Lieferfähigkeit je Produkt	Anfrage bzw. Auftrag
	Tourenplanung	Effizienter Außendienst	Rechnung, Auftrag
	Gebietszuschnitt	Opt. Vertriebsgebiete	Auftrag

Da die Anzahl der aus den originären Daten ableitbaren Ergebnisse unüberschaubar ist, geben wir in Tabelle 5.11 nur eine Übersicht der in Lehrbüchern häufig genannten entscheidungsunterstützenden Verfahren, denen wir die jeweilige Datengrundlage zuordnen. Diese erhebt keinen Anspruch auf Vollständigkeit und ist auf den Leistungsbereich beschränkt.

5.4.2 Aggregierte Daten (Führungsinformationen)

Was man vielfach *Führungsinformation* nennt, hat in unserer Pyramide zu Beginn des Kapitels den Namen *aggregierte Daten*. Schon die kurze Diskussion von Absatz und Umsatz zeigt, dass die Grenze zwischen dispositiven und aggregierten Daten unscharf ist. So ist der Umsatz pro Monat und Jahr sicher eine wichtige Führungsinformation, aber ebenso informativ für viele andere Mitarbeiter, die dispositiv tätig sind.

Wir wollen in dieser Einführung die Vielfalt von Führungsinformationen nicht näher behandeln, da viele auch intuitiv vorstellbar sind. Lediglich einige Beispiele sollen die Vorstellungskraft etwas anregen:

◊ Absatz, Umsatz, Deckungsbeitrag je Artikel und Produktgruppe; nach Regionen, Außendienstmitarbeitern oder im Zeitablauf.

⋄ Herstellkosten je Artikel und Produktgruppe.
⋄ Distributionskosten je Region.

Wichtig bleibt jedoch, die Grundbotschaft der Pyramide Abb. 5.1 im Auge zu behalten. Nicht die „Schönheit" der Repräsentation der Führungsinformation zählt, sondern die Stimmigkeit der Daten mit der operativen Basis. Selbstverständlich benutzt man heute Präsentationsgrafiken für die Darstellung von Führungsdaten. Diese müssen aber per automatischem Transfer auf PC oder Notebook gelangt sein und nicht durch Abtippen von Listen des operativen Rechners. Nur so kann die Konsistenz der Pyramide gewährleistet werden.

Zusammenfassung Abschnitt 5.4

⋄ Für den Routinebetrieb sind von den abgeleiteten Daten die dispositiven besonders wichtig.
⋄ Sie werden heute meist durch Programme ermittelt, deren Datenbasis die Bestands- und Vorgangsdaten sind.
⋄ Aus den Vorgängen `Auftrag` und `Rechnung` werden die besonders wichtigen „Vertriebsstatistiken" gewonnen.
⋄ Die Datengrundlage vieler Optimierungsrechnungen sind einige Grunddaten und die Vorgangsdaten.
⋄ Führungsinformationen, auch in grafischer Aufbereitung, können nur korrekt sein, wenn sie auf originären oder dispositiven Daten basieren.

5.5 Wiederholung und Übung

- Grund-, Vorgangs- und direkt in die Datenbasis eingegebene Plandaten sind als *originäre Daten* eine wichtige betriebliche Ressource.
- Grunddaten sind *zeitlos*, Vorgangsdaten *zeitpunktbezogen*, abgeleitete Daten (dispositive *und* aggregierte) meist *zeitraumbezogen*.
- Die operativen Grunddaten sind komplex, insbesondere der Grunddatentyp `Teil`.
- Vorgangsdaten haben die Referenzstruktur *Komposition*.
- Kategorien als sog. *Codes* oder *Schlüssel* sind strukturell sehr einfach, aber besonders zahlreich. Sie sollten nicht als zusammengesetzte Datentypen modelliert werden, sondern als elementare Daten des Typs *Aufzählung*.
- Dispositive Daten werden heute meist durch *Anwendungssysteme* erzeugt.
- *Führungsinformation* muss auf operativen und dispositiven Daten basieren, auch wenn mobile Rechner benutzt werden. Personalcomputer, die für Präsentationsgrafiken eingesetzt werden, müssen ihre Daten automatisch übertragen bekommen.

Begriffe

Abschnitt 5.1: originäre / abgeleitete Daten, Grund-, Vorgangs- und Bestandsdaten.

Abschnitt 5.2: Operative Grunddaten, Kategorien, Graphen (Knoten & Kanten), Gruppierung.
Abschnitt 5.3: Geschäftsvorfall, Belegpflicht, Generalisierung, Komposition, Referenz (Zeiger).
Abschnitt 5.4: Dispositive und aggregierte Daten, Führungsinformation.

Aufgaben

1. Beschreiben Sie verbal, welche (mindestens vier!) Eigenschaften eines Produktes für ein Industrieunternehmen als Daten beschrieben werden sollten und warum. Geben Sie zu jeder Eigenschaft eine kurze Begründung ($\rightarrow$ Anhang).
2. Geben Sie je zwei Attribute für drei verschiedene Rollen des Grunddatentyps `Teil` an, die
    a) allen Rollen gemeinsam sind
    b) nur für die jeweiligen Rollen gelten
    ($\rightarrow$ Anhang).
3. Erstellen Sie
    a) die grafischen Stücklisten mit den Teilnummern in den Knoten und den Mengen und Dimensionen an den Kanten aus Abb. 5.3, Seite 77.
    b) Berechnen und erläutern Sie verbal die Bedarfsermittlung für das Grundmaterial Draht für 12 Sets Bindedraht.
4. Lesen Sie sorgfältig die §§ 238 bis 240 und § 257 HGB. Schreiben Sie auf, was diese Vorschriften mit den hier besprochenen Daten zu tun haben.
5. Beschreiben Sie die Bildung des abgeleiteten Datums /Jahresumsatz mit einer Formel. Hinweis: Es ist eine Doppelsumme.

6

Die Struktur betrieblicher Daten

In diesem Kapitel wird die Methodik der Datenmodellierung einführend behandelt. Sie dient dazu, die betrieblichen Daten so zu strukturieren, dass sie die bereits in Kapitel 4 aufgestellte Forderung nach Redundanzfreiheit auch erfüllen. Datenmodellierung ist eine sog. *Semantische Modellierung* (Ortner, 1985), d. h. die Bedeutung der Daten bestimmt *auch* deren Struktur. Im vorigen Kapitel hatten wir mit der Semantik den Inhalten Vorrang eingeräumt, mussten aber schon einige strukturelle Aussagen machen. In diesem Kapitel ist es genau umgekehrt. Wir machen jetzt die Strukturen explizit und gewinnen damit Regeln zur Überprüfung der Korrektheit unserer Modelle.

6.1 Datenmodelle

Einige Leser werden vermuten, dass in Abschnitt 3.4.4 und Kapitel 5 implizit das *Relationenmodell* (RM) zu Lasten des *Entity-Relationsship-Modells* (ERM) unterstellt worden ist. Dieser Anschein trügt. Es wurde lediglich ein bottom-up-Ansatz verfolgt, der für Studierende fruchtbarer sein dürfte als der sonst verbreitete top-down-Ansatz mit Diagrammen. Das Problem des top-down-Ansatzes ist, dass er Abstraktionen über eine Realität verlangt, die Studierende oft noch nicht kennen.[1]

Anknüpfend an das vorige Kapitel beginnen wir mit einer *Objektsicht*, in der die Datentypen und ihre Attribute betrachtet werden. Die Objektsicht orientiert sich in der Notation und in einigen Details am RM. Danach stellen wir eine *Beziehungssicht* her, in der wir nur noch die Verbindungen zwischen den Datentypen als Ganzes

---

[1] Wir gehen hier auf beide Modelle ein, das RM und das ERM, die zum einen eine Abfolge der Ideen haben (1970 bis 1976) und sich zum Anderen ergänzen. Es trifft heute *nicht* mehr zu, dass das Relationenmodell ein DV-technisches Verfahren der Datenbanktechnik ist, wie es noch gelegentlich behauptet wird (Scheer, 1998; Stahlknecht & Hasenkamp, 2005). Die Frage, welches Modell implementierten Datenbanken zu Grunde liegen sollte, ist seit Anfang der 90er Jahre faktisch entschieden, so dass es keine Gründe mehr gibt, die lange als Alternative diskutierten Modelle *Hierarchie* und *Netz* noch in die Grundausbildung hineinzuziehen.

darstellen. Sie ist am ERM orientiert, benutzt aber als modernere und besser zu handhabende grafische Notation UML.

6.1.1 Das Relationenmodell (Objektsicht)

Bereits in Abschnitt 3.4 hatten wir die Tabelle – ein zusammengesetzter Datentyp – als Grundstruktur betrieblicher Daten benannt. Die Tabelle als Strukturtyp wurde von dem Amerikaner Codd (1970) als die flexibelste Grundlage für Datenbanksysteme entdeckt und *Relationenmodell* genannt. Das Modell hat sich als Basis *relationaler Datenbanksysteme* allgemein durchgesetzt[2] und bestimmt heute die Art, wie betriebliche Daten gespeichert und manipuliert werden. Es hat die genormte Abfrage- und Manipulationssprache SQL (*Structured Query Language*) hervorgebracht.

Interessierten Lesern sei empfohlen, die Aufsätze von Codd (1970) und Chen (1976) im Original zu lesen, die auch für Anfänger gut verständlich sind. Codd begründet aus der Mengenlehre, warum zusammengesetzte Datenstrukturen die Form von Tabellen haben sollten, deren Attribute nur aus elementaren Datentypen bestehen. Dies wurde später *erste Normalform* (1NF) genannt; weitere brauchen wir zunächst nicht. Die gesamte Datenbasis vieler Unternehmen setzt sich aus solchen Tabellen zusammen, die miteinander vernetzt und deren Attribute nicht redundant sind.

Das Relationenmodell beantwortet zwei Grundfragen, die in den folgenden beiden Abschnitten beantwortet werden.

1. Wie werden Datentabellen miteinander verknüpft?
2. Wie müssen Datentabellen gebildet werden, um Redundanzfreiheit zu erreichen?

Ein drittes Grundanliegen von Codd war, wie man Datentabellen in neue zerlegt oder kleinere zu größeren zusammenfügt. Dies behandeln wir hier *nicht*, da es für die Datenmodellierung nicht relevant ist. Wir gehen aber im folgenden Abschnitt (Seite 108) und in Abschnitt 9.2 (Seite 166) kurz auf die bei der Zerlegung entstehenden *Sichten* und deren konzeptionelle Bedeutung ein.

Die Grundideen des Modells

Eine *Relation R* ist in der Mathematik eine Teilmenge des Kartesischen Produkts (auch *Produktmenge*) von Mengen A_i, also der möglichen Kombinationen der Elemente $W(A_i)$

$$R(A_1, A_2, .., A_n) \subseteq W(A_1) \times W(A_2) \times .. \times W(A_n) \qquad (6.1)$$

mit W_i = *Wertebereich* (*domain*) der Menge A_i. Die A_i sind die Spalten einer Tabelle. Für die A_i schreiben wir allerdings semantisch verständliche Attributnamen wie etwa `Name` oder `Preis`. Den Wertebereich bestimmt der Datentyp, also bei `integer` sehr viele, bei `boolean` genau zwei, bei `enum` auch eine sehr begrenzte Anzahl von Möglichkeiten. Zur Verdeutlichung dient Tabelle 6.1.

---

[2] Zu nennen wären DB2 und Informix (IBM), Oracle, SQL-Server (Microsoft), ADABAS (Software AG) und MySQL (Open Source); mit einigen Abstrichen auch das System Microsoft Access. Access ist als Einzelplatzsystem konzipiert, das demzufolge keine Transaktionen kennt (s. Abschnitt 2.4.3, Seite 23).

Tabelle 6.1. Beispiel Cartesisches Produkt und Relation

Cartesisches Produkt			Relation
A_1	A_2	A_3	
Vorname	Name	Ort	
Ines	Meier	Bielefeld	
Ines	**Meier**	**Münster**	←
Ines	Otte	Münster	
Ines	Otte	Bielefeld	
August	Meier	Münster	
August	Meier	Bielefeld	
August	**Otte**	**Bielefeld**	←
August	Otte	Münster	

Nur die gekennzeichneten Zeilen gehören zur Relation, der wir wohl den Namen Person geben würden. Man sieht deutlich, dass Relationen in praktischen Fällen sehr viel kleinere Mengen sind als die Produktmengen. Welche Elemente zur Relation gehören, sind keine formalen, sondern semantische Entscheidungen. Eine weitere semantische Entscheidung ist das Festlegen von Datentypen für die Attribute bei der Konstruktion der Tabelle. Dies wird in vielen Lehrbüchern in den Bereich der Technik verwiesen, weil Datentypen im Zusammenhang mit Programmiersprachen erfunden wurden. Besonders mit Aufzählungs- und Unterbereichstypen (s. Abschnitt 3.4.1) grenzen wir *Wertebereiche* der Attribute von theoretisch riesigen Domänen auf sehr kleine ein, weil genau dies betrieblich erwünscht ist. Wenn es nur drei Läger gibt, darf nur auf eines dieser Läger gebucht werden und nicht auf irgendwelche Datenwerte, die der Benutzer sich spontan ausdenkt. Dieser Grundgedanke des Relationenmodells, die *Domänen* – das sind die elementaren Datentypen einer Tabelle – exakt und damit kontrollierbar zu definieren, ist wichtiger als die Vollständigkeit der bis zu 12 sogenannten *Normalformen*.[3] Die Modellierung restriktiver Datentypen wurde übrigens erst durch Chen (1976) hinsichtlich ihrer semantischen Tragweite herausgearbeitet, indem er *Integritätsbedingungen* als anwendungsspezifische Einschränkung von Wertebereichen formulierte.

Die Relation ist ein Datentyp (bei Chen *Entitätstyp*), der aus Elementen (*Tupeln*) besteht. Wir nennen sie hier *Exemplare*.[4] Das sind die Zeilen einer Tabelle. Sie müssen *disjunkt* sein, d. h. es darf niemals zwei identische Exemplare in einer Relation geben. Da jedes Exemplar einzigartig ist, muss es *identifizierbar* sein. Dies geschieht durch ein besonderes Attribut oder eine Kombination mehrerer Attribute. Sie heißen *Schlüssel* (*key*) der Relation, bzw. **Primärschlüssel** (*primary key*), weil wir verschiedene Arten von Schlüsseln benötigen. Der Primärschlüssel versetzt uns in die Lage sicherzustellen, dass nicht etwa dasselbe Objekt mehrmals oder gar nicht

---

[3] Wir werden nachfolgend die besonders wichtigen ersten drei behandeln, die genügen, um das Anliegen des relationalen Modells zu verstehen: Fakten werden nur genau *einmal* und nicht etwa redundant gespeichert.

[4] Die deutsche Übersetzung des englischen *instance* als „Instanz" ist falsch, hat sich aber leider eingebürgert.

behandelt wird. So kann gewährleistet werden, dass ein Mitarbeiter am Monatsende nicht versehentlich zwei Gehälter bekommt oder gar keines.

Wir betrachten im Folgenden ein Beispiel, und zwar einen Grunddatentyp `Mitarbeiter`. Ob für eine Karteikarte oder das Programm eines Rechners, wir würden den Datentyp so formulieren, wie Tabelle 6.2 es zeigt. Die Attribute sind die Spaltenüberschriften der Datentabelle, die Werte werden in Zeilen eingetragen (s. auch Tabelle 3.7). Ganze Spalten bilden die *Wertemenge* eines Attributs, ganze Zeilen ein Exemplar, hier also ein Mitarbeiter je Zeile. Jede Zeile einer Tabelle muss eindeutig durch ein oder mehrere Attribute identifizierbar sein, den *Primärschlüssel*. Doch wie finden wir für unser Beispiel einen geeigneten Primärschlüssel?

Tabelle 6.2. Ein Grunddatentyp `Mitarbeiter`

Datentyp	Attribute					
Mitarbeiter	(Name,	Vorname,	Titel,	GeburtDat,	Geschlecht,	Gehalt)

Zunächst liegen `Name` und `Vorname` als *Schlüsselkandidaten* auf der Hand. Damit identifizieren wir im täglichen Leben ebenfalls eine Person. In einem Handwerksbetrieb mit maximal 15 Mitarbeitern könnte das ausreichen, aber schon bei Unternehmen mit 200 Mitarbeitern wird das schwierig. Was tun, wenn wir eine neue Mitarbeiterin 'Ines Meier' einstellen wollen, aber schon eine Mitarbeiterin gleichen Namens haben? Also nehmen wir das `Geburtsdatum` als weiteren Schlüsselkandidaten mit hinzu. Jetzt bilden *drei* Attribute den Primärschlüssel, um jedes Exemplar eindeutig zu identifizieren. Doch auch diese Lösung versagt bei Unternehmen wie der Deutschen Bahn oder General Motors mit über 200.000 Mitarbeitern. Dort kann auch mit drei Attributen keine Eindeutigkeit hergestellt werden.

Neben dem Problem der Eindeutigkeit sind zusammengesetzte Schlüssel schwerfällig in der Handhabung. Man bildet deshalb künstliche Attribute, die als Primärschlüssel dienen und *immer*[5] eindeutig gemacht werden können, meist sog. *Nummern*. Diese künstlichen Schlüssel heißen **Alternativschlüssel** (*alternate key*). Zwar ist der am häufigsten hierfür verwendete Datentyp `integer` – wir kennen ihn als *KundenNr, ArtikelNr, RechnungsNr* längst im Alltag – aber zwingend ist das nicht. Ein Schlüssel kann einen beliebigen, abzählbaren Typ haben. So wären Alternativschlüssel bei Kategorien (s. Abschnitt 5.2.3) unsinnig, weil es ja per Definition eine abzählbare, überschaubare Zahl von Fällen gibt. Wir halten als Regel fest:

> Alle als selbständige Objekte handhabbare Datentypen erhalten als Primärschlüssel einen künstlichen Schlüssel.

---

[5] Der Typ `integer` bietet auf heutigen Computern $2^{32} \approx 4$ Milliarden unterschiedliche Primärschlüssel. Das reicht für praktische Fälle aus.

Zu diesen Datentypen zählen jeweils die Grunddaten I und II (s. Abschnitt 5.2, Seiten 73ff.), *nicht* aber die Grunddaten III (s. Abschnitt 5.2.3), sowie die Vorgangsdatentypen, *nicht* aber deren abhängige Positionen (s. Abschnitt 5.3). Wir zeigen jetzt einen derart erweiterten Grunddatentyp (s. auch Abb. 5.13, Seite 95), bei dem wir den Primärschlüssel durch Unterstreichung und als Schlüssel mit '#' kennzeichnen:

Mitarbeiter (`PersonalNr#`, `Name, Vorname, Titel, Geschlecht, GeburtsDat, Gehalt`)

Damit wären *Primärschlüssel* zur Identifikation von Objekten bzw. Tupeln eingeführt. Es bleibt die Verknüpfung von Tabellen, die sich aus dem Primärschlüssel auf fast natürliche Weise ergibt. Sie erfolgt mit **Fremdschlüsseln** (*foreign key*), die als Attribute in abhängige Tabellen eingefügt werden. Dies sind die *Referenzen* (Zeiger), von denen in den Abschnitten 3.4.4 und 5.3.3 schon gesprochen wurde. Hierzu ein Beispiel, bei dem wir alle Schlüssel als Primär- oder Fremdschlüssel kennzeichnen. Wir greifen auf das Beispiel in Abb. 5.13b) (Seite 95) zurück und erhalten:

Leistung (`LeistungsNr#, Datum, PersonalNr#`)
LeistungsPos (`LeistungsNr#, AuftragsNr#, vonZeit, Dauer, Tätigkeit`)

Das Beispiel beantwortet alle in unserem Kontext relevanten Strukturfragen des Relationenmodells:

1. Schlüssel
   ⋄ Der Grunddatentyp (`Mitarbeiter`) und der Vorgangsdatentyp (`Leistung`) haben künstliche Primärschlüssel. *Schlüsselkandidaten* von `Leistung` wären `Datum` und `PersonalNr#`.
   ⋄ Der Vorgangsdatentyp – er ist *abhängig* – wird über einen Fremdschlüssel mit einem Grunddatentyp verknüpft (`PersonalNr#`).
   ⋄ Die **Teilschlüssel** eines zusammengesetzten Primärschlüssels (`LeistungsPos`) sind immer auch Fremdschlüssel.
2. Verweise
   ⋄ Ein Vorgangsdatentyp ist auch mit künstlichem Schlüssel *zeitabhängig*, denn ein anderes Datum bei sonst identischen Attributwerten verlangt einen neuen Primärschlüssel.
   ⋄ Vorgänge verweisen auf den virtuellen Datentyp *Zeit*. Wir verzichten bei `Datum` und anderen Zeit-Attributen, z. B. `UhrZeit`, auf die Kennzeichnung als Schlüssel. Dies vereinfacht die Modelle[6] in der Beziehungssicht, da wesentlich weniger Entitätstypen entstehen.
   ⋄ Der Zeitbezug muss so genau sein, dass zwei reale Vorgänge voneinander unterschieden werden können. Dies ist hier der Fall, so dass `LeistungsPos` den Verweis auf die Zeit in `Leistung` (`Datum`) verfeinern muss.
   ⋄ `LeistungsPos` ist mit einem anderen Datentyp verknüpft, hier einem Vorgangsdatentyp. Die „nicht selbständig handhabbare" (s. oben) Tabelle

---
[6] In der schon erwähnten Analyse einer betrieblichen Datenbasis (Spitta, 1996) waren 15% aller Attribute Verweise auf `Zeit`.

`LeistungsPos` *muss* einen zusammengesetzten Primärschlüssel haben, damit die Verknüpfungen sichtbar sind.
⋄ Wenn man komplexe Modelle erstellen muss, kann es notwendig sein, hierfür einen *Alternativschlüssel* zu vergeben. Das ergibt sich aber nur in schwierigen Fällen, die zunächst nicht behandelt werden.

Ein **Datenmodell** ist dann ein Geflecht miteinander vernetzter Tabellen, das auf zwei Arten dargestellt werden kann:

1. Als verbal notierte Relationen (= Datentypen) mit Attributen (s. das gerade diskutierte Beispiel). Wir nennen dies die *Objektsicht*.
2. Als Geflecht von Datentypen in grafischer Form, die wir in mehreren Skizzen der vorherigen Kapitel bereits benutzt hatten (s. Abb. 3.1, 5.12 und 5.13). Dies ist die *Beziehungssicht*, die in vielen Lehrbüchern in Form von *Entity-Relationship-Modellen* (ERM) die einzige Sicht bleibt. Wir werden uns in Abschnitt 6.1.2 damit befassen.

Es ist hilfreich zum Verständnis, die Relationen auch als Tabellen mit Beispielwerten zu sehen. Vor allem Anfänger haben Schwierigkeiten, sich die Daten abstrakt vorzustellen und die Begriffe Tupel, Domäne und andere mit Inhalten zu füllen.

Tabelle 6.3. Der Grunddatentyp `Mitarbeiter` mit Beispieldaten

Mitarbeiter						
PersonalNr#	Name	Vorname	Titel	Geschlecht	GeburtsDat	Gehalt
[integer]	[string]	[string]	[enum]	[enum]	[date]	[float]
4711	Meier	Ines	Dr.	w	12.03.1972	4142,37
4713	Schulze	Hans	-	m	27.06.1984	2415,00
4714	Schulze	Hans	-	m	14.10.1951	4623,75

Tabelle 6.4. Der Vorgangsdatentyp `Leistung` als Komposition

Leistung					
LeistungsNr#	Datum	PersonalNr#			
[integer]	[date]	[integer]			
101	21.01.2005	4713			
108	15.03.2005	4711			
LeistungsPos					
LeistungsNr#	AuftragsNr#	vonZeit	Dauer	Tätigkeit	
[integer]	[integer]	[time]	[real]	[string]	
101	18	07:30	2,5	Baustelle herrichten	
101	18	10:15	4,7	Badewanne einbauen	
108	18	11:00	1,0	Reklamation prüfen	

Wir sehen in Tabelle 6.3 Daten für drei Mitarbeiter, von denen *zwei* Leistungen für einen Auftrag kontiert haben. Zur Verdeutlichung wurden die Attributtypen unter die Namen geschrieben, so dass vor allem der Typ enum klarer wird. Der Titel wäre definiert als

$$\text{Titel} = \{\text{Dr., PhD, Prof., -}\},$$

wobei '-' *kein Titel* bedeutet.

Auch die Referenzstruktur ist auf der Werteebene besser sichtbar. Sie kann unmittelbar nachvollzogen werden, wobei der ebenfalls referenzierte Typ Auftrag weggelassen wurde. Die Tabellen zeigen auch, dass man für ein Exemplar (Tupel) nur genau ein Exemplar eines Fremdschlüssels ansprechen kann. So benötigen hier die Leistungen verschiedener Mitarbeiter mehrere Zeilen in der Tabelle Leistung.

Die Konstruktion redundanzfreier Tabellen

Während Codd in der Originalveröffentlichung nur die erste Normalform gefordert hatte, zeigte sich schnell, dass es weiterer Konstruktionshilfen bedarf, um Redundanzfreiheit der Attribute zwischen den vielen Tabellen zu erreichen, aus denen jede relationale Datenbasis besteht. Wir werden uns auf die *zweite* und *dritte* Normalform beschränken, da die ebenfalls noch häufig diskutierten Normalformen *vier* und *fünf* nicht verletzt werden können, wenn Daten nach dem Ordnungsschema des vorigen Kapitels gebildet werden (s. Vetter, 1991, Kap 5).

Normalformen sind Regeln, die die Relationen nicht verletzen dürfen, wenn sie redundanzfrei und damit änderungsstabil bleiben wollen. Das Grundprinzip von Relationen wurde schon im vorigen Abschnitt genannt: Attribute dürfen nur vom gesamten Primärschlüssel abhängig sein. Im einzelnen:

2NF: Die *zweite Normalform* untersagt, dass Attribute nur von einem Teilschlüssel abhängig sind. Dies ist nur bei zusammengesetzten Schlüsseln möglich.

3NF: Die *dritte Normalform* verbietet Abhängigkeiten zwischen Nichtschlüssel-Attributen. Dies tritt vor allem auf, wenn man Attribute einbringt, die von einem Fremdschlüssel abhängig sind. Sie gehören natürlich *nur* in die Relation, in der der Fremdschlüssel Primärschlüssel ist. Wenn *Kategorien* als Aufzählungstypen realisiert werden (s. Abschnitt 5.2.3), kann die 3NF für eine Kategorie nicht verletzt werden, weil sie ein elementarer Datentyp ist.

Hierzu zwei Beispiele:

Auftrag (AuftragsNr#, KundenNr#, Name, Datum):
3NF verletzt; Name streichen, da Eigenschaft des Kunden und nicht des Auftrags.

AuftrPos (AuftragsNr#, ArtikelNr#, Dimension, Menge):
2NF verletzt; Dimension streichen, da dauerhafte Eigenschaft eines Artikels und nicht temporäre eines Auftrags.

Zur Normalisierung gibt es einen schönen Merksatz aus dem Benutzerhandbuch eines professionellen Datenmodellierungs-Werkzeugs (ERWinSQL), das von großen Firmen benutzt wird (z. B. Boeing):

"An entity is in third normal form, if every non-key attribute depends on the key, the whole key and nothing but the key, so help me Codd."

Es wurde vermieden, den Leser mit der Aufgabe zu belasten herauszufinden, ob eine Abhängigkeit *funktional* oder *transitiv* ist[7]. Statt dessen halten wir folgende Prüffrage für nützlich, die auf jedes Attribut angewendet werden sollte, wenn man Relationen bzw. entsprechende Tabellen modelliert:

Ist das Attribut Eigenschaft des mit der Relation beschriebenen Objekts der realen oder gedachten Welt oder ist es Eigenschaft eines *anderen* Objekts?

Redundanz und Sichten auf Daten (Views)

Es wäre noch nach dem Umfang der Redundanzfreiheit in den betrieblichen Daten zu fragen. Die Forderung danach bezieht sich nämlich nur auf *originäre* Daten, nicht auf abgeleitete. Nur originäre und – wie wir aus Kapitel 5 wissen – *Bestandsdaten* werden dauerhaft gespeichert[8] und müssen den gesetzten Integritätsbedingungen genügen. Deshalb können abgeleitete Daten auch keine dieser Regeln verletzten, da es sie nicht gibt.

Für informative Zwecke werden sogar häufig **Sichten** (*Views*) von Daten erzeugt, die Tabellen mit Spalten aus verschiedenen gespeicherten Tabellen erzeugen. Das damit zusammenhängende Thema *Datenabfragen* klammern wir allerdings hier aus. Es wird meist im Zusammenhang mit der Sprache SQL behandelt, auf die wir in Kapitel 8 (Seite 156) kurz eingehen.

Ein Beispiel für eine Sicht kann bereits eine Rechnung sein. Als gespeicherter Vorgang (s. Abschnitt 5.3.2) muss sie den Normalformen genügen. Als gedruckte Rechnung ist sie dagegen eine *Sicht* für den Kunden, die selbstverständlich in den Positionen außer den Artikelnummern auch deren Bezeichnungen zeigt. Es gilt also:

Die Normalformen gelten nicht für abgeleitete Daten wie etwa Views.

Klassifizierende Schlüssel

Klassifizierende Schlüssel sind langlebig. Sie stammen aus der Frühzeit der „EDV" und der davor liegenden „Karteikarten-Datenverarbeitung". Diese „Schlüssel" haben ohne Zweifel große Vorteile in der manuellen Handhabung von Daten. Sie sind teilweise sogar in Standards eingeflossen, wie etwa die Nummern der beiden in Deutschland üblichen Kontenrahmen, die eine bis zu dreistufige Hierarchie der Kontonummern vorsehen (*Kontenklasse, Kontengruppe, Kontennummer*). Sie sind nichts Anderes als klassifizierende Zeichenketten, die vor allem der 3NF widersprechen, wenn sie als *ein* Attribut behandelt werden. Außerdem sind sie heute in einem betrieblich dynamischen Umfeld sehr problematisch, da die *Werte* dieser Schlüssel in

---
[7] Dies kann nachgelesen werden in Vetter (1991, 50 und 175ff.)
[8] Das Thema *Data Warehouse*, bei dem auch abgeleitete Daten gespeichert werden, hatten wir ausgeklammert (vgl. Abschnitt 5.1.2).

einer Datenbasis vielfach auftauchen und auf komplizierte Weise ausgewertet werden müssen. So sind informell viele Fälle großer Firmen bekannt, die klassifizierende Artikelnummern in SAP-Systeme hinein implementiert haben, was vom Standard der Software natürlich nicht vorgesehen ist. Wie lässt sich mit solchen „Schlüsseln" umgehen?

So lange ein Teilschlüssel mehrere Stellen umfasst, die jeweils nur ein Merkmal beschreiben, handelt es sich um Kategorien, die als einzelne Attribute des Typs enum zu modellieren sind. Im Zweifel entsteht ein längerer, zusammengesetzter Schlüssel. Wenn man die alten *Werte* beibehält – auch wenn sie Lücken haben – ist das unproblematisch. Numerische Wertebereiche sollten *nicht* als Zahlen sondern als Zeichen modelliert werden, so dass pro Stelle aus zehn ohne jeden Zusatzaufwand 36 Möglichkeiten werden (s. hierzu die Abschnitte 3.2 und 3.3). Dies schafft Flexibilität für die Zukunft, ohne die Gegenwart (Zahl-Zeichen) auszuklammern. Ein Prinzip muss jedoch gewahrt bleiben:

Attribute beschreiben oder klassifizieren,
Primärschlüssel identifizieren und tun sonst *nichts*.

Gerade klassifizierende Artikelnummern haben sich in der Logistik von Unternehmen oder bei Fusionen schon mehrfach als Hindernis für effiziente Prozesse herausgestellt.[9]

Die Konsistenz des Datenmodells

Die Normalformen können redundante Attribute in mehreren Tabellen verhindern, sie helfen aber nicht, die Konsistenz des gesamten Modells zu gewährleisten. Doch auch hierfür liefert das Relationenmodell eine Regel, die für ein Datenmodell im Wesentlichen ausreicht; sie lautet:

Beim Anlegen von Daten sind Nullwerte in Schlüsseln
nur in begründeten Ausnahmefällen erlaubt.

Doch was sind *Nullwerte* und was hat das mit dem Anlegen von Daten zu tun? Ein **Nullwert** ist ein „Nicht-Wert", der von jedem Wert der Wertemenge eines elementaren Datentyps verschieden sein muss. Er realisiert die *leere Menge* ∅. Der Wert 0 einer integer-Variablen ist selbstverständlich ein gültiger Wert und damit *kein* Nullwert. Wie Datenbanken Nullwerte codieren, braucht man beim Modellieren nicht zu wissen. Sogar der unmittelbare Benutzer einer Datenbank muss es nicht wissen.

---

[9] Technisch ist es heute kein Problem, an Bildschirmen oder auf Listen einen klassifizierenden String – also einen *scheinbar* elementaren Datentyp (s. Abschnitt 3.4.1) – aus den Attributwerten zu *erzeugen*, der dem Benutzer die gewohnte Nummer als Zeichenkette liefert. Bedingung für das Gelingen ist allerdings, dass Primärschlüssel als reine Identnummern grundsätzlich von den Datenerfassungsprogrammen *maschinell* generiert werden und sich nicht beim Anlegen der Daten manuell eingeben lassen, weil sonst der Benutzer Semantik in die Nummer hineinbringt und später deren Auswertung verlangen wird.

Mit dem logischen Wert *null* (englisch!) kann man feststellen, ob einem Attribut einer Tabellenzeile schon ein Wert zugewiesen wurde. Dies geschieht beim erstmaligen Anlegen der Daten eines Exemplars. So kann es vorkommen, dass beim Anlegen eines neuen Mitarbeiters das Gehalt zunächst unbekannt ist. Vor der Gehaltsabrechnung kann man dann die Datenbasis maschinell auf unvollständige Tupel überprüfen, indem man Nullwerte des Attributs `Gehalt` abfragt.

Bei Primärschlüsseln sind Nullwerte niemals erlaubt, wenn die Datenbasis konsistent sein soll. Um es genauer auszudrücken, ist unsere Klassifikation aus Kapitel 5 nützlich. Wir wiederholen und ergänzen hierzu bisherige Aussagen:

1. Vorgangsdaten sind von Grunddaten abhängig.
2. Dementsprechend können Grunddaten niemals Fremdschlüssel auf Vorgangsdaten enthalten.
3. Grunddaten dürfen keine Fremdschlüssel auf andere Grunddaten enthalten.
4. Davon ausgenommen sind Verweise auf kleinere Tabellen (*Hilfstabellen*), wie z. B. *Adressen* oder *Preislisten* (s. Abschnitt 5.2.2).
5. Kategorien dürfen keine Fremdschlüssel enthalten, wenn sie aus technischen Gründen als Tabellen geführt werden.

Welche Konsequenz hat dies für die Reihenfolge, in der Daten angelegt werden müssen? Die Nullwerte-Regel (s. oben) lässt sich nur dann einhalten, wenn folgende Reihenfolge beim Anlegen von Daten beachtet wird:

1. Kategorien und Hilfstabellen → 2. sonstige Grunddaten → 3. Vorgangsdaten → 4. Abhängige Tabellen, z. B. in Kompositionen.

Dies entspricht auch betrieblichen Notwendigkeiten, wenn auch nicht jeder sog. „Praxis".

6.1.2 Grafisches Objektmodell (Beziehungssicht)

Dieser Abschnitt führt in die UML-Notation für Klassendiagramme ein[10] und verweist kurz auf das verbreitete Entity-Relationship-Modell. Es wird aus der Historie erklärt, warum das Relationenmodell fälschlicher Weise den Ruf hat, ein technisches Modell zu sein.

Warum UML statt ERM?

Teilweise hat Chen (1976) sein Entity-Relationship-Modell als Gegenmodell zum Relationenmodell bezeichnet, allerdings nur in dem Kontext, dass es zu dieser Zeit drei konkurrierende Datenbankmodelle gab, zu denen das ERM eine semantische Verallgemeinerung bilden sollte. Daher rührt wahrscheinlich der Ruf des RM, ein *technisches* Modell zu sein. Ziel von Chen war es, die Semantik der Modelle deutlicher zu machen. Das RM verfügte über keine grafische Notation und machte auch

---
[10] Ab etwa Abb. 6.3 könnte Anhang A hilfreich sein.

die Kardinalitäten der Beziehungen nicht deutlich (1:1, 1:N, N:M). Die Kardinalitäten drücken aus, wie oft ein Entitätstyp mit einem anderen assoziiert ist. In den 80er Jahren beschäftigte die Fachwelt auch weniger das *Modell* RM, sondern die Frage, ob es technisch denn möglich sei, eine relationale Datenbank zu bauen.

Dem Gedanken einer systematischen Modellierung von Unternehmensdaten hat sicherlich Chen und nicht Codd zum Durchbruch verholfen. Zu diesem Technologietransfer hat Scheer (1997, 1. Auflage 1988) maßgeblich beigetragen. In seinem Buch *Wirtschaftsinformatik* und auch von anderen Autoren (Becker & Schütte, 2004) wurden umfangreiche ER-Modelle als Referenzmodelle beschrieben. Doch die Entwicklung ist inzwischen weiter. Mit UML wurde 1997 der erste international umfassende Standard für Grafiken von Informationssystemen gesetzt, inzwischen von der Object Management Group (2008) als Version 2 herausgegeben. Wir haben diese Notation in Kapitel 2 für Prozessbeschreibungen benutzt und können auch hier in Form von *Klassendiagrammen* darauf zurückgreifen. UML erlaubt es, Datenmodelle übersichtlicher und an einigen Stellen auch präziser als mit dem ERM darzustellen. Beispiele sind bereits in den Kapiteln 3 und 5 benutzt worden.

Wir könnten auch UML statt des RM für die Objektsicht benutzen, indem Klassendiagramme mit Attributen verwendet werden. Hierbei ist jedoch die grafische Notation von UML sehr umständlich. Das RM erlaubt eine verbale Notation, bei der die Relationen gleichzeitig als Tabellenüberschriften für Beispieldaten dienen. Dies erscheint zum Lernen der Modellierung und für eine Validation der Modelle nützlicher.

Grafische Notation und Multiplizitäten

Ein Klassendiagramm ist ein Graph, dessen Knoten Datentypen bzw. *Klassen* und dessen Kanten *Assoziationen* oder auch *Beziehungstypen* zwischen den Datentypen darstellen. Die Kanten sind benannt, denn Assoziationen haben immer eine Semantik. Sie können Fremdschlüsselbeziehungen sein, aber auch Relationen (Tabellen), die mehrere Attribute haben. An den Objektsymbolen stehen die jeweiligen *Multiplizitäten*, das sind die minimale und die maximale Kardinalität der Assoziation. An den Kanten kann man *Rollen* notieren, was im ERM nicht üblich ist. Dies wird an Beispielen verdeutlicht, die in den vorangegangenen Kapiteln schon mit einem intuitiven Verständnis benutzt worden waren. Sie werden jetzt formal vervollständigt.

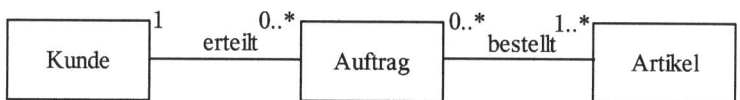

Abb. 6.1. Auftragsbeziehung mit einer Komposition `Auftrag`

Abb. 6.1 zeigt eine einfache Auftragsbeziehung als UML-Klassendiagramm. Der `Auftrag` ist ein komplexes Objekt der Art *Komposition*, die wir schon kennen. Die Multiplizitäten drücken aus, wie oft *mindestens* (linke Kardinalität) und *höchstens* (rechte Kardinalität; *= *beliebig oft*) ein Objekt mit Exemplaren des anderen Datentyps assoziiert sein kann. '0' bedeutet *kein*, '1' *ein*. '1' alleine bedeutet *genau 1*. Die Multiplizität '0..*' bedeutet z. B. links am Datentyp `Auftrag`, dass ein Kunde *'keinen bis beliebig viele'* Aufträge erteilen kann. Wir meinen damit allerdings nur die Aufträge, die gleichzeitig als Daten gespeichert werden sollen. Dies ließe sich auch mit einem ERM ausdrücken, benötigt aber bei einer Auflösung der Komposition als ERM schon Sondersymbole (s. Scheer (1997, 38)), weil es beim ERM keinen Verfeinerungsmechanismus gibt.

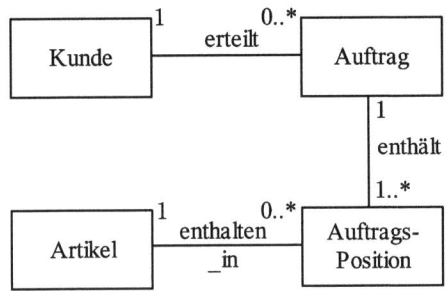

Abb. 6.2. Auftragsbeziehung mit aufgelöster Komposition

In UML ist das nicht nötig, wie Abb. 6.2 zeigt. Dort sieht man die elementare Tabellenstruktur, die wir aus Abb. 5.12 (Seite 94) bereits kennen. Die Raute in Abb. 5.12 impliziert die Multiplizität '1' und kennzeichnet die Struktur als Komposition. Abb. 5.12 ist also formal korrekt. Man sieht auch, dass die Dekomposition neue Multiplizitäten zeigt, aber die von der Komposition `Auftrag` nach außen gehenden nicht ändert. Wenn man versuchen würde, `Auftrag` gemäß Abb. 6.1 als elementare Tabelle zu modellieren, würde man schnell grobe Verletzungen der 2NF oder 3NF und redundante Daten feststellen.

Wir betrachten als zweiten Fall mit Abb. 6.3 einen Ausschnitt aus einem Beispiel von Chen (1976, 19) zum Projektmanagement. Zwischen den Datentypen `Mitarbeiter` und `Projekt` gibt es zwei Assoziationen mit verschiedenen Multiplizitäten. Die vom Datentypnamen abweichende Rolle ist explizit angegeben.

Auch *Stückliste* und *Teileverwendung* aus Abb. 5.5 (Seite 77) können mit Abb. 6.4 jetzt genau angegeben werden. Ein Teil enthält *kein* oder bis zu *beliebig viele* Teile. Wenn es *kein* Teil mehr enthält, ist es ein Blatt des Baumes, den jede Stückliste bildet, bzw. hat bei der Stücklistenauflösung die Rolle *Einzelteil*. Die *Teileverwendung* ist die Inverse einer Stückliste: *Wo ist das Teil eingebaut?*

6.1 Datenmodelle 113

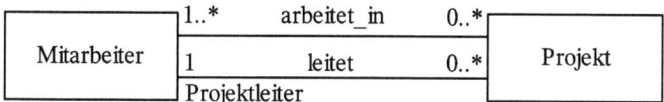

Abb. 6.3. Mehrfache Assoziation mit Rollen

Ein Teil, das in keinem Teil eingebaut ist ('0..'), ist die Wurzel eines Baumes, bzw. ein Endprodukt oder eine verkaufsfähige Baugruppe (Ersatzteil). UML sieht vor, bei Bedarf eine *Leserichtung* für Assoziationen anzugeben. Dies ist bei den doppelt rekursiven Strukturen um *Teil* herum angebracht, so dass z. B. gelesen werden kann: „Teil enthält Teil in der Rolle *Stückliste*". Als Standard ohne Kennzeichnung gilt *oben* → *unten* und *links* → *rechts*. Jetzt gilt es, größere Modelle zu erstellen.

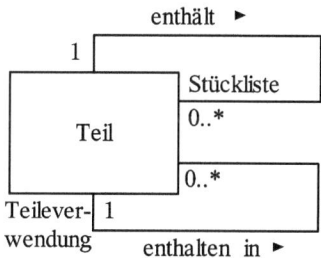

Abb. 6.4. Stückliste und Teileverwendung als Rollen

Das Ordnungsschema SERM

Betriebliche Datenmodelle können auch in der Beziehungssicht durch die große Zahl von Objekt- und Beziehungstypen schnell komplex und unübersichtlich werden. Hierfür haben Ferstl & Sinz (2006, 146ff.) das *Strukturierte Entity-Relationship-Modell* (SERM) entwickelt, das den Graphen eines Datenmodells nach zunehmender *Existenzabhängigkeit* von links nach rechts ordnet. Wir haben mit unserem Ordnungsschema der betrieblichen Daten ebenfalls eine solche Hierarchie der Existenzabhängigkeiten angegeben und im vorigen Abschnitt mit der Anlege-Reihenfolge auch angewendet. Welcher Art die Graphen sind, ist für die Idee des SERM belanglos.

Abb. 6.5 zeigt ein solches Modell, in das ganz rechts auch aggregierte Daten grob eingezeichnet sind, gekennzeichnet mit einem '•'.

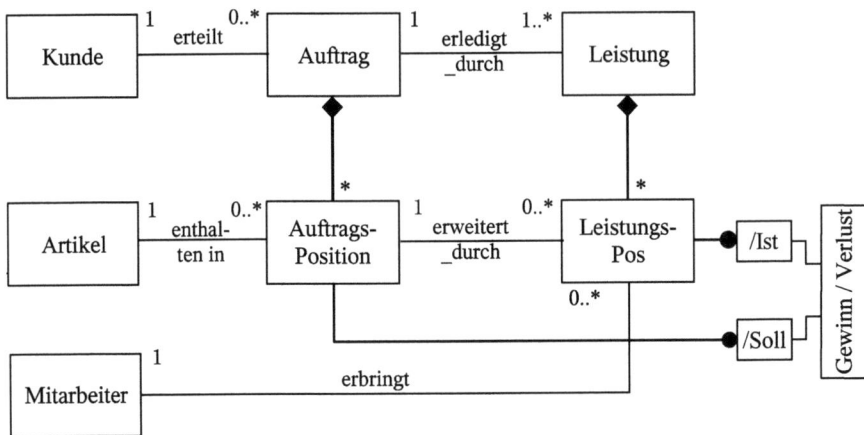

Abb. 6.5. Bearbeitung eines Kundenauftrags in Einzelfertigung

Der entsprechend verhandelte Auftrag stellt für den Anbieter sowohl eine Vorkalkulation dar als auch einen für den Kunden transparenten Plan, aus welchen Teilschritten der Auftrag besteht. Im Baugewerbe ist diese Art von Auftrag als „Leistungsverzeichnis" sogar vorgeschrieben. Der Auftrag wird durch Leistungspositionen der Mitarbeiter des Auftragnehmers erfüllt. Die Summierung aller Positionswerte des Auftrags ist sein *Soll*, die Summe der Leistungspositionen sein *Ist*; die Differenz, sehr grob mit Vollkosten gerechnet, sein Gewinn oder Verlust des Unternehmens. Die Assoziation *erweitert_durch* erlaubt mehrere Leistungspositionen je Auftragsposition, so dass auch ungeplante Leistungen möglich sind (s. im Unterschied hierzu Abb. 5.13, Seite 95).

Nur durch einen Soll-Ist-Vergleich wird ein exaktes Controlling der Vorkalkulation ermöglicht, denn bei einer starken Abweichung des Ist vom Soll möchte man wissen, *wo* Differenzen auftreten.

Zur Übung möge der Leser von den Datentypen Artikel, Mitarbeiter und Leistungsposition eine Objektsicht in Form von Relationen erstellen. In der Zuordnung der Attribute stecken viele semantische Detailentscheidungen. Erst nach einer solchen Validation kann gesagt werden, ob die Beziehungssicht richtig *und* einfach genug ist. Ein Hinweis: Es vereinfacht ein solches Modell erheblich, wenn man dem Datentyp Artikel ein Attribut Typ mitgibt, der als Aufzählungstyp wie folgt definiert sein könnte: Typ = {Material, Geselle, Meister}.[11] Trennt man Material und Dienstleistung, wird das Modell sehr kompliziert.

Ein umfangreicheres Beispiel

Ein weiteres Beispiel gibt Einblicke in die Daten der Produktion, die wir gemäß der Einschränkung in Abschnitt 5.1.4 (Seite 71) bisher ausgeklammert hatten. Abb. 6.6 zeigt Grunddaten dazu, die für folgenden Fall benötigt würden:

---

[11] Auch eine Dienstleistung kann ein Artikel sein.

Für die Herstellung eines Fahrradrahmens werden Rohre verschiedener Durchmesser auf die richtige Länge gesägt, zu Baugruppen vorgefertigt und dann zu einem Rahmen verschweißt. Dies geschieht nicht manuell, sondern mittels eines Schweißautomaten.

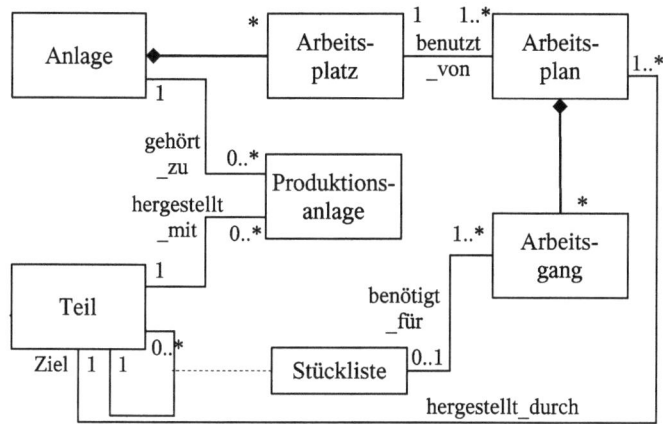

Abb. 6.6. Arbeitsplanung für die Fertigung

Wir entwickeln das Beispiel zunächst in der Beziehungssicht, danach in einer detaillierten Objektsicht. Die *Beziehungssicht*, die Abb. 6.6 zeigt, stellt dar, dass der GDT Anlage als hierarchische Komposition zerlegt werden muss, um mit einem zweiten, ebenfalls hierarchischen Grunddatentyp Arbeitsplan verknüpft zu werden. Die Stückliste wird hier – im Gegensatz zu Abb. 6.4 – auch als expliziter Objekttyp gezeigt, der mit Arbeitsgang verbunden werden muss. Der Arbeitsplan enthält originäre Plandaten, die zu jeder Fertigung gehören, die mit Leistungslöhnen arbeitet. Die Komposition Arbeitsplan ist natürlich kein Vorgangsdatentyp, sondern gehört zu den Grunddaten. Anlage und Teil können zu Produktionsanlage verbunden werden, etwa in einem bekannten Großunternehmen als *Montageband Wolfsburg* oder *Montageband Emden* für die Fertigung des „Teils" Polo.

Ohne nähere Erklärungen oder Kenntnisse über die Realwelt ist der Produktionsbereich schwer zu verstehen. Die Objektsicht kann hier einiges, aber nicht alles durch Offenlegung von Attributen und Verweisen präzisieren. Der fachkundige Leser möge Verständnis für einige starke Vereinfachungen haben. Wer eine realitätsnähere, aber auch erheblich komplexere Darstellung sucht, der sei auf Scheer (1997, Abb. B.1.105) verwiesen.

Die in Abb. 6.6 angegebenen Multiplizitäten drücken folgende betriebswirtschaftlichen Annahmen aus:

◇ Auf einen Arbeitsplatz können sich viele Arbeitspläne beziehen.

⋄ Es muss nicht in jeder Produktion eine Verknüpfung vom Typ `Produktionsanlage` zwischen `Anlage` und `Teil` geben. Der Objekttyp entfällt, wenn die Kardinalität 0 mindestens einmal zutrifft.
⋄ Ein Arbeitsgang muss keine Stücklistenposition referenzieren, da es auch Arbeitsleistungen ohne Materialeinsatz gibt. In einem solchen Fall ist für einen Fremschlüssel (hier `StuecklistenNr#`) ein Nullwert als Fremdschlüssel notwendig (s. Beispiel in Tabelle 6.10, Seite 118).

Die **Objektsicht** wird in Form von Relationen gegeben, bei denen die meisten Namen ausreichend Semantik vermitteln oder tiefer gehende Fragen induzieren.

Anlage (`AnlagenNr#,Bezeichnung,Kostenstelle,Gebaeude`)
ArbeitsPlatz (`AnlagenNr#,PlatzNr#,Bezeichnung,ArbPlatzNr#A`)
Teil (`TeilNr#,Rolle,Bezeichnung,Dimension`)
Stueckliste (`Ober.TeilNr#,Unter.TeilNr#,Menge,StuecklNr#A`)
ArbeitsPlan (`ArbPlanNr#,FertStufe,Ziel.TeilNr#,Text,ArbPlatzNr#`)
ArbeitsGang (`ArbPlanNr#,ArbGangNr#,Taetigkeit,VorgabeZeit,
      StuecklNr#`)

Aus Gründen der Verständlichkeit verwenden wir hier zum ersten Mal einen speziell gekennzeichneten *Alternativschlüssel* (Suffix 'A') parallel zum zusammengesetzten Primärschlüssel. Dieser neue Schlüssel wird in einer *anderen* Relation als Fremdschlüssel benötigt und dort auch wie ein solcher benutzt. Dies macht das Modell an der Stelle der Verwendung des Fremdschlüssels besser verständlich als bei der Benutzung des zusammengesetzten Schlüssels.

Für dieses Beispiel zeigen wir eine bis auf Werte verfeinerte Objektsicht für die oben angesprochene Fahrradproduktion. Die Tabellen mit Werten dienen zwei Zwecken. Erstens sind Beispiele anschaulicher als die noch immer recht abstrakten Relationen, zweitens dienen Beispieltabellen mit Werten der **Validation** eines Datenmodells. Die Validation hilft bei jeglicher Modellierung, zwei wichtige Fragen zu beantworten:

1. Gibt das Modell die Realität richtig wieder?
2. Ist das Modell in sich konsistent?

Die erste Frage kann nur betriebswirtschaftlich anhand der Realität beantwortet werden, die zweite wird durch die Überprüfung der Fremdschlüsselbeziehungen geklärt.

Es folgt die Objektsicht des Modells für das Beispiel „Herstellung einer Baugruppe *Hinterradgabel oben*" eines Fahrradrahmens.

Tabelle 6.5. Anlage in einer Fabrikationshalle

| Anlage | | | |
AnlagenNr#	Bezeichnung	KostStelle	Gebäude
47	Rahmen-Endstufe	381	Halle1

Tabelle 6.6. Zwei Arbeitsplätze einer Anlage

ArbeitsPlatz			
AnlagenNr#	PlatzNr#	Bezeichnung	ArbPlatzNr#A
47	..	..	..
47	3	Montagegestell	15
47	4	Schweißautomat	16

Die hier als Daten beschriebene `Anlage` nennt man in der Umgangssprache „Fließband". Baugruppen oder Endprodukte werden Stück für Stück zusammengebaut und hierzu verschiedene Vorrichtungen (*Montagegestell*) und Maschinen (*Schweißautomat*) benutzt. Es kann Transportbänder geben, aber auch das Befördern des Materials von Hand ist möglich. Der Materialfluss entspricht einer stufenweisen Fertigstellung des Produkts über Zwischenprodukte bzw. *Baugruppen*.

Tabelle 6.7. Grunddaten `Teil`

Teil			
TeilNr#	Rolle	Bezeichnung	Dimension
1224	..	..	..
4815	BauGrp	Hinterradgabel oben	St
5610	Einz	Rohr Hinterradg. oben links	St
5611	Einz	Rohr Hinterradg. oben rechts	St
6830	Einz	Abstandsstück oben	St

Tabelle 6.8. Stückliste zur Herstellung der Hinterradgabel

Stückliste			
Ober.TeilNr#	Unter.TeilNr#	Menge	StuecklNr#A
4815	5610	1	27
4815	5611	1	28
4815	6830	1	29

Tabelle 6.9. Arbeitsplan zur Herstellung der Baugruppe

ArbeitsPlan				
APlNr#	FertStufe	Ziel.TeilNr#	Text	ArbPlatzNr#
1634	2	4815	Vormontage Hinterradgabel oben	15

Der `Arbeitsplan` beschreibt, *wie* dies zu geschehen hat und was das *Ziel* des Arbeitsgangs ist, etwa eine Baugruppe oder ein fertiges Produkt. Hergestellt wird der Bezug zur *Fertigungsstufe* der Produktion. Damit das *Ziel* der Stufe erreicht werden kann, beschreiben die Arbeitsgänge, *womit* und mit welchen *Mengen* dies geschieht. Hier treffen die Daten zur *Arbeitszeit* der Mitarbeiter und der zu verwendenden *Teile* zusammen. In diesem Fall kann ein Fremdschlüssel auch einen Nullwert haben. Die letzten beiden Arbeitsgänge in Tabelle 6.10 sind reine Arbeitsleistungen, ohne dass neues Material benutzt wird.

Tabelle 6.10. Arbeitsgänge zur Herstellung der oberen Hinterradgabel

ArbeitsGang				
APlNr#	ArbGangNr#	Tätigkeit	VorgabeZeit [sec]	StuecklNr#
1634	1	einspannen	60	27
1634	2	einspannen	60	28
1634	3	einspannen	40	29
1634	4	schweißen	170	NULL
1634	5	ausspannen & ablegen	30	NULL

Unser Beispiel zeigt, wie man durch Beispieltabellen ein Datenmodell validieren kann und wie stark das Gefüge der Tabellen miteinander vernetzt ist. Einerseits wird gerade bei Kompositionen das Geflecht der Tabellen nur durch *zusammengesetzte Schlüssel* deutlich, andererseits sind *Alternativschlüssel* besser verständlich, wenn man auf Tabellen mit zusammengesetzten Schlüsseln verweisen muss.

Wir fassen jetzt die Vorgehensweise bei der Datenmodellierung zusammen, bevor ein Unternehmens-Datenmodell gezeigt wird.

6.1.3 Vorgehensmodell zur Datenmodellierung

Es ist nicht möglich, korrekte Datenmodelle nur in der Objektsicht oder nur in der Beziehungssicht zu erstellen. Entweder geht jeder Überblick verloren, oder es werden Strukturen erzeugt, die semantisch nicht haltbar sind. Vor diesem Hintergrund ist das Aktivitätsdiagramm Abb. 6.7 zu sehen, das zwei mögliche Wege zeigt. Der eine verläuft *bottom-up*, also vom Detail zur Zusammenfassung, der andere *top-down*, also in schrittweiser Verfeinerung. Teilweise ist es eine Sache persönlicher Vorlieben, teilweise auch eine der Erfahrung, welchen Weg man wählt. Anfängern ohne Kenntnis des Diskursbereiches sei empfohlen, auf der semantischen Ebene *bottom-up* mit Tabellen und Beispielwerten zu beginnen, da nur so eine erste Validierung der Referenzen möglich ist und eine (falsche) Modellierung von Attributen als Entitätstypen vermieden wird. Sie müssen sich dann nicht mühsam „hochnormalisieren", wie dies noch gelegentlich empfohlen wird (s. z. B. Stahlknecht & Hasenkamp, 2005, 175), sondern können sich an den hier oder von anderen Autoren angegebenen Referenzstrukturen orientieren. Dabei ist allerdings die Problemstellung sehr sorgfältig zu prüfen, denn Referenzmodelle bergen die Gefahr in sich, als „Kochrezepte" benutzt zu werden, die nur selten zutreffen.

Erfahrene Modellierer haben gewisse Referenzstrukturen im Kopf und können auch von den betriebswirtschaftlichen Einzelheiten abstrahieren, da sie den Diskursbereich kennen. Sie gehen eher den Weg *top-down* über die Beziehungssicht, da sie bereits gelernt haben (Wissen als Handlungskompetenz, s. Abschnitt 4.3), die Referenzstrukturen richtig zu benutzen.

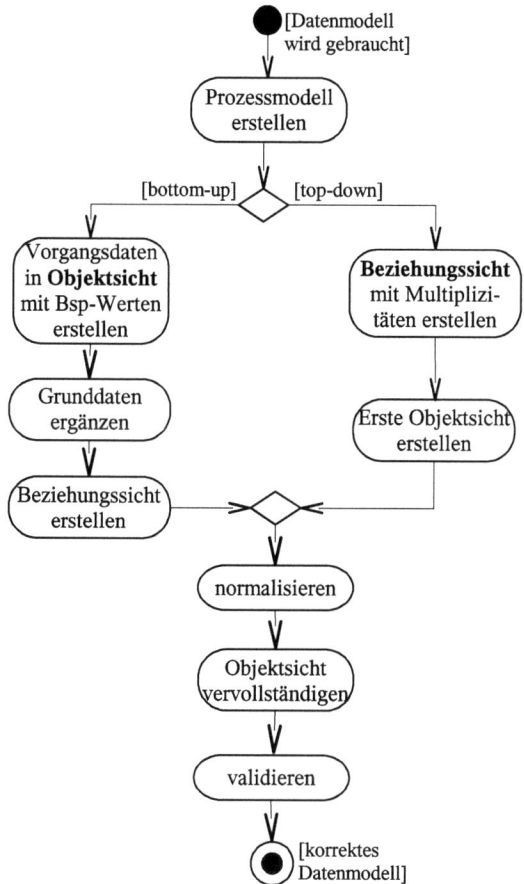

Abb. 6.7. Vorgehensmodell zur Erstellung von Datenmodellen

Abb. 6.7 zeigt aber auch, dass in beiden Fällen eine abschließende *Validation* notwendig ist. Weder ERM noch UML bieten hierzu formale Regeln. Diese liefert nur das Relationenmodell, wobei auch hier eingeschränkt werden muss, dass wir bei vielen semantischen Fragen über keine formalen Regeln verfügen, die zu *richtig* oder *falsch* Auskunft geben.

Zusammenfassung Abschnitt 6.1

◊ Für ein Datenmodell benötigt man sowohl eine Objektsicht (Semantik der Attribute) als auch eine Beziehungssicht (Semantik der Assoziationen). Die Reihenfolge ist eine Frage der Erfahrung und persönlicher Vorlieben.

1. Objektsicht
    ◊ *Relationen* sind Mengen in Form von Tabellen mit elementaren Datentypen in den Spalten als Teilmengen.
    ◊ Jede *Spalte* bildet über den Datentyp eine zulässige und über die Menge der Zeilen der Tabelle eine tatsächliche *Wertemenge*.
    ◊ *Aufzählungstypen* sind im Modell keine Tabellen, sondern Attribute mit stark eingegrenztem Wertebereich.
    ◊ Die *Zeilen* einer Tabelle bilden die *Exemplare* oder auch Tupel.
    ◊ Exemplare werden über *Primärschlüssel* identifiziert und können Attribute als *Fremdschlüssel* enthalten, deren Werte auf Exemplare anderer Relationen zeigen.
    ◊ Klassifizierende „Schlüssel" werden in Attribute aufgelöst, die als Aufzählungstypen modelliert sind.
    ◊ Primärschlüssel dürfen, Fremdschlüssel sollten keine *Nullwerte* enthalten.
    ◊ 2NF und 3NF helfen, *redundante Attribute* in mehreren Tabellen zu vermeiden.
2. Beziehungssicht
    ◊ Die Beziehungssicht eines Datenmodells kann mit *Klassendiagrammen* erstellt werden, die benannte Assoziationen, Rollen und Multiplizitäten zeigen.
    ◊ Die Assoziationen entsprechen den Rauten des ERM.
    ◊ Größere Modelle sollte man nach einem Ordnungsschema zeichnen. Ein solches ist SERM, bei dem die Datentypen mit nach rechts zunehmender Existenzabhängigkeit dargestellt werden.
3. Vorgehen
    ◊ Jedes Modell muss semantisch und formal validiert werden.

Es folgt ein einfaches Unternehmens-Datenmodell, das die Möglichkeiten und Grenzen der Beziehungssicht zeigt.

6.2 Unternehmens-Datenmodell des Industriebetriebs

Das Modell in Abb. 6.8 zeigt die wichtigsten der hier besprochenen originären Daten. Es ist nach dem Schema SERM aufgebaut und zeigt zuerst die Grunddaten, dann Verknüpfungen zwischen ihnen, weiter rechts die von den Grunddaten abhängigen Vorgangsdaten, ganz rechts einige Beispiele für abgeleitete Daten. Alle Datentypen sind komplexe Objekttypen (Klassen), so dass sie nur durch weitere Verfeinerung als elementare Tabellen ausgedrückt werden können. Deshalb macht die Angabe von Multiplizitäten keinen Sinn, weil fast alle Beziehungen der Art N : M sind.

6.2 Unternehmens-Datenmodell des Industriebetriebs

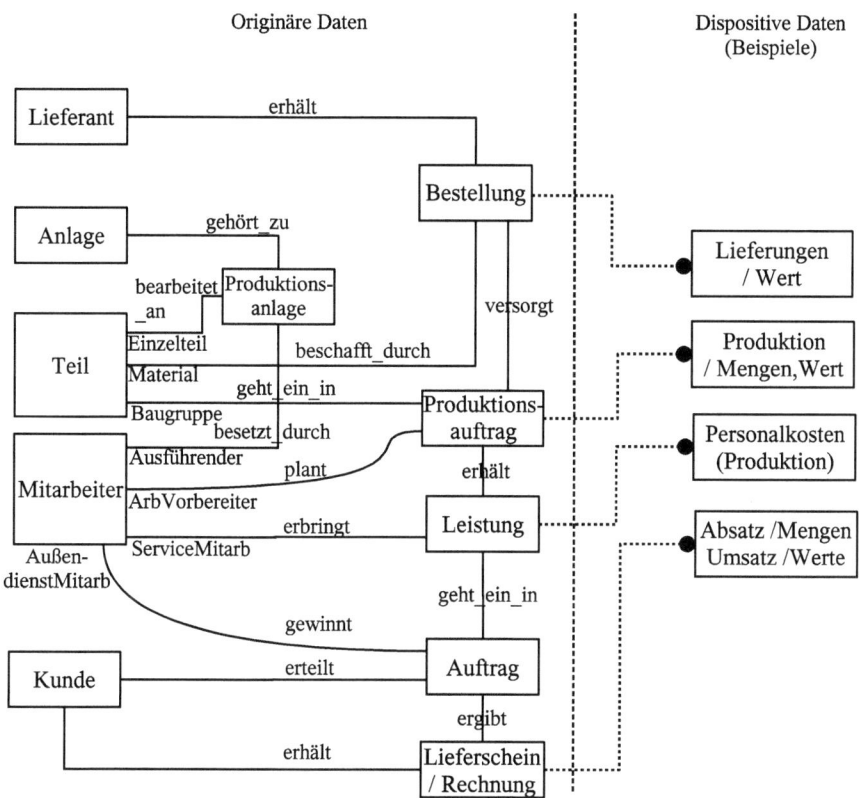

Abb. 6.8. Ein Referenz-Datenmodell der Mengenflüsse des Industriebetriebs

Bei den Grunddaten nehmen `Teil` und `Mitarbeiter` eine dominierende Stellung ein, weil von ihnen je nach Rolle unterschiedliche Beziehungstypen ausgehen, die mit verschiedenen Vorgängen assoziiert sind. Mit `Arbeitsplatz` wird ein wichtiges Beispiel für die Verknüpfung von Grunddaten gezeigt.

Die Vorgangsdaten entsprechen grob dem Leistungsfluss. Es sind nur die zur Kommunikaton mit der Umwelt unbedingt notwendigen Datentypen `Bestellung` (Beschaffung), `Auftrag` und `Lieferschein & Rechnung` (Absatz) dargestellt. Der eigentliche Produktionsbereich ist stark vereinfacht, indem die Vorgangsdatentypen `Produktionsauftrag` und `Leistung` gezeigt werden. Da der Typ `Lager` im einfachen Fall nur eine Kategorie ist, also *kein* Datenobjekttyp (s. Abschnitt 5.2.3), wurde auch die Bildung von Beständen in der Transaktion `Bewegung` → /`Bestand` weggelassen.

Zusammenfassung Abschnitt 6.2

◇ Mit SERM kann man größere Datenmodelle übersichtlich zeichnen.

- Als UML-Klassendiagramm lassen sich abstraktere und damit übersichtlichere Beziehungssichten erstellen, als mit Graphen auf der Ebene einzelner Tabellen.
- Die Beschränkung auf originäre Daten als Referenzmodell lenkt ebenfalls den Blick auf das Wesentliche.
- Abgeleitete Daten kann man nur richtig interpretieren, wenn man die ihnen zu Grunde liegenden originären Daten kennt.

6.3 Wiederholung und Übung

- Die Basisstruktur von Datentypen ist die Tabelle, deren Spalten als *Attribute* die kleinsten gespeicherten Einheiten betrieblicher Daten sind.
- Mithilfe der *Datenmodellierung* kann man sicherstellen, dass Attribute redundanzfrei Datenobjekten zugeordnet werden. Dies unterstützen die drei *Normalformen*.
- Die Konsistenz der Verknüpfung der Datenobjekte kann über *Fremdschlüssel* überprüft werden.
- Größere Datenmodelle kann man in der Beziehungssicht grafisch mit SERM darstellen.
- Eine *Validierung* während und am Ende einer Modellierung ist unerlässlich.
- Für validierbare Datenmodelle benötigt man sowohl eine *Objektsicht*, die Datentypen mit Attributen modelliert, als auch eine *Beziehungssicht*, die die Assoziationen zwischen den Datentypen zeigt.
- Die Beziehungssicht als Klassendiagramm nach der UML ermöglicht einen besseren Überblick umfassender Datenmodelle als eine Darstellung einzelner Entitäts- und Relationship-Typen nach dem ERM.

Begriffe

Abschnitt 6.1: Relationenmodell, Entity-Relationship-Modell, Objektsicht, Beziehungssicht, Structured Query Language, Normalformen (1NF, 2NF, 3NF), Relation, Produktmenge, Wertebereich (*domain*), Integritätsbedingung, Entitätstyp, Tupel, Exemplar, Schüssel (*key*), Primär-, Alternativ-, Fremdschlüssel (*primary, alternate, foreign key*), Schlüsselkandidat, Teilschlüssel, Sicht (*view*), Klassifizierender Schlüssel, Nullwert (*null*), Klasse (Objekttyp), Assoziation, Beziehungstyp, Multiplizität, Kardinalität, Komposition, Strukturiertes Entity-Relationship-Modell, Validation, Bottom-up, Top-down.

Abschnitt 6.2: UML-Klassendiagramm, Referenzmodell, Vorgangsdaten, Leistungsfluss.

Aufgaben

1. Ein Massenhersteller von Konsumgütern beliefert neben seinen sonstigen Kunden auch Aldi, also einen Großkunden. Da es bei jedem Auftrag um große Mengen von Waren geht, verhandelt Aldi natürlich hart um jeden einzelnen Auftrag,

6.3 Wiederholung und Übung

genauer: um die Preise. Unser Unternehmen verkauft etwa 10.000 Artikelvarianten, muss also in seinen Grunddaten für eine arbeitssparende Form der Datenpflege für die Preise sorgen. Modellieren sie den Datentyp `Auftrag` mit den dazu gehörenden Grunddaten und die `Rechnung`, die Aldi jeweils erhält. Selbstverständlich erstellen Sie Ihr Modell aus Sicht unseres Industrieunternehmens (→ Anhang).

2. Modellieren Sie die Grunddatentypen `Teil` und `Stückliste` für eine Packung mit Teebeuteln nach dem Referenzmodell aus Abb. 5.3 (Seite 77). Denken Sie nicht nur an die Beutel, sondern auch an den Tee! Erstellen Sie eine Objektsicht mit Beispieldaten und eine Beziehungssicht.

3. Ergänzen Sie Abb. 6.2 um die Möglichkeit, für einen Kundenauftrag Material bestellen zu können. Denken Sie daran, dass evtl. mehrere Bestellungen bei verschiedenen Lieferanten erforderlich sind, die alle dem Kundenauftrag zuordenbar sein müssen (→ Anhang).

4. Verfeinern Sie die Klasse `Auftrag` im Unternehmensdatenmodell (Abb. 6.8) bis auf die Ebene von elementaren Tabellen und passen Sie die Beziehungstypen in das sonst unveränderte grafische Modell ein.

7
Anwendungssysteme

Eine Reihe von Funktionen der betrieblichen Prozesse (s. Kapitel 2) wird nicht manuell, sondern maschinell ausgeführt oder unterstützt. Dies geschieht durch *Anwendungssysteme*, mit denen betriebliche Daten erzeugt und ausgewertet werden. Sie werden im Folgenden besprochen.

7.1 Was sind Anwendungssysteme?

Es gibt keine allgemein anerkannte Definition, was ein Anwendungssystem ist. Wir klären dieses komplexe Phänomen zunächst mittels verschiedener Perspektiven: mit einer funktionalen Sicht, sowie dem Bezug zu Daten, zur Organisation und zum individuellen Benutzer.

7.1.1 Allgemeiner Überblick

Die Pyramide ist nicht nur eine grobe Form, um Daten zu zeigen (s. Abb. 5.1, Seite 67), sondern auch eine mögliche Sicht auf die Programmsysteme, die die betrieblichen Grundfunktionen unterstützen. Diese Systeme werden **Anwendungssysteme** (AWS) genannt. Ein Anwendungssystem unterstützt die Durchführungsphase einer Aufgabe, indem es deren automatisierbare Bestandteile übernimmt (s. Abschnitt 2.2.2 (Seite 10) und (Ferstl & Sinz, 2006, 103)). Dies zeigt Abb. 7.1, die in ähnlicher Form viel verwendet wird, etwa von Mertens (2004) oder von Laudon et al. (2006).

Dabei sind die betrieblichen Grundfunktionen aus Tabelle 2.1 (Seite 9) vertikal durch die Verdichtungsebenen der Daten geführt. Dies entspricht der Konstruktion realer Systeme wie etwa SAP R/3®, deren Teilsysteme standardisierbare abgeleitete Daten liefern. Die horizontale Anordnung der Grundfunktionen entspricht grob dem Prozess Auftragsabwicklung (s. Abb. 2.7). Zwei in Tabelle 2.1 getrennte Funktionen sind zusammengezogen: *Beschaffung & Produktion*; zwei weitere hinzugekommen: *Personal* und *Information*. Sie sind sog. **Querschnittfunktionen**, die allen

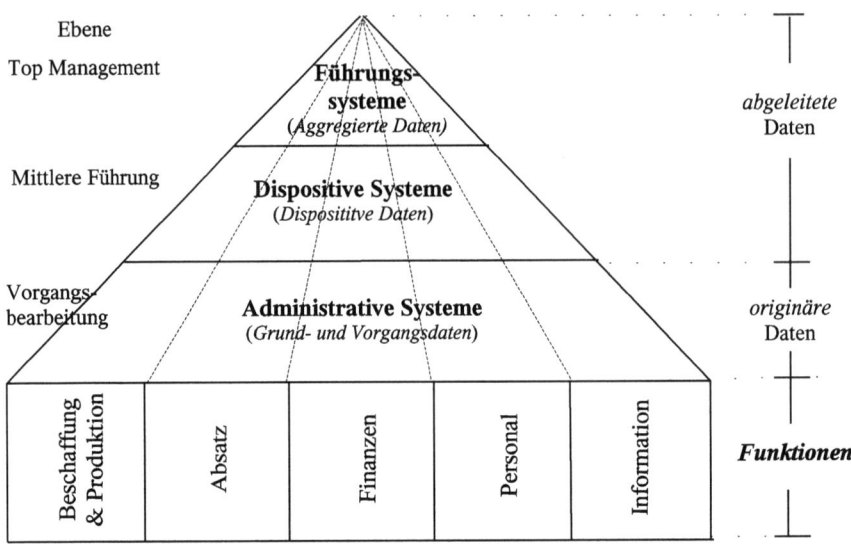

Abb. 7.1. Funktionale Sicht betrieblicher Anwendungssysteme

Grundfunktionen *Dienste* zur Verfügung stellen. Dies können sie nur mithilfe von Anwendungssystemen.

Die Hierarchie zeigt zweierlei: Erstens werden die originären Daten der Anwendungssysteme (Funktionen) zur Spitze hin zunehmend verdichtet und zweitens sind die Ebenen Benutzerklassen zugeordnet, die von der operativen Ebene bis zur Unternehmensführung reichen.

Die rein funktionale Sicht ist jedoch nicht mehr als eine erste grobe Orientierung. Ähnlich wie die Prozesse in Kapitel 2 müssen betriebliche Anwendungssysteme tiefergehend und funktionsübergreifend gesehen werden, um ein wirkliches Verständnis dieser komplexen Systeme zu gewinnen. Davor sind allerdings noch zwei weitere Aspekte zu betrachten: Der Zusammenhang zwischen Anwendungssystemen und Organisation im nächsten und die Rolle und Art der Benutzung der Programme im übernächsten Abschnitt.

7.1.2 Das betriebliche Informationssystem

Der Begriff **Betriebliches Informationssystem** wird oft benutzt, nicht selten synonym mit *Anwendungssystem*. Entsprechend unserem Informationsbegriff in Kapitel 4 beziehen wir jedoch den Menschen in das Informationssystem des Unternehmens mit ein. Wir hatten uns – dem allgemeinen Sprachgebrauch folgend – in Abschnitt 2.2.2 zunächst für einen synonymen Gebrauch von *Funktion* und *Aufgabe* entschieden. Jetzt müssen wir genauer werden. Der Mensch bekommt vom Unternehmen Aufgaben zugewiesen, bei deren Erledigung ihn *Anwendungssysteme* unterstützen, indem sie *Funktionen* als die automatisierbaren Teile der Aufgaben ausführen. Mensch und Automat zusammen bilden den *Aufgabenträger*.

7.1 Was sind Anwendungssysteme? 127

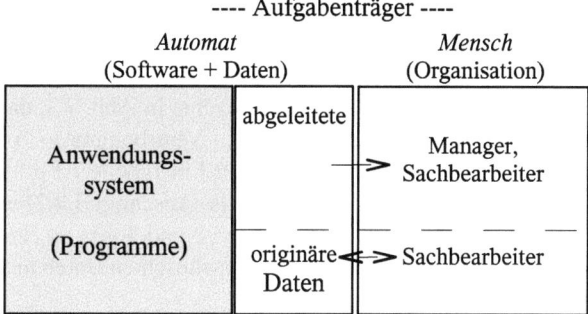

Abb. 7.2. Informationssystem mit maschinellen und menschlichen Aufgabenträgern (nach Ferstl & Sinz, 2006, 5)

Ein betriebliches Informationssystem hat immer *zwei* Aufgabenträger, Software als Automaten und den Menschen als Datenerzeuger und Entscheider. Der Automat kann viele seiner Funktionen nur auf der Basis gespeicherter Daten ausführen. Abb. 7.2 zeigt diesen Sachverhalt, um deutlich zu machen, dass Anwendungssysteme die Organisation des Unternehmens überwiegend *interaktiv* unterstützen. Diesen Aspekt sollten wir noch einmal aus der Sicht des *Benutzers* betrachten.

7.1.3 Anwendungssysteme als Dialogsysteme

Betriebliche Anwendungssysteme sind **Dialogsysteme**; die Programme sind überwiegend *Dialogbausteine*. Ein Dialogbaustein wickelt mit dem Benutzer eine *Mensch-Maschine-Interaktion* oder auch *Mensch-Maschine-Kommunikation* ab, die **Dialog** genannt wird. Eingebettet in das System sind Bausteine für automatisch ablaufende Prozesse (*Batchprogramme*), die entweder vom Benutzer in einem Dialog gestartet werden oder bei Eintreten bestimmter Ereignisse automatisch anlaufen. Batchprozesse sind häufig automatisierte Transformationsaufgaben (s. Abschnitt 2.2.2). Ein Dialog verläuft synchron zum Arbeitsprozess des Benutzers, ein Batchprozess asynchron (s. Kapitel 4). Das klassische Beispiel für einen solchen Batchprozess ist die monatliche Lohn- und Gehaltsabrechnung, die den Grunddatentyp `Mitarbeiter` vollständig abarbeiten muss. Dies dauert bereits in mittelständischen Unternehmen deutlich länger als eine Stunde, in großen Unternehmen eine ganze Nacht.

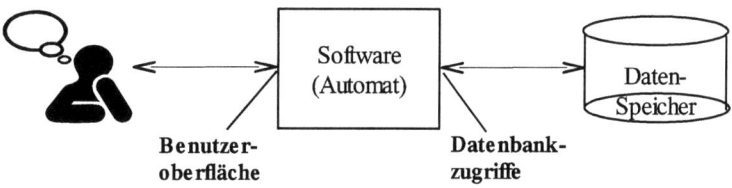

Abb. 7.3. Oberfläche und „Innenfläche" einer Dialogsoftware

Die Programme sind Automaten, die ein Entwickler programmiert hat. Abb. 7.3 zeigt dies schematisch, Tabelle 7.1 erläutert, was bei dieser Kommunikation jeweils geschieht. Sie hat drei Varianten: 1. die *Datenpflege*, 2. die *Abfrage* von Information, 3. den *Abruf* von Batchprozessen. Der Leser beachte in Abb. 7.3, dass Dialogsoftware *nicht* nach dem simplen Schema Eingabe → Verarbeitung → Ausgabe abläuft (sog. EVA-Muster), sondern interaktiv. Bei Schritt 1 in Tabelle 7.1 prüft die Software die Integritätsbedingungen eingegebener Daten (s. Abschnitt 3.4.2) und verweigert bei Fehlern das Abspeichern. Auch in den Fällen 2 und 3 gibt es *Fehlermeldungen* des Automaten, z. B. wenn die als Information gewünschten Daten nicht gespeichert sind oder der Batchprozess nicht starten kann.

Tabelle 7.1. Interaktion zwischen Benutzer und Software

Benutzer	Software	
Tätigkeit	*Antwort*	*Funktion*
1 Daten erzeugen und eingeben	„gespeichert"	Integritätsbedingungen prüfen
2 Selektionsdaten eingeben, Information bewerten	Information	Daten aus Speicher zusammenstellen
3 Prozess wählen, andere Aufgabe ausführen	„gestartet"	Prozess ablaufen lassen

Ein Anwendungssystem muss auf jede betrieblich unerwünschte Eingabe des Benutzers eine Fehlermeldung bereit halten. Der Benutzer hat jedoch mit der „Innenfläche" der Software nichts zu tun, an der sie auf die Datenbasis zugreift (s. Abb. 7.3). Er sieht sie nicht und muss auch nicht wissen, wie zugegriffen wird. Der Benutzer sieht aber sehr wohl die **Benutzeroberfläche**, auch *Benutzerschnittstelle* genannt. Sie ist wesentlicher Teil seines Arbeitsplatzes und muss so gestaltet sein, wie *er* denkt und nicht wie vielleicht ein Softwareentwickler gedacht hat. Also muss er die Strukturen sehen, die seiner betrieblichen Aufgabe entsprechen. Die interne Softwarestruktur, die mit der Datenbasis verknüpft ist, und die Benutzeroberfläche können verschiedenen Strukturierungsregeln folgen.

Die „betriebliche Aufgabe" des Routinebenutzers ist es in allen drei Schritten, Daten einzugeben. Diese Daten sind *strukturierte* Daten, wie sie die vorangegangenen Kapitel gezeigt haben. Bei den Schritten 2 und 3 der Tabelle ist das nicht ganz so offensichtlich wie bei Schritt 1 (Datenpflege). Beim Informationsabruf sind fast immer *Selektionsdaten* einzugeben (Objekte wie Kunde oder Artikel; Zeiträume; Kategorien, über die verdichtet werden soll). Beim Abruf von Batchprozessen ist dies häufig nicht der Fall. Im Zweifel degenerieren die Schritte 2 und 3 zum reinen Abruf vordefinierter Programme, die keine Steuerungsdaten benötigen. Dies nennt man *Auswahl*, die heute meist mit einem Mausklick erledigt wird. Warum so ausführlich? Es ist wichtig zu verstehen, dass betriebliche Anwendungssysteme sich beim Dialog des Benutzers prinzipell von Office-Systemen unterscheiden, die einige Leser vielleicht kennen werden.

Bei Office-Systemen entscheidet der *Benutzer* bei fast allen Teilfunktionen über *richtig* oder *falsch*. Bei Anwendungssystemen sind durch die Typisierung der (strukturierten) Daten viele Korrektheitsprüfungen durch den *Automaten* möglich und aus Sicht des Unternehmens auch erstrebenswert. Dies ist mit unstrukturierten Daten nicht möglich.

Mit diesen Vorinformationen können wir uns der Frage zuwenden, wie Anwendungssysteme strukturiert sind oder sein sollten.

Zusammenfassung Abschnitt 7.1

- *Anwendungssysteme* unterstützen sowohl betriebliche Grundfunktionen als auch Querschnittfunktionen.
- Je nach Verdichtungsgrad der Daten werden sie von verschiedenen *Benutzerklassen* genutzt, die der Management-Hierarchie folgen.
- Das *Betriebliche Informationssystem* umfasst Anwendungssysteme und die von ihnen unterstützten menschlichen *Aufgabenträger*.
- Anwendungssysteme sind Dialogsysteme, die Bausteine für Batchprozesse enthalten.
- Bei der Datenerzeugung müssen die Anwendungssysteme *Integritätsbedingungen* überprüfen. Als falsch erkannte Daten dürfen nicht gespeichert werden.

7.2 Sichten auf Anwendungen

Als Strukturierungsmöglichkeit für Anwendungssysteme gibt es drei Möglichkeiten: *Funktionen*, *Prozesse* und *Daten*. Dies sind *Sichten*, die daraufhin untersucht werden, ob sie für eine Struktur der Anwendungssysteme geeignet sind.

Traditionell orientierte man sich an **Funktionen**, und zwar sowohl in der Wissenschaft als auch in den Unternehmen. Mertens (1978) folgte dieser damals üblichen Sicht, angereichert um viele Fallbeispiele aus der Wirtschaft. Funktionsorientierte Anwendungssysteme führten schnell zu gravierenden Integrationsproblemen, weil der reale Betrieb *Prozessen* folgte und nicht Funktionen (s. Abschnitt 2.3, Seite 12), so dass inkonsistente Daten entstanden. Die funktionalen Systeme speicherten logisch gleiche Daten in jedem Baustein und damit redundant. Hierdurch wurden Fakten, z. B. zu Produkten, mehrfach gespeichert und von verschiedenen Organisationsbereichen unterschiedlich definiert und gepflegt.

Man darf jedoch die funktionale Sicht nicht als reine Historie abtun. Wie ein Großteil der betriebswirtschaftlichen Lehrbücher zeigt, wird auch heute noch überwiegend funktional gedacht. Dies entspricht vermutlich einer allgemeinen Denkweise des Menschen, denn wir fragen zuerst *„Was soll ich tun?"* und erst dann nach den Objekten (Material, Hilfsmittel, Daten): *„Womit und woran soll ich es tun?"*.

Scheer (1997) sah das Unternehmen **prozessorientiert**, aufgeteilt noch einmal in die Einzelsichten *Organisation*, *Funktion* und *Daten*. Von der Prozess-Sicht wissen wir aus Abschnitt 2.4.2 (Seite 19), insbesondere aus Abb. 2.7, dass wir damit zwar Vorgangsdaten in Prozessen integrieren, die Grunddaten aber gar nicht „sehen". Dies gilt auch für den Prozess Auftragsabwicklung, der sich mit einem generalisierten Datentyp `Verkaufsbeleg` grob beschreiben ließ (s. Abb. 5.11, Seite 92). Die Grunddatentypen `Kunde` und `Teil` hinter den Ausprägungen des Verkaufsbelegs sind Vorbedingung für die Existenz vieler Vorgangsdatentypen. In welchem Dialogbaustein soll die Pflege der Grunddaten stattfinden? Weiterhin sehen wir mit einer reinen Prozess-Sicht nicht die Bestandsdatentypen `/Lager` und `/Konto`, von denen wir aus Kapitel 5 wissen, dass sie ebenfalls vom Vertriebsprozess berührt werden. Also scheint auch die Prozess-Sicht nicht geeignet zu sein, zusammengehörende Anwendungssysteme zu definieren.

Es bleiben die **Daten**. Eine Daten-Sicht wird in den Wirtschaftswissenschaften nicht verfolgt, spielt aber in der Informatik eine große Rolle. Die in diesem Buch verwendete grafische Norm UML versteht sich als *objektorientiert* (Object Management Group, 2008). Mit *Objekt* sind *Datenobjekte* gemeint. Die objektorientierte Sicht kapselt Datenobjekte mit den Operationen, die auf die Objekte angewendet werden können (anlegen, ändern, löschen usw.). Man erhält so *Klassen*, die als Bausteine für Softwaresysteme dienen sollen, die deren *Struktur* (Daten) und *Verhalten* (Operationen) integrieren. Dies ist jedoch eine Sicht, wie man sie zur *Entwicklung* von Software benötigt, nicht zu deren *Benutzung*. Wir verwenden hier die grafischen Elemente von UML, ohne auf die tiefer gehende Sicht der Objektorientierung einzugehen. Dies hat in der Prozess-Sicht des Kapitels 2 als auch in der Daten-Beziehungssicht des Kapitels 6 funktioniert. Im Übrigen ist die Objektorientierung als „Allheilmittel" auch in der Informatik nicht unumstritten (Broy & Siedersleben, 2002). Auch die Sicht auf Daten löst das Problem der Struktur von Anwendungssystemen nicht.

Es gibt offenbar keine einfachen Rezepte. Keine der drei Kategorien *alleine* ist ein sinnvolles Gliederungskriterium.

Die längere Diskussion wäre entbehrlich gewesen, würden uns heute nicht reale Anwendungssysteme begegnen, die nach verschiedenen Prinzipien strukturiert sind. Wie Abb. 7.3 andeutet, kann die an der Benutzeroberfläche gezeigte Struktur von der eigentlichen Softwarestruktur völlig abweichen. Technisch ist es möglich, jede beliebige Struktur *darzustellen*. Hierzu zeigt Tabelle 7.2 zwei Beispiele für ein sehr kleines und ein sehr großes System. Die Reihenfolge der Funktionen in den Tabellenzeilen hat zunächst keine Bedeutung. Die Tabelle orientiert sich an der ersten Spalte, in der über dem Trennungsstrich das ursprüngliche Basissystem definiert ist (Navision 2001). Die mit '+' gekennzeichneten Bausteine wurden 2001 vom Hersteller mit zusätzlichen Lizenzgebühren berechnet. Seit 2005 wird das Basissystem anders vermarktet. Die Bausteine Ressourcenverwaltung und Projektverwaltung werden jetzt separat berechnet, die Personalverwaltung dagegen ist Teil des Basissystems.

Die SAP AG berechnet alle Bausteine einzeln, und zwar abhängig von der Zahl der Benutzer.

Das System *Navision* ist für kleine und mittlere Unternehmen konzipiert. Es wurde 2002 von der dänischen Firma *Damgaard Axapta* an Microsoft verkauft. Die zweite Spalte für das Jahr 2005 zeigt, dass ein anderer Anbieter mit demselben System über die Benutzeroberfläche *andere* Schwerpunkte setzen kann. Dies hat die SAP AG mit R/3 inzwischen mit der Oberfläche *Netweaver*® auch getan, die sich

Tabelle 7.2. Funktionen zweier Standard-Anwendungssysteme

Navision® 2001	Navision® 2005	SAP R/3® 2002
Finanzbuchhaltung	Finanzbuchhaltung	FI - finance
		CO - controlling
	Banksteuerung	in FI
Material/Logistik	Lager	MM - material management
Verkauf	Debitoren & Verkauf	SD - shipment & delivery
	Marketing & Vertrieb	in SD
Einkauf	Kreditoren &Einkauf	in MM
Ressourcenverwaltung	+Ressourcenverwaltung	in PS
Projektplanung /-abwicklung	+Projektverwaltung	PS - project system
+Anlagenbuchhaltung	+Anlagenbuchhaltung	AM - asset management
+Lohn und Gehalt	Personalverwaltung	HR - human ressources
+Produktionsplanung und -steuerung (PPS)	+Produktionsplanung und -steuerung (PPS)	PP - production planning
		PM - production maintenance
		QM - quality management

allerdings statisch (z. B. in einem Buch) kaum darstellen lässt. Es gibt keine standardisierte Struktur mehr, sondern jede Installation wird für den Kunden konfiguriert, in der Feinstruktur sogar bis auf die Bedürfnisse des jeweiligen Organisationsbereichs.

Die „Ressourcenverwaltung" betrifft bei Navision lediglich die von *Projekten* betroffenen Ressourcen und nicht etwa Anlagen u. ä. Diese Funktion ist ein Beispiel für eine historisch entstandene Insellösung, wie sie sich in vielen anderen Systemen auch finden ließe. Der *Name* einer Funktion sagt manchmal sehr wenig über ihren Inhalt aus.

Es ließen sich noch viele solcher Beispiele mit jeweils anderen Schwerpunkten und Bezeichnungen für Funktionen aufzählen, ohne dass dies einen grundsätzlichen Erkenntniswert hätte. Wir könnten uns auch auf die Benutzeroberfläche beschränken, wenn da nicht die *Daten* wären, die der Struktur der Funktionen *nicht* folgen, insbesondere die Grunddaten. Deshalb erscheint die folgende generelle Aussage angemessen:

> Anwendungssysteme folgen für den Benutzer einer funktionalen Strukur, es dürfen jedoch entlang von Prozessen keine Datentypen „geschnitten" werden. Dies bedeutet, dass sich alle Operationen zusammen mit den Daten in demselben interen Baustein befinden müssen.

Was das konkret heißt, wird sich im Verlauf des nächsten Abschnitts zeigen.

Zusammenfassung Abschnitt 7.2

◊ Die *technische Struktur* von Anwendungssystemen ist für den Benutzer nicht sichtbar und nicht relevant.

⋄ Die *Benutzeroberflächen* von Anwendungssystemen zeigen meist eine funktionale Sicht. Dies können Funktionen sein, die einen Prozess abbilden.

7.3 Datenerzeugende Funktionsbausteine

Der Leser mit Informatik-Kenntnissen möge nicht erschrecken, wir reden über eine *Sicht* und nicht eine *Struktur* von Software.[1] Diese ist nicht das Problem eines Benutzers von Anwendungssystemen. Wir zeigen *Funktionen*, allerdings mit Bezug auf die zu pflegenden originären *Daten*.

Tabelle 7.3. Funktionen industrieller Anwendungssysteme

Betriebliche Grundfunkt.	Anwendungssyst.	GrundDT	VorgDT	BestDT	abgeleit. Daten
Beschaffung	Einkauf	Lieferant Teil	Bestellung	Bestand	Materialkosten
	Materialwirtschaft	Teil	Zu-/Abgang	Bestand	Bedarf
Produktion	PPS	Teil Anlage Arbeitsplan	Prod-Auftrag Maschinenbeleg. Leistung Zu-/Abgang	Bestand	Auslastung Verfügbarkeit Ausbringung
Absatz	Vertrieb	Teil Kunde	Vertriebsbeleg Zu-/Abgang	Bestand	Absatz, Umsatz Auftragsbestand
	Projekte	Mitarbeiter Anlage Budget	Leistung Bestellung		Kosten / Objekt Plan-Ist Budget
	Personalsystem	Mitarbeiter	Entgelt		Kosten
Finanzen	Buchhaltung	Kontenrahmen Kunde Lieferant Anlage	Buchung	Konto	Bilanz GuV Gewinn

Betriebliche Anwendungssysteme werden im Routinebetrieb zur Datenpflege benutzt. Dabei werden Grunddaten angelegt oder geändert und Vorgänge in die Datenbasis eingegeben. Auf Basis dieser Daten gibt es dann viele Informationen dispositiver und aggregierter Art. Die Zuordnung der Vorgangsdaten zu Funktionen ist für den Benutzer einsichtig (s. die Prozesse in Kapitel 2), nicht aber die Zuordnung einiger Grunddaten. Sie werden im Zweifel mit den Funktionen verknüpft, deren Vorgänge als Erstes benötigt werden. Die Funktionen werden im Anschluss an einen Überblick in Tabelle 7.3 im Einzelnen erläutert. Die erste Spalte der Tabelle stellt einen Bezug zu den Grundfunktionen aus Tabelle 2.1 (Seite 9) her.

---

[1] Funktionale Softwarestrukturen gelten heute als grober Kunstfehler (s. (Spitta, 1989, 67). Dort wird auch die ursprüngliche Quelle diskutiert: Parnas (1972)).

Man sieht, dass die Grundfunktionen aus Tabelle 2.1 nicht überall eine direkte Entsprechung in den Anwendungssystemen finden. *Projekte* und vor allem die *Materialwirtschaft* lassen sich offensichtlich keiner Grundfunktion zuordnen. Vor allem Letztere ist ein Anwendungssystem mit Querschnittfunktionen, die in mehreren Funktionsbereichen benötigt werden. Deutlich wird auch die dominierende Rolle des Grunddatentyps `Teil`, der in den Grundfunktionen Beschaffung, Produktion und Absatz erforderlich ist. Hervorzuheben ist weiterhin, dass die GDT `Teil` und `Mitarbeiter` in der Buchhaltung *nicht* benötigt werden. Dies wird in Abschnitt 7.4.2 noch näher beleuchtet. Der sehr große informative Teil der Anwendungssysteme[2] ist in der Spalte *abgeleitete Daten* nur mit Beispielen angedeutet. Eine umfassende Darstellung betrieblicher Anwendungssysteme bietet z. B. Mertens (2004). Im Folgenden werden die Anwendungssysteme aus Tabelle 7.3 erläutert.

7.3.1 Materialwirtschaft

Die *Materialwirtschaft* ist *das* zentrale Anwendungssystem eines Industriebetriebs, wenn Waren in Lägern geführt werden. Dies entfällt eigentlich nur bei kleinen Handwerksbetrieben, die keine Bestandsführung ihrer Hilfsmaterialien durchführen. Kernfunktion einer Materialwirtschaft sind die Zu- und Abgangsbuchungen von Waren und die als Transaktion damit gekoppelte Führung von Beständen, wie in Abb. 5.9 (Seite 89) dargestellt.

Wenn ein Unternehmen nur eine Lagerbestandsführung betreiben wollte, müsste es auch ein Subsystem *Grunddaten Teil* (*Produkt*, *Artikel*) installieren. Bei SAP heißt dieser Baustein *Materialstamm*. Dass `Teil` erforderlich ist, lässt sich aus dem Primärschlüssel des zentralen Bestandsdatentyps

/**Bestand** (`LagerNr#,TeilNr#, ..,Menge`)

ablesen. Die Grunddaten `Teil` werden üblicherweise einem Anwendungssystem *Materialwirtschaft* hinzugerechnet. Das einfache Modell des Lagers aus Kapitel 5 darf aber nicht zu dem Schluss verleiten, dies sei ein einfaches System. Das Gegenteil ist der Fall, denn sowohl die zu lagernden Objekte als auch die Lokationen der Läger sind vielschichtig.

Die Objekte kennen wir aus den Rollen der Produkthierarchie in Abb. 5.4 (Seite 76). Vom Typ *Material* bis zum *Verkaufsgebinde* finden Lagerbuchungen in völlig unterschiedlichen Organisationseinheiten statt. Ein *Material* wird z. B. ein- und ausgelagert. Das *Verkaufsgebinde* kann, ohne es dem Lager zu entnehmen, für einen terminlich gebundenen Kundenauftrag (*Terminauftrag*) reserviert werden. Hinter der Reservierung steckt eine dispositive Abbuchung, denn über die physisch greifbare Ware darf nicht noch einmal verfügt werden. Sie bekommt in einem Attribut `Zustand` den Wert *reserviert*. Man nennt diese Teilmenge des Bestandes *Reservierungsbestand*.

Neben der betrieblichen Realität *Produkthierarchie* gibt es die der physischen Läger, von denen es *funktionale* (Produktion, Absatz) und *regionale* (Standorte) gibt.

---
[2] Dies sind die dispositiven und die Führungssysteme in Abb. 7.1

Mehrere Standorte sind heute selbst bei mittelständischen Unternehmen üblich. Der Trend zur Produktionsverlagerung ins Ausland verstärkt dieses Phänomen. Läger werden an vielen Standorten benötigt. Also muss es in den abgeleiteten Daten beim Datentyp /Bestand Zwischensummen mindestens je Verantwortungsbereich und Lokation geben. Ein Beispiel folgt weiter unten.

Dies führt zu der wichtigen Funktion eines Lagerverwaltungssystems, der *Umlagerung*. Eine Umlagerung ist eine Transaktion aus einem Abgang in Ort A und einem Zugang in Ort B. Oft stehen dahinter physische Transportvorgänge, aber nicht immer. Fertig produzierte Güter können sich physisch im Fertigfabrikate-Lager befinden, für die noch eine Stichprobe in der Qualitätskontrolle untersucht wird. Erst nach deren positivem Ausgang gibt es eine virtuelle Umbuchung vom Zustand *in Prüfung* in den Zustand *Fertigfabrikate* (FF). Die Daten müssen dies in Form von Attributen abbilden, denn mindestens die Funktion *Bestandsbewertung* (für die Buchhaltung) ist auf diese Attribute angewiesen.

Mit **Logistik** wird oft nur die Handhabung physischer Ware assoziiert (s. Domschke & Scholl, 2003, 135). Sie ist jedoch maßgeblich von entsprechenden Informationen abhängig, die auf Daten (vor allem der Datentypen Teil, Bewegung und /Bestand) beruhen. Hierzu äußern sich Jahnke & Biskup (1999, 89):

„[...] denn eine Logistikleistung ist häufig nur so gut, wie die dazugehörige Informationsleistung."

Dies spiegelt sich bei verteilten und differenzierten Lägern (z. B. Stellplätze) in einem Attribut Bewegungsart wider. Zunächst wäre das ein recht einfacher Aufzählungstyp

Bewegungsart = {Zugang, Umlagerung, Abgang},

der jedoch schnell sehr komplex wird, da jede Transaktion aus einem Paar {vonOrt, nachOrt} besteht. Damit lassen sich Integritätsbedingungen formulieren, die der Logistik die Ordnung geben, die das Unternehmen braucht. Es können schnell 30 und mehr Ausprägungen sein, die es je Lager und Rolle von Teil gibt. Beispiele wären:

⋄ FF-Lager **an** Kundenauftrag (= *Versand*)
⋄ Zulieferer X **an** FF-Lager (= *Zukauf*)
⋄ Produktion **an** FF-Lager (von der Qualitätskontrolle freigegebene Ware).

Es versteht sich, dass die beiden ersten Bewegungsarten nur für verkaufsfähige Ware (Rolle *Verkaufsteil*, s. Seite 80), die letzte *nicht* für Verkaufsteile ausführbar sein darf. So können z. B. unerwünschte Umlagerungen zwischen dezentralen Lägern unterbunden werden, indem sie sich einfach nicht buchen lassen.

Da Bestände in die Bilanz einfließen, muss in Konzernen auch festgehalten werden, welcher bilanzierenden Einheit (*Buchungskreis*) die Ware gehört. Wir zeigen diese notwendige Leistung eines Lagerverwaltungssystems am Beispiel einer realistischeren Bestandsrelation.

/Bestand (BuchKrs,WerkNr,LagerNr#,LagerBereich#,TeilNr#, MindestBestand,Menge)

Man sieht einen sehr langen, zusammengesetzten Primärschlüssel. Wir haben hier *formal* den Fall, dass Aufzählungstypen Schlüsselbestandteile, aber keine Fremdschlüssel sind (kein '#'). *Inhaltlich* wird jeder gelagerte Artikelbestand einem bilanzierenden `Buchungskreis`, und außerdem noch Werk, Lager und Lagerbereich zugeordnet. Damit stehen entsprechend differenzierte *Informationen* für die Logistik zur Verfügung. Die Syntax weist mit den Fremdschlüsseln `Lager#` und `LagerBereich#` referenzierte Datentypen aus (s. Kapitel 6), die spezielle Eigenschaften haben werden, z. B. Regaltypen oder Abmessungen. Durch die differenzierten Attribute ist es möglich, eine einzige Tabelle für alle Artikel, Werke und Buchungskreise als Datenspeicher zu betreiben.

Diese grundlegenden Zusammenhänge von Ort, Gegenstand, Zustand und vor allem auch Änderungszeitpunkt jedes einzelnen Attributs jeder Bestandsposition sollten bekannt sein, wenn man sich mit der überbetrieblichen Sicht von Waren befasst. Dies geschieht heute beim sog. *Lieferketten-Management* (*Supply Chain* – SCM), bei dem die innerbetriebliche Prozesskette Wareneingang → Produktion → Versand um die z. T. mehrstufige Lieferkette des Lieferanten über alle Zwischenstufen des Transports bis zum Kunden erweitert wird. Außer der Transport- und Lagertechnik beruht das Lieferketten-Management ausschließlich auf aktuellen Daten über Objekte, Räume und Zeiten (s. Laudon et al. (2006, 406ff.)).

Mittels der hier besprochenen originären und Bestandsdaten lassen sich eine Vielzahl von Berechnungen und direkten Informationen gewinnen, zu denen der betriebswirtschaftliche Hintergrund etwa bei Jahnke & Biskup (1999, Abschn. 2.3) nachgelesen werden kann. Es handelt sich um die folgenden Teilfunktionen des Anwendungssystems:

◇ Lagerhaltungspolitik (Zeitpunkte Ein- /Auslagerung, Wegeoptimierung, ABC-Analyse u. ä.)
◇ Lagerhaltungskosten und Lieferfähigkeit
◇ Inner- oder überbetrieblicher Transport
◇ Inventur
◇ Bedarfsrechnung.

Es dürfte deutlich geworden sein, dass ein Anwendungssystem *Materialwirtschaft*, selbst wenn es „nur" eine Lagerbestandsführung enthält, alles andere als trivial und für den Industriebetrieb von großer Bedeutung ist.

7.3.2 Beschaffung

Nach der ausführlichen Behandlung der Materialwirtschaft kann das die Funktion *Beschaffung* (auch *Einkauf*) unterstützende System eher kurz betrachtet werden. Bei SAP ist es seit den 80er Jahren (R/2) Bestandteil der Materialwirtschaft (*material management*: MM); siehe auch Tabelle 7.2.

Ein Beschaffungssystem benötigt alle Daten der Materialwirtschaft, denen es den Grunddatentyp `Lieferant` und den Vorgangsdatentyp `Bestellung` hinzufügt. Im Abschnitt 5.2.2 (Seite 80) hatten wir den Lieferanten eingeführt und auch einen

Verbindungsdatentyp `LieferantArtikel` gezeigt, dessen Eigenschaften lieferantenspezifische Artikelpreise waren. Solche Möglichkeiten muss ein Einkaufssystem bieten, damit Einkäufer zeitlich (Lieferzeit), sachlich (Qualität) und ökonomisch (Preis) bei ihrer Arbeit unterstützt werden.

Neben der Pflege von Grund- und der Erzeugung von Vorgangsdaten (Bestellungen) sind die wichtigsten Teilfunktionen

- ⋄ Lieferantenauswahl
- ⋄ Analyse Beschaffungsmärkte
- ⋄ Terminverfolgung (Lieferzeiten, abgestimmt mit der Produktion)
- ⋄ Bestellmengenoptimierung (Losgrößen)
- ⋄ Zyklische Wiederbeschaffung (Bestellzeitpunkte).

7.3.3 Produktionsplanung und -steuerung

Ein *Produktionsplanungs- und -steuerung–System* (PPS) ist nicht annähernd so einfach zu standardisieren wie eine Lagerhaltung oder ein Einkaufssystem. Das liegt an den sehr großen Unterschieden bei der Produktion von Gütern, die sich sowohl in der Ausbringung pro Zeiteinheit (Menge) als auch in der technischen Komplexität erheblich unterscheiden.

> Die Spanne der Produkte reicht vom Kreuzfahrtschiff bis zur Toilettenrolle. Das Schiff ist ein komplexes System mit einer langen Bauzeit, das viele hoch qualifizierte Arbeitskräfte und spezialisierte Materialien mit umfassender Planung und Steuerung erfordert. Die Toilettenrolle wird ohne menschlichen Eingriff bis zum verkauften 10-er-Pack vollautomatisch produziert. Hier besteht das Planungs- und Steuerungsproblem darin, es nie zu unerwünschten Prozessunterbrechungen kommen zu lassen, also die Anlage kontinuierlich mit Rohstoffen zu versorgen und zu verhindern, dass sie ausfällt.

Die Domäne eines PPS-Systems liegt in der Mitte der beiden Extreme Einzel- und Massenfertigung, d. h. im Bereich der Serienfertigung. Begriffe und Typologien von Industrieunternehmen können bei Jahnke & Biskup (1999, Kap.1) nachgelesen werden.

Wir hatten die Daten der Produktion nicht detailliert behandelt, weil man sie nur auf Basis einer gewissen anschaulichen Vorstellung von „produzieren" verstehen kann (s. auch Abschnitt 5.1.4). Lediglich in Kapitel 6 war durch ein stark vereinfachtes Beispiel (Abb. 6.6) ein Eindruck von den Grunddaten der Produktion vermittelt worden (Arbeitsplatz, Arbeitsplan, Arbeitsgang, Werkzeug). Das generelle Problem der Grunddaten eines PPS-Systems besteht darin, die Rollen von `Teil` (z. B. Material oder Baugruppe) mit Maschinen und Arbeitsgängen in vielen alternativen Strukturen zu verknüpfen. Man kann dasselbe Teil auf verschiedenen Maschinen mit alternativen Verfahren herstellen. Ein PPS-System muss die Datenstrukturen abbilden können, die eine bestimmte Fertigung benötigt und muss für den wichtigsten Vorgang, den *Produktionsauftrag*, einfach zu handhabende Datenerfassungsmöglichkeiten bieten.

Ist das gelöst, können die üblichen Funktionen eines PPS-Systems (s. Jahnke & Biskup, 1999, Kap.2) zur Wirkung kommen:

◇ Terminliche Bedarfsermittlung: *Wann* wird ein Material im Produktionsprozess benötigt?
◇ Kapazitätsplanung: Belegung der Maschinen, auch *Einlastung* genannt.
◇ Ablaufplanung: Erstellen von Netzplänen für die Produktion zu fertigender Produkte.
◇ Lagerhaltung.

Eine sehr umfassende und anschauliche Darstellung der Daten und Funktionen von PPS-Systemen findet sich bei Kurbel (2005). Die korrespondierenden Daten sind dort als Datenmodelle notiert.

Auch ein PPS-System benötigt eine Komponente *Lagerverwaltung*. Es werden Materialien für die Fertigung entnommen und ggf. als Baugruppen wieder eingelagert, d. h. sie verändern durch die Wertschöpfung ihre Rolle. Material geht in Einzelteilen und Baugruppen auf. Aber auch innerhalb einer Produktionshalle liegt Ware (*Zwischenläger*). Je nach Unternehmen und Anwendungssystem können auch diese als Lagerbestand erfasst werden. Dies spielt vor allem dann eine Rolle, wenn man den Teil *Steuerung* dieser Anwendungssysteme ernst nimmt. Sie kann nur funktionieren, wenn die Zwischenzustände der Produktionsaufträge zeitnah erfasst werden, wenn man also nicht nur Plan-, sondern *Istdaten* hat. Starre, zentralistische Planungssysteme können auf aktuelle Situationen nicht reagieren. Ein kranker Mitarbeiter ist eine fehlende *Kapazität* der Produktion. Zeitnah reagieren kann in einer solchen Situation oft nur der Mensch, aber nur wenn er aktuelle Informationen hat. Hierzu äußert sich Kurbel (2005, 263):

„Genau genommen ist der Begriff des „PPS"-Systems unzutreffend, denn der mit dem „S" für Steuerung erhobene Anspruch wurde nicht eingelöst. Das Gleiche gilt auch für die heutigen ERP-Systeme."

Ein Beispiel soll demonstrieren, dass man allein mit einer Steuerungs- und *ohne* Plankomponente nicht nur mit neuester Technik große betriebswirtschaftliche Effekte erzielen kann.

1989-91 wurde für einen Massenfertiger mit vielen ausländischen Produktionsbetrieben eine *Produktionsauftragsverwaltung* entwickelt. Sie basierte in der einzigen inländischen Fabrik auf einem Netzwerk von MS-DOS-Rechnern (Intel 80286!), über die Abschlussmeldungen je Produktionsstufe und -auftrag zurückgemeldet wurden. Das System konnte auch ohne Netzwerk auf einem einzelnen PC ablaufen und über Telefonleitungen Meldungen an die Zentrale geben. Bei Störungen der Leitung sorgte das Protokoll (s. Abschnitt 4.1.2) dafür, dass so lange gesendet wurde, bis der Zentralrechner genau *einmal* die Kommunikation bestätigt hatte. Dies war wichtig für den Fall instabiler Leitungen. Außer in der inländischen Produktion wurde das System Anfang 1991 auf Basis je eines einzigen PC in einem Werk in Tschechien und in Tunesien in Betrieb genommen. Das System amortisierte sich innerhalb von 1,5 Jahren über eine drastische Reduktion der Lagerbestände. Die Entwicklungskosten hatten 1,2 Mio € betragen. Einzelheiten finden sich in Spitta (1997). Das System ist seit 17 Jahren (1991-2008) mit geringen Unterhaltskosten in Betrieb. 2003 wurde eine Plankomponente von SAP installiert, mit der es jetzt integriert ist.

Das Beispiel zeigt, dass alleine die Transparenzerhöhung durch aktuelle Istdaten dem Menschen als Entscheidungsinstanz diejenigen Informationen liefern kann, die er für ein situationsadäquates Handeln benötigt (s. auch Kapitel 4, *Wissen*).

7.3.4 Vertrieb

Das Anwendungssystem zur Unterstützung der Grundfunktion Absatz wird meist *Vertriebssystem* genannt. Es benötigt ebenfalls die Grunddaten `Teil` und – neu hinzugefügt – `Kunde`. Durch die Geschäftsprozesse in Kapitel 2

◇ Auftragsabwicklung bei Einzelfertigung (Abb. 2.7) bzw.
◇ Absatz bei Fertigung auf Lager (Abb. 2.4 und Abb. 2.8).

kennen wir bereits die zu unterstützenden Funktionen: *Angebotserstellung*, *Auftragsbearbeitung*, *Auftragsüberwachung* und *Versand*. Auch hier ist, außer beim Einzelfertiger, das Lager mit `/Bestand` ein unabdingbarer dispositiver Datenbestand. Die Funktion *Fakturierung* kann dem Vetrieb zugeordnet sein wie z. B. in Abb. 2.2 oder dem Finanzbereich wie in Abb. 2.7. Sie ist fast immer ein Batchprozess, da meist große Mengen Papier zu drucken und zu versenden sind. Auch das elektronische Verschicken der Rechnungen über das Protokoll EDIFACT ist eine lang laufende (Batch-)Transaktion.

Beim Auftragseingang (über Bildschirm, Internet, Datentransfer von Großkunden) muss die Lieferfähigkeit geprüft und bei Terminaufträgen Ware im Bestand reserviert werden. Beim Versand wird mittels des Lieferscheins die Sendung zusammengestellt (*kommissioniert*), vom Lager abgebucht und verschickt.

Für die Vorstufe der Auftragsabwicklung wird zunehmend das Internet als Plattform für die *Produktpräsentation* genutzt. Damit werden ggf. aufwändig hergestellte und verschickte Kataloge entbehrlich.

Ein Vertriebssystem liefert eine Vielzahl von Informationen (s. auch Abb. 2.4, Funktion *Statistik*). Als *eine* wichtige Datenquelle dienen die Aufträge (die Nachfrage) und die Rechnungen (der Absatz), die zur sog. *Vertriebsstatistik* zusammengeführt werden. Die *andere* wichtige Quelle sind heute die Grunddaten `Kunde`. Früher begnügten sich viele Unternehmen mit den Adressdaten, um Ware und Rechnung zustellen zu können. Seit einigen Jahren hat man allgemein erkannt, dass viele Merkmale des Kunden für das eigene Marketing wichtig und auch leicht zu beschaffen sind (z. B. Alter, Geschlecht, Kaufgewohnheiten, usw.). Auch der Wohnort ist für Analysen wertvoll oder die Mobilität, von der man bei Adressänderungen erfährt. Man nennt solche Funktionen eines Vertriebssystems heute *Kundenbeziehungs-Management* (*Customer Relationship Management* – CRM; s. Laudon et al. (2006, 419ff.)).

Für die „Vertriebsstatistik" in Abschnitt 5.4 ist heute bei großen Mengengerüsten eine Datentabelle in einer relationalen Datenbank nicht mehr ausreichend. Hierfür werden vor allem im Absatzbereich separate Softwareprodukte unter dem Namen *Data-Warehouse* als Zusatz zum Standard-Vertriebssystem eingesetzt.

Standard-Vertriebssysteme sind ausgelegt auf die Unterstützung eines Vertriebs-Innendienstes, d. h. auf Arbeitsplätze in Büros. Für die Unterstützung des Außendienstes müssen wegen der großen Variabilität in der organisatorischen Ausgestaltung meist Spezialsysteme beschafft oder selbst entwickelt werden. Beispiele solcher Systeme sind:

- Tourenplanung
- Mobile Auftragserfassung
- Außendienstinformation.

Zunehmend wichtiger wird die letztgenannte Anwendung. Es kann für den Markterfolg mit entscheidend sein, dass ein Außendienstmitarbeiter vor Ort Zugriff auf zentrale Daten hat, insbesondere auch die Grunddaten `Kunde`. Die Datenquelle für CRM-Systeme ist zu einem hohen Anteil der Mitarbeiter vor Ort. Nur er hat detaillierte Informationen über den Kunden.

7.3.5 Projekte

Projekte wurden in den beiden Kapiteln 5 und 6 nicht direkt erwähnt, weil sie keine Routineprozesse sind. Ein *Projekt* ist ein länger dauernder Prozess aus Tätigkeiten vieler Akteure mit einem definierten Ziel, in dem unter anderem auch Vorgangsdaten entstehen. Dies sind Aufzeichnungen über den Verlauf, wie bei Routineprozessen auch. Es unterscheidet sich vom Routineprozess durch einen sehr viel höheren Grad an Unbestimmtheit und Risiko, da zwar das Ziel, nicht aber das konkrete Ergebnis á priori fest stehen. Jedes Projekt für sich ist einmalig, was nicht ausschließt, dass sich einzelne Tätigkeiten gegenüber einem Vorgängerprojekt wiederholen.

Beispiele für Projekte im Industrieunternehmen wären eine Marketingkampagne, die Automatisierung von Versandanlagen oder die Installation eines Softwarepakets (sog. *IT-Projekt*). Projekte sind in der Regel personalintensiv. Menschen müssen sich koordinieren, wenn sie Tätigkeiten ausführen, die einen hohen Neuigkeitsgrad haben. Zwischen den Tätigkeiten gibt es sachliche und zeitliche Abhängigkeiten.[3] Für das Projekt müssen Anlagen und Dienstleistungen (sog. „Berater") beschafft werden. Zu Beginn des Projektes ist ein *Projektplan* aufzustellen, der über die geschätzte Dauer der Tätigkeiten, die Beschaffungspreise und eine Position *Unvorhersehbares* eine Aufwandschätzung für ein *Budget* und einen Terminplan enthält (s. Spitta, 1993).

Auf dieser Basis lassen sich **Daten** benennen, die eine Projektabwicklung braucht, und zwar (s. Tabelle 7.2):

- einen Grunddatentyp `Projekt`, denn es werden häufig viele Projekte gleichzeitig abgewickelt, insbesondere IT-Projekte.

---

[3] Dies macht die Methodik *Netzplantechnik* interessant (s. Müller-Merbach, 1992).

⋄ Mitarbeiter oder Dienstleister, die Leistungen erbringen. Diese beruhen auf einer *Leistungserfassung* von Arbeitszeiten und werden bei Externen nach Arbeitszeit vergütet.
⋄ Anlagen und (Dienst-)Leistungen, die beschafft werden müssen. Solche Dienstleistungen werden zum *Festpreis* angeboten; oder die Externen arbeiten nach Aufwand.
⋄ Für große Projekte benötigt man Netzpläne, die eine Projektabwicklungskomponente unterstützen muss. „Groß" heißt, dass viele Akteure und Objekte über einen längeren Zeitraum koordiniert werden müssen. Netzpläne haben eine Plan- und eine Istkomponente. Die Istdaten sind geeignet verdichtete Leistungsdaten, die den Planpositionen zugeordnet werden.

Die wichtigsten **Funktionen** eines Anwendungssystems *Projektabwicklung* sind (s. auch Kurbel, 2005, Abschn. 5.7):

⋄ Aktivitätenplanung (mit Terminen, Kapazitäten und Ressourcen); Ergebnis ist eine Aufwandschätzung
⋄ Grunddatenverwaltung
⋄ Erfassen von Vorgangsdaten (Leistungen), auch *Zeiterfassung* genannt
⋄ Netzplanverwaltung
⋄ Soll-Ist-Vergleich Kosten und Termine, sowie viele andere Auswertungen.

Projekte sind nicht an bestimmte Funktionsbereiche gebunden. Sie haben jedoch auch einen Bezug zu scheinbaren Routineprozessen, die in Wirklichkeit keine sind. Die Herstellung großer Produkte (Schiffe, Gebäude, Infrastrukturen usw.) sind *Projekte*. Die Abwicklung jedes Auftrages ist ein Projekt. In solchen Unternehmen wird regelmäßig auch mit Netzplänen gearbeitet.

7.3.6 Personal-Dienste

Ein Anwendungssystem *Personal* ist dasjenige, das sich ein Laie noch am ehesten intuitiv vorstellen kann. Das Unternehmen hat Mitarbeiter, also braucht man im gleichnamigen Grunddatentyp einige Merkmale zur Person, Adressdaten und die Kontoverbindung. Außerdem muss monatlich das Gehalt gezahlt werden. Das trifft im Grundsatz auch zu, nicht aber im Detail.

Neben der notwendigen Skalierung auf *viele* Mitarbeiter und Standorte kommt in der Branche *Industrie* als spezielles Problem der *Leistungslohn* hinzu. Vor allem in großen Unternehmen gibt es eine Vielzahl tarifabhängiger Löhne, für die passende Mengendaten erst gesammelt und bereit gestellt werden müssen. Allein ein Schichtzuschlag verlangt Daten über Schichtpläne, wenn er richtig berechnet werden soll. Dies macht die sog. *Bruttolohnabrechnung* sehr komplex. Sie muss vor jeder Monatsabrechnung mit aktuellen Daten versorgt werden.

Folgende Funktionen bilden den Kern eines Personalsystems, das wegen vieler gesetzlicher Vorgaben (Steuern, Sozialabgaben) eigentlich immer als Standardsoftware oder außer Haus bei einem Dienstleister (z. B. DATEV) betrieben wird:

⋄ Zeit- und Leistungsdaten

- Bruttoabrechnung
- Nettoabrechnung ($Netto = Brutto - (Steuern + Abgaben)$)
- Datentransfer (Krankenkassen, Rententräger, Banken)
- Personalbetreuung
- Nachweise.

Die letzten beiden Funktionen laufen im Dialog ab, die ersten vier bilden zusammen einen lang laufenden, monatlichen Batchprozess.

7.3.7 Informatik-Dienste

Wie wir aus Kapitel 1 wissen, obliegt es der Informationsfunktion des Unternehmens, die technische Infrastruktur für die Anwendungssysteme bereitzustellen. Hierzu benötigt sie selbst Softwaresysteme, die allerdings vom Anwender nicht wahrgenommen und nur indirekt benutzt werden. Diese Softwaresysteme heißen **Systemsoftware** oder auch *Basissysteme*. Hierzu gehören insbesondere die Betriebssysteme der verschiedenen Rechnertypen, sodann Entwicklungswerkzeuge, Datenbanken zur Verwaltung der Datenressource, genannt **Data Dictionary**, und Überwachungssoftware für die zentralen Computer, genannt *Server*, um die Verfügbarkeit der Anwendungssysteme maschinell festzuhalten.

Das in Abschnitt 4.3.2 angesprochene Datenmanagement kann nur dann erfolgreich arbeiten, wenn ein automatisiertes Data Dictionary jederzeit einen aktuellen Überblick über die betrieblichen Datentypen und ihre Verwendung in Programmen und Datenbanken liefert.

Zusammenfassung Abschnitt 7.3

1. Materialwirtschaft
    - Die Materialwirtschaft legt als *Daten* den Grunddatentyp `Teil` und den Bestandsdatentyp `/Bestand` mit den Vorgängen zur Materialbewegung zu Grunde.
    - Sie ist eine integrierende Kernanwendung des Unternehmens.
    - Je differenzierter die Rollen von `Teil` und die Struktur physischer Läger sind, desto komplexer wird die Bestandsführung.
    - Optimierungen oder detaillierte Informationen aus der Materialwirtschaft kann man nur mit entsprechend differenzierten Daten erhalten.
2. Beschaffung
    - Ein Beschaffungssystem ist sehr eng mit der Materialwirtschaft verknüpft.
    - In diesem System sind einige Optimierungsfunktionen angesiedelt, die in der Betriebswirtschaftslehre traditionell behandelt werden (z. B. Losgrößen, Bestellzeitpunkte).
    - Neben der Abwicklung von Bestellungen sollte es eine Funktion zur Analyse von Daten des Beschaffungsmarktes geben.
    - Beschaffungssysteme reichen zunehmend in den Markt mit z. T. mehrstufigen Lieferketten hinein (sog. *Supply Chain Systems*).

3. PPS-System
    ◊ Produktionsplanungs- und Steuerungssysteme sind schlechter standardisierbar als andere Anwendungssysteme.
    ◊ Ihr Haupt-Einsatzgebiet ist die Fertigung kleiner und mittelgroßer Serien.
    ◊ Eine *Steuerung* ist nur möglich, wenn zeitnah und detailliert Istdaten erfasst werden.
    ◊ Die Grunddaten müssen strukturell zur Art der Fertigung passen.
    ◊ Auch ein PPS-System benötigt die Lager-Komponente.
4. Vertriebssystem
    ◊ Ein Vertriebssystem unterstützt den Prozess *Auftragsabwicklung* entsprechend den nacheinander auszuführenden Funktionen.
    ◊ Darüber hinaus unterstützt es heute den dazu vorbereitenden Prozess durch *Produktpräsentation* im Internet.
    ◊ Funktionen zur Unterstützung des Außendienstes sind meist nur in Zusatzpaketen enthalten. Dabei spielt ein Online-Zugang von dezentralen Orten zu zentralen Kundendaten eine zunehmend wichtigere Rolle.
    ◊ Vertriebssysteme reichen zunehmend in den Markt bis zum Endkunden (sog. *Customer Relationship Systems*).
5. Projektsystem
    ◊ Projekte sind komplexe Vorhaben über längere Zeiträume, die im Gegensatz zu Routineprozessen nicht repetitiv, sondern *einmalig* sind.
    ◊ Die Einzelfertigung großer Produkte benötigt ein Anwendungssystem Projektabwicklung.
6. Personalsystem
    ◊ Die Personalabrechnung ist einer der wenigen für den Anwender nachvollziehbaren Prozesse, der im Batchbetrieb abläuft.
    ◊ Die Lohnabrechnung ist in der Branche Industrie besonders komplex.
    ◊ In diesem System findet ein automatisierter Datentransfer über Protokolle mit externen Akteuren schon sehr lange statt.
7. Informatik-Systeme
    ◊ Die Informationsfunktion des Unternehmens benötigt Software, um ihre Aufgaben wahrnehmen zu können.
    ◊ Diese Programmsysteme werden vom Informatik-Bereich selbständig beschafft und so eingesetzt, dass der Anwender sie meist nicht wahrnimmt; auf alle Fälle sie ihn nicht beeinträchtigen.
    ◊ Eine wichtige Rolle spielen Programme, die einen automatischen Überblick über die sonstigen Anwendungssysteme und vor allem die Datenressourcen ermöglichen.

7.4 Die Finanzbuchhaltung als Datenintegrator

Unter den Anwendungssystemen der betrieblichen Grundfunktionen nach Abb. 7.1 spielt die Buchhaltung eine besondere Rolle. An dieser Rolle lässt sich erklären, warum das Rechnungswesen ein *zentrales Informationssystem* des Unternehmens genannt wird.

7.4.1 Das Zusammenspiel der Anwendungssysteme

Bevor wir das sehr zentrale System *Finanzbuchhaltung* besprechen, ist ein Zwischenstatus mit einem grafischen Überblick angebracht, den Abb. 7.4 bietet. Er zeigt die bisher behandelten Anwendungssysteme[4] und die mit ihnen verknüpften Grund- und Bestandsdaten zuzüglich der gleich noch zu besprechenden *„Buchhaltung"*. Mit Vorgangsdaten wäre das Bild unlesbar geworden. Die Kanten zwischen den beiden Knotentypen (*Aktion* = Anwendungssystem und *Objekt* = Grunddatentyp) sind ungerichtet und geben nur eine nicht näher spezifizierte Assoziation an.

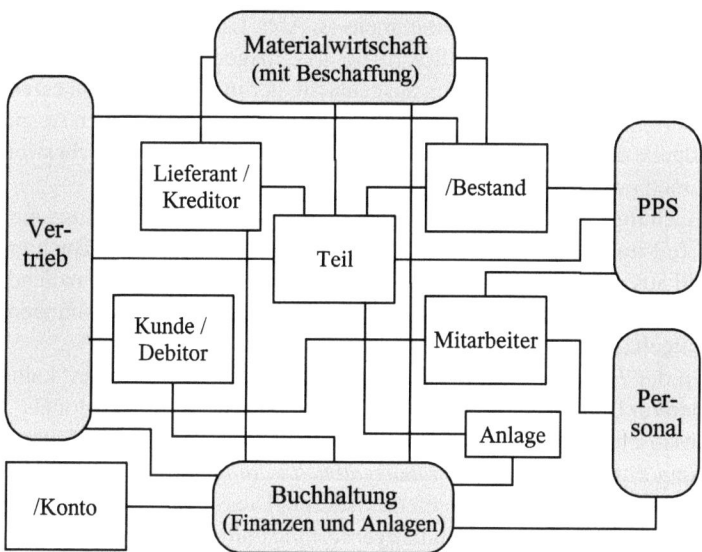

Abb. 7.4. Überblick Anwendungssysteme, Grund- und Bestandsdaten

Man sieht die zentrale Bedeutung von `Teil` und `/Bestand` und die alleinige Beziehung der Buchhaltung zu `/Konto`. Logisch ist die `Anlage` *auch* eine Rolle von `Teil` und sie benötigt auch Stücklisten (vgl. Abschnitt 5.2.1). Tatsächlich hat sie aber so verschiedene Attribute, dass sie getrennt definiert und gespeichert wird. Die Verbindungen zwischen Lieferant, Kunde und Buchhaltung sind die Rechnungsdaten, diejenigen zwischen Materialwirtschaft, Personalsystem und Buchhaltung verdichtete Daten mit bewerteten Mengen (Vorräte) und Zahlungen an Mitarbeiter. Die datenliefernden Systeme werden auch „Buchhaltungen" genannt (*Lager-* und *Personalbuchhaltung*). Deshalb ist der Begriff *Finanzbuchhaltung* klarer.

---
[4] Ohne Systemsoftware

Der Überblick dient dazu, ein Verständnis für die Datenintegration durch eine Finanzbuchhaltung vorzubereiten, die jetzt besprochen wird. Außerdem benutzen wir den folgenden Abschnitt, um am Beispiel der Finanzbuchhaltung die allgemeine funktionale Struktur von Anwendungssystemen zu zeigen, die die Pflege originärer Daten und das Erzeugen abgeleiteter Daten vereint.

7.4.2 Finanzbuchhaltung

Auf Grund der gesetzlichen Vorgaben für das externe Rechnungswesen verfügen heute fast alle Unternehmen über eine Standardsoftware mit einer Finanzbuchhaltung als Herzstück – auch sehr kleine. Warum von „Herzstück" gesprochen wird, deutet sich schon in Abb. 7.4 an: Alle Anwendungssysteme liefern Daten an die Buchhaltung, die Grunddaten `Kunde` und `Lieferant` werden dort in den Rollen *Debitor* und *Kreditor* benötigt, weil das Rechnungswesen alle Gläubiger- und Schuldner-Beziehungen des Unternehmens (s. Abb. 1.1) direkt dokumentieren muss.

In Abschnitt 5.3.1 hatten wir `Buchung` als einzigen, wenn auch sehr vielfältigen Vorgangsdatentyp der Buchhaltung ausgemacht, der in die maschinell erzeugten *BuchungsPositionen* (Soll/Haben) zerfällt. /`Konto` ist in verschiedenen Ausprägungen nach Maßgabe des Grunddatentyps `Kontenplan` vorhanden. Üblicherweise haben Unternehmen zwischen 100 und 200 konkrete Konten.

Die Buchungen gelangen in einer Organisationseinheit Buchhaltung nur zum geringeren Teil im *Dialog* in die Konten. Das Gros der verdichteten Buchungen wird maschinell aus den Anwendungssystemen Materialwirtschaft, Personal und Vertrieb in den Konten abgelegt. Dies sind, wie in Abb. 7.5 gezeigt, alle Rechnungen, Bestände und Entgeltzahlungen.

Neben der *Hauptbuchhaltung*, in der im Dialog gebucht werden kann und die Funktionen zur Erzeugung abgeleiteter Daten enthält (z. B. Tages-, Monats-, Quartals- und Jahresabschluss) gibt es *Nebenbuchhaltungen*, die entweder im System Finanzbuchhaltung enthalten sind (*Kontokorrentbuchhaltungen*) oder nur als *Schnittstellen* zu anderen Anwendungssystemen existieren. Die Systeme *Anlagenbuchhaltung*, *Lohn- und Gehaltsabrechnung* und *Lagerbestandsführung* liefern verdichtete Daten an die Finanzbuchhaltung. Die aufzeichnungspflichtigen Originalvorgänge werden in den genannten Systemen archiviert.

Eine wesentliche Eigenschaft einer Finanzbuchhaltung sind ihre *Schnittstellen*, die in Abb. 7.5 in Form von synchronen Pfeilen gezeigt werden. Entweder sammeln die vorgelagerten Systeme Daten und buchen sie abends in die Buchhaltung oder es wird *realtime* als Transaktion gebucht. Diese Fähigkeit der SAP-Systeme R/2 und R/3 (ab 1992) wurde offenbar vom Markt als sehr wertvoll eingeschätzt.[5] Ein Wareneingang in der Materialwirtschaft löst eine Zugangsbuchung auf einem Bestandskonto der Buchhaltung aus. /`Bestand` in der Materialwirtschaft und das entsprechende Konto sind also immer stimmig.

Es folgt ein Beispiel, das zeigt, was allein in einer Debitorenbuchhaltung bezüglich Korrektheit und Konsistenz von Daten passieren kann. Es stammt von Mertens (2004, 250):

---
[5] Das 'R' heißt *realtime* (s. Plattner, 1981)

7.4 Die Finanzbuchhaltung als Datenintegrator

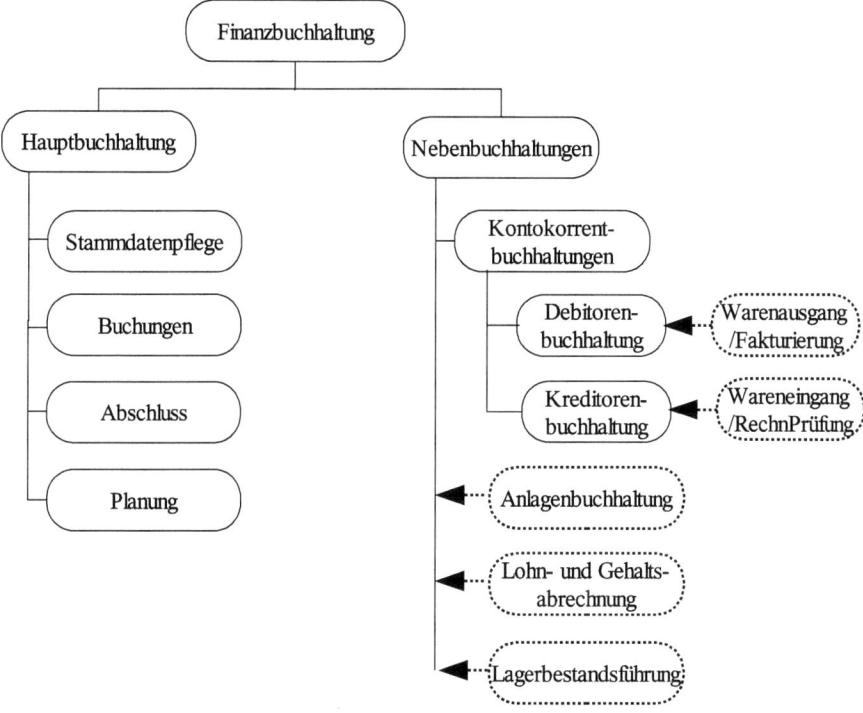

Abb. 7.5. Die Finanzbuchhaltung als Datenverdichtungssystem (nach Alpar et al., 2002)

„Der Kunde
1. zahlt mit einer Akontozahlung einen runden Betrag,
2. addiert bei der Zusammenfassung mehrerer Rechnungen falsch,
3. fasst mehrere Rechnungen in einer Zahlung zusammen, gibt aber die Nummern der Rechnungen nicht an,
4. saldiert ohne Vermerke mit Gutschriften,
5. trägt an Stelle der Rechnungsnummer die Bestellnummer ein,
6. verrechnet sich bei der Ermittlung des Skontos,
7. zieht unberechtigt Skonto ab."

Man sieht, welch praktische Bedeutung, aber auch welche Grenzen Primärschlüssel als Vorgangsnummern haben. Zwar ist die Eindeutigkeit eines Vorgangs sichergestellt, aber auf der Ebene der Attribute gibt es viele Fehler, die der Benutzer verantwortet (mehr dazu in Kapitel 8). Vor allem aber ist erkennbar:

Wenn wir versucht hätten, alles was real vorkommen kann, zu modellieren oder zu berichten, wäre für den Leser wenig Orientierung übrig geblieben.

In einer Finanzbuchhaltung werden bis auf die Dialogbuchungen überwiegend *abgeleitete* Daten gebucht, die das Anwendungssystem für die diversen Abschlüsse bis zur Bilanz und GuV sammelt. Die Integration einer Finanzbuchhaltung ist eine *Datenintegration*.

Die Finanzbuchhaltung muss eine einheitliche Sicht auf die Geschäftsvorfälle und das Vermögen eines Unternehmens erlauben. Die Einheitlichkeit stellt sie her, indem alle Mengen (Verbräuche, Absatzmengen) mit Preisen bewertet werden. Hierdurch haben alle Zahlenangaben der Buchhaltung eine einheitliche Dimension, sind also kummulierbar. Dies ist bei Mengen *nicht* der Fall. Verbrauchte [Liter] und produzierte [Stück] kann man nicht aggregieren. Damit ist die Finanzbuchhaltung, genutzt vom *Rechnungswesen*, ein einheitliches, wertbezogenes Informationssystem des Unternehmens. Es kann jedoch keine mengenbezogenen oder detaillierten Informationen aus den originären Daten liefern, die sich etwa auf Produkte oder Mitarbeiter beziehen. Solche Informationssysteme sind in den entsprechenden Anwendungssystemen angesiedelt oder als System *Controlling* separat ausgewiesen (s. Tabelle 7.2). Obwohl die Finanzbuchhaltung allgemein zu den administrativen oder auch *operativen* Anwendungssystemen gezählt wird (s. Abb. 7.1), lässt sich am Beispiel des Jahresabschlusses gut zeigen, dass operative Systeme in verdichteter Form auch wichtige Führungsinformationen liefern.

Aus Abb. 7.5 kann man auch in der Untergliederung der Hauptbuchhaltung die allgemeine Struktur von Anwendungssystemen ablesen, die in unser Begriffssystem übersetzt wird:

◇ Grunddatenpflege
◇ Buchungen (Vorgänge)
◇ Information im Dialog
◇ Information per Batchabruf
◇ Plandaten.

7.4.3 Kostenrechnung und Controlling

Das meist *Controlling* genannte Anwendungssystem für die Kosten- und Leistungsrechnung ist ein dispositives System. Die bisher nicht genannte Funktion kann nur die Informationen liefern, die in den operativen Systemen verfügbar sind (Jahnke, 2006). Sie zeigt bewertete Vorgänge, etwa Lohn- und Materialkosten, bewertete Grunddaten wie etwa kalkulatorische Raumkosten und viele andere mit Preisen bewertete Mengengrößen. Sie erzeugt fast nur abgeleitete Daten, etwa eine Glättung der Lohnnebenkosten (z. B. Weihnachtsgeld) über die Monate eines Berichtszeitraums. Allerdings wird jede Controlling-Abteilung ihre Informationsbedürfnisse auch in Grunddaten ablegen, vor allem in Kategorien, nach denen Daten klassifiziert werden, oder in Parametern für gewünschte Berechnungen. Ebenso wird sie originäre Plandaten selbst pflegen.

Die Kostenrechnung wertet die Daten der Finanz-, Material- oder Lohnbuchhaltung aus, die nach *Kostenarten* vorliegen und nach der Kategorie *Kostenstelle* gezeigt oder verdichtet werden. Eine *Kostenträgerrechnung* benötigt in aller Regel eine Materialwirtschaft, da nur sie über die erforderlichen produktbezogenen Daten verfügt.

Zusammenfassung Abschnitt 7.4

- ⋄ Das zentrale Anwendungssystem zur Integration der Unternehmensdaten ist die Finanzbuchhaltung.
- ⋄ Sie zeigt alle wichtigen *Werte* und externen Geschäftsvorfälle, aber keine Detailinformationen über *Mengen*.
- ⋄ Die Finanzbuchhaltung ist auf Datenlieferungen der operativen Systeme Materialwirtschaft, Vertrieb, PPS und Personal angewiesen. Sie integriert die Daten der zuliefernden Systeme auf der Basis von Preisen („Werte").
- ⋄ Die *Kostenrechnung* ist ein (dispositives) Informationssystem, das sich überwiegend aus den Vorgangsdaten der operativen Systeme speist. Es zeigt bewertete Mengen.

7.5 Wiederholung und Übung

- Betriebliche *Anwendungssysteme* sind Softwaresysteme, die im Dialog betrieben werden und ergänzend über Batchfunktionen verfügen.
- Der größere Teil der originären betrieblichen Daten wird von Menschen festgelegt und im *Dialog* in die Datenbasis eingegeben.
- Die Korrektheit der originären Daten ist von sorgfältig definierten und implementierten *Integritätsbedingungen* abhängig.
- Falsche originäre Daten können betriebliche Abläufe empfindlich stören.
- Die Anwendungssysteme des *Leistungsbereichs* werden vor allem von dem Grunddatentyp `Teil` und dem Bestandsdatentyp `/Bestand` bestimmt.
- Der *Finanzbereich* integriert alle aufzeichnungspflichtigen Geschäftsvorfälle, in verdichteter Form auch die aus den Anwendungssystemen des Leistungsbereichs. Dessen Systeme spielen aus Sicht der Finanzbuchhaltung die Rolle von *Nebenbuchhaltungen*.

Begriffe

Abschnitt 7.1: Anwendungssystem, Querschnittfunktion, (Betriebliches) Informationssystem, Aufgabenträger, Dialogsystem, Mensch-Computer-Interaktion, Dialog, Batchprozess, Benutzeroberfläche (-schnittstelle), Selektionsdaten.
Abschnitt 7.2: (Daten-)Objekt, Klasse.
Abschnitt 7.3: Materialwirtschaft, Lagerverwaltung, Bestand, Standort, Buchungskreis, Logistik, Lieferketten-Management, Bewegungsart, EDIFACT, Vertriebsstatistik, Kundenbeziehungs-Management, Produktionsplanung und -steuerung, Projekt, (Dienst-)Leistung, Brutto-/Nettoabrechnung, Data Dictionary.
Abschnitt 7.4: Hauptbuchhaltung, Nebenbuchhaltungen, Datenintegration, Mengendaten, Wertdaten, Kostenrechnung.

Aufgaben

1. *Vorräte* sind eine zwingende Bilanzposition. Zeigen Sie an folgendem Beispiel, wie sie gebildet wird: Sie haben vom Artikel X in Lager L1 an den Kunden A für 225 € und an den Kunden B für 75 € Ware verkauft. Der Anfangsbestand des Artikels X vor dem Versand beider Positionen betrug 3.477.150 €. In Lager L2 befindet sich von Artikel X Ware im Wert von 1.123.425 €. Welcher Wert steht in der Bilanzposition *Vorräte* unter der stark vereinfachenden Annahme, dass das Unternehmen nur den Artikel X am Lager hat. Schreiben Sie die Basisvorgänge übersichtlich in Tabellenform auf. Erläutern sie, aus welchen originären welche abgeleiten Daten entstehen und welche abgeleiteten Daten in welchem Anwendungssystem ständig gespeichert werden. Sie brauchen *keine* Buchhaltungskonten zu notieren (→ Anhang).
2. Ordnen Sie den Grundfunktionen *Beschaffung & Produktion* und *Absatz* aus der „Pyramide" Abb. 7.1 die erforderlichen Vorgangsdatentypen zu. Denken Sie dabei an die Funktion *Versand*. Schreiben Sie die VDT als Relationen.
3. Notieren und begründen Sie, welche Daten Mitarbeiter notieren müssen, die an mindestens zwei verschiedenen Projekten mitarbeiten. Benutzen Sie Relationen mit Beispielwerten in Tabellenform.
4. Schreiben Sie in eigenen Worten auf, warum die Finanzbuchhaltung eine *integrative* Anwendung genannt wird. Gehen Sie dabei auf die Rolle der Nebenbuchhaltungen ein.

8
Datenverantwortung und Organisation

In Abschnitt 5.1 hatten wir als Erkennungskriterium für originäre Daten den *Menschen* als Datenursprung benannt. Ebenso war zu Beginn des vorigen Kapitels der Mensch als Aufgabenträger bei der Erzeugung betrieblicher Daten betrachtet worden. Auch seine Einbindung in eine Organisation wurde kurz erwähnt. Dies soll nun in einem separaten Kapitel vertieft werden. Das erscheint unter anderem deshalb wichtig, weil sehr viele Leser Vorerfahrungen mit einem *Personal* Computer haben. Der *individuelle* Benutzer ist jedoch für das hier angemessene Bild, den **kooperativen Benutzer**, die falsche Metapher. Als *kooperativ* bezeichnet man die Mitglieder einer *zielgerichteten* Organisation, wie ein Unternehmen sie darstellt. Im Folgenden wird erläutert, was das für die betriebliche Informationswirtschaft bedeutet.

8.1 Benutzer und Datenverantwortung

Schon in Abschnitt 7.1 war das Problem der Korrektheit der durch den Benutzer erzeugten Daten angesprochen worden. Können über Integritätsbedingungen alle Daten als korrekt verifiziert werden? Wie man am Beispiel von Tabelle 8.1 sieht, ist das nicht der Fall.

Tabelle 8.1. Dateneingabe durch einen Benutzer

Eingabe	(Lager-)**Bewegung**					Meldung
	(`LagerNr`,	`ArtikelNr#`,	`Datum`,	`Zeit`,	`Menge`)	
1. Versuch	121	4816			-20	*Falsches Lager*
2. Versuch	122	4816			-20	*gebucht*

Die Attribute `LagerNr` und `ArtikelNr` seien als benutzerdefinierte Datentypen wie folgt festgelegt: `LagerNr= {122,123,640,701}` (*Aufzählungstyp*, s. Tabelle 5.8, Seite 83); `ArtikelNr= integer - (1000..9999)` (*Unterbereich*, s. Tabelle 3.10). Aufzählungstypen sind einfache Integritätsbedingungen, die das Abspeichern nicht definierter Werte verhindern (s. „1. Versuch"). Nach demselben Prinzip könnte man die Artikelnummern 481 oder 816 (eine Stelle zu wenig) abweisen. Bucht der Benutzer jedoch vom sogenannten Bestand des Artikels 4816 ab, obwohl der Artikel 4826 richtig gewesen wäre, kann dies kein Computer verhindern.[1] Der *Benutzer* verantwortet diesen Fehler *selbst*.

Im Übrigen kann er bei Datum und Uhrzeit keine Fehler machen, da die Werte sinnvoller Weise durch das Programm eingesetzt werden, mittels dessen er die Daten eingibt. Dies bedeutet für die Organisation, in die der Benutzer eingebunden ist:

1. Solche Fehler können vorkommen, denn Irren ist bekanntlich menschlich. In stressigen Arbeitssituationen wird die Wahrscheinlichkeit für solche Fehler größer sein als in einem „Normalbetrieb". Das Unternehmen muss also prinzipiell mit solchen Fehlern rechnen.
2. Es müssen diejenigen Mitarbeiter eingesetzt werden, die möglichst wenige Fehler machen. Dies verantwortet die Organisationseinheit, deren Aufgabe die Erzeugung der Daten ist. Der Mitarbeiter verantwortet aber seine Fehler *persönlich* gegenüber seiner Organisationseinheit, ist also gut beraten, genügend Sorgfalt zu entwickeln.

Für die Informationswirtschaft des Unternehmens bedeutet dies, dass für die jeweiligen Datenobjekttypen Verantwortlichkeiten festgelegt und möglichst auch durchgesetzt werden müssen. In der betriebswirtschaftlichen Literatur konnten für dieses Thema keine Hinweise gefunden werden (s. z. B. Schreyögg & von Werder, 2004; dort inbes. Frank, 2004). In amerikanischen Quellen wie Boland & Hirschheim (1987, viii) findet man immerhin Bemerkungen, dass die organisatorischen Auswirkungen der Informationstechnik vernachlässigt werden. Mehr konnte allerdings auch dort nicht gefunden werden. Ein bekanntes Buch über modulare Organisationsformen mittels der Informationstechnik stammt von Picot et al. (2001). Auch dort wird das Thema Daten und deren organisatorische Verankerung nicht behandelt, obwohl die Frage der Grenzziehung zwischen Modulen und deren Schnittstellen viel mit Datenverantwortung zu tun hat.

Zusammenfassung Abschnitt 8.1

⋄ Der Benutzer verantwortet *individuell* die Korrektheit der von ihm erzeugten Daten innerhalb der Regeln, die die Integritätsbedingungen technisch durchsetzen.
⋄ *Datenverantwortung* wird individuell technisch zugewiesen, muss aber *institutionell* in der Organisation getragen werden. Die Organisationseinheit verantwortet den Einsatz gut ausgebildeter Mitarbeiter, die die nötige Sorgfalt aufbringen.

---

[1] Einige Leser werden das Stichwort *Prüfziffer* in die Diskussion werfen (s. Stahlknecht & Hasenkamp (2005, 142)). Die Autoren haben jedoch Zweifel an der Verbreitung dieser simplen Variante angewandter Mathematik – nicht Technik, da nicht einmal in Hochschulen bekannt zu sein scheint, wie man Matrikelnummern gegen Tippfehler schützen kann.

8.2 Zugriffsrechte als Pflichten

Dem Leser wird klar sein, dass Maßhalteappelle der Art *„passt alle gut auf"* nicht viel helfen. Es gibt allerdings technische Mittel, die sehr wirksam sind, organisatorisch Gewolltes auch durchzusetzen.

Jedes Anwendungssystem und jede Mehrbenutzer-Datenbank verfügt über eine Komponente **Benutzerverwaltung**. In ihr wird festgelegt, welche Benutzer welche Operationen mit welchen Datenobjekttypen bzw. Tabellen ausführen dürfen. Man erteilt den Benutzern *Zugriffsrechte*, die man für jeden Typ von Operation je Benutzer festlegen kann. Diese Operationen, bezogen auf ein einzelnes Objekt (etwa einen Artikel) sind:

⋄ anlegen
⋄ ändern
⋄ löschen
⋄ lesen.

Nur die ersten drei Operationen können Daten verändern. Man fasst sie auch unter dem Begriff *Datenpflege* zusammen. Da Benutzer in einem *kooperativen* Computersystem nur *persönliche*[2] Rechte zum Zugriff auf Daten erhalten, kann bis auf die Person hinunter festgelegt werden, *welche* Daten sie *wie* bearbeiten oder überhaupt sehen darf. Dies enthebt aber die Organisationseinheit, der die Person angehört, nicht ihrer Verantwortung für die Korrektheit und rechtzeitige Eingabe der Daten. *Kooperativ* war das Computersystem genannt worden, weil in einem Unternehmen viele Menschen zielgerichtet *zusammen* arbeiten (sollen), wenn es erfolgreich sein will.

Ohne explizite *Leserechte* sollten Daten – also auch Verzeichnisse – für den Benutzer unsichtbar sein.[3] Dies ist eine von vielen Maßnahmen, um **Datenschutz** technisch zu verwirklichen.

Ob die Benutzerverwaltung die Zuweisung der Rechte auf der Ebene von Datenbanktabellen regelt oder über das Recht, die Programme zu benutzen, die die Daten verwalten, ist für unser Thema unerheblich. Gute Systeme sehen zwecks Arbeitsvereinfachung *Gruppen* von Zugriffsrechten vor, in die ein Benutzer nur aufgenommen oder aus ihr entfernt wird. Da fast jedes Unternehmen heute Standard-Anwendungssysteme betreibt – die große Mehrzahl inzwischen auf der Basis von Datenbanken – sind die technischen Mittel zur Durchsetzung von Datenverantwortlichkeiten vorhanden. Woran es eher zu fehlen scheint, ist das Bewusstsein um den Nutzen solcher Systeme in den Unternehmen.

Wenn ein datenveränderndes Benutzungsrecht technisch zugewiesen ist, ist damit auch die Verantwortung für die Ergebnisse klar. Damit wird aber auch die *Pflicht* begründet, die *Inhalte* der erzeugten Daten zu verantworten. Der nächste Abschnitt gibt dazu einige Gestaltungshinweise.

---

[2] Dies hängt mit vielfältigen Bedrohungen zusammen, u. a. aus dem Internet.
[3] Leider wird dieses seit rund 20 Jahren bekannte Prinzip von relativ neuen Produkten verletzt, z. B. von Microsofts *Active Directory*.

Zusammenfassung Abschnitt 8.2

◇ Jedes Anwendungs- und jedes Datenbanksystem für kooperative Aufgaben muss über eine Benutzerverwaltung verfügen.
◇ Die organisatorische Gestaltung der Datenverantwortung wird technisch über personenbezogene Zugriffsrechte durchgesetzt.

8.3 Gestaltungshinweise

Aus den Kapiteln 5 und 6 kennen wir die Abhängigkeiten der Vorgangsdaten von den Grunddaten. Dies allein dürfte ein Hinweis sein, dass die beiden Datenkategorien verschiedene Gewichte bei der Regelung der Datenverantwortung haben.

Wenn im Folgenden ohne nähere Erklärung von (Organisations-)*Einheit* gesprochen wird, dabei aber Namen von *Funktionen* erscheinen (s. Kapitel 2), dann soll dies nicht etwa bedeuten, dass nur funktional zu organisieren wäre. Funktionsnamen im Kontext dieses Kapitels haben vielmehr die Bedeutung:

Einheit bzw. *Bereich* ist diejenige Organisationseinheit, zu deren Aufgaben die genannte Funktion gehört.

8.3.1 Pflege von Grunddaten

Die Regelung der Datenverantwortung ist bei den Grunddaten schwieriger als bei den Vorgangsdaten, die den Routinebetrieb prägen. Unter ihnen spielt wiederum der Grunddatentyp `Teil` eine herausragende Rolle.

Grunddaten `Teil`

Der Prozess der Entstehung der Grunddaten zu `Teil` ist identisch mit dem uns schon bekannten Prozess *Produktentwicklung* (s. Abb. 2.6, Seite 18). In dieser Abbildung sind verschiedene Akteure in *Aktivitätsbereichen* angeordnet: Entwicklungsausschuss, Entwicklung, Produktion, Geschäftsleitung. Weitere Beteiligte sind als Mitglieder des Entwicklungsausschusses in der entsprechenden Abbildung genannt. Es gibt also keine eindeutig identifizierbare Organisationseinheit, der die Datenverantwortung zuzuschreiben wäre.

Auch die Rollenhierarchie von `Teil` in Abb. 5.4 (Seite 76) zeigt, dass zumindest die betrieblichen Funktionen Beschaffung, Produktion und Absatz mit Ausschnitten aus den Attributen des GDT `Teil` befasst sind. Tabelle 8.2 zeigt dieses Gefüge von Rollen und Funktionen noch einmal schematisch. 'x' bedeutet, dass Daten erzeugt werden *müssen*, '(x)' dass Daten entstehen *können*. Dies wäre z. B. der Fall, wenn die Entwicklung beim Zukauf von Produkten konkurrierende Entwürfe machte, denen eine Entscheidung *make-or-buy* folgt.

Bis etwa 1990 war in vielen Industrieunternehmen das vorliegende Entscheidungsproblem vermeintlich klar. Der Bereich *Produktion* definierte die meisten Teiledaten bei der Konstruktion und der Produktionsplanung. Meist wurde die Einheit

8.3 Gestaltungshinweise

Tabelle 8.2. Datenentstehung von Attributen des GDT `Teil`

Funktion Rolle	**Produktion**		**Absatz**	**Beschaffung**
	Entwicklung	Prod-Planung	Marketing	Besch-Planung
VerkaufsTeil	(x)	(x)	x	x
ProduktionsTeil	x	x		x
EinkaufsTeil	x			x

Entwicklung mit der Pflege der gesamten Grunddaten beauftragt, da dort jedes neue Teil auch entstand. Mit dem Aufkommen einer *marktorientierten Unternehmensführung* (vgl. Decker, 2006; Töpfer, 2005) gingen viele Unternehmen dazu über, diese Verantwortung dem Absatzbereich zu übertragen, dort einer Einheit *Marketing*, wo viele Produktideen entstehen. Es sind eine Reihe von Fällen bekannt, wo dies zu massiven logistischen Störungen führte, weil Produktdaten fehlerhaft oder gar nicht angelegt waren. Ursache war vermutlich der geringe Bezug von Mitarbeitern des Absatzbereichs zu den eher technischen Fragen von Produktstrukturen.

> In dem in Kapitel 1 erwähnten Fall eines Massenherstellers führten trotz hoher Deckungsbeiträge der Produkte und eines sehr großen Marktanteils logistische Störungen zu Verlusten, sogar über mehrere Jahre. Viele Störungen hatten ihre Ursache in einer mangelhaften Definition und Pflege der Artikelstammdaten. Erst deren Reorganisation im Rahmen einer Erneuerung der Pflegesoftware beendete diesen Zustand. Vor der Einführung der Software mussten die Artikeldaten eineinhalb Jahre lang saniert werden, indem fehlerhafte Kategorien (s. Abschnitt 5.2.2) aufgespürt und beseitigt wurden. Das war bei 650.000 Bestandspositionen (= Artikelvarianten) ein mühsames Unterfangen.

Die Matrix in Tabelle 8.2 und der Prozess *Produktentwicklung* zeigen zwei grundlegende Phänomene bei der Entstehung von Grunddaten:

◇ Die Daten komplexer Grunddatentypen entstehen nicht nur in *einer* betrieblichen Funktion, sondern in mehreren. Benötigt wird aber eine eindeutige Verantwortung. Manche Attribute sind rollenspezifisch.
◇ Viele Attribute entstehen in einem Prozess mit möglicher Parallelarbeit, andere zwingend in einer Sequenz. So kann man nicht kalkulieren, solange Stücklisten und Einkaufspreise fehlen.

Daraus ergibt sich, dass keine *Objektverantwortung* (hier GDT `Teil`) gebraucht wird, sondern eine **Prozessverantwortung** mit entsprechenden Kompetenzen. Schwerpunktmäßig sollte diese Verantwortung in den Funktionen *Marketing* oder *Entwicklung* liegen, es könnte aber auch eine Querschnittfunktion *Logistik* sein. Mit dem Konfliktpotential jeder dieser Zuordnungen müssen Unternehmen umgehen lernen. Die *Objektverantwortung* ist gemäß Abb. 8.1 aufgeteilt auf mehrere Funktionen bzw. Einheiten.

Für einen Prozess, wie Abb. 8.1 ihn zeigt, könnte man einen Begriff heranziehen, der leider zum Modeschlagwort verkommen ist, *Workflow*. Das deutsche Wort *Arbeitsablauf* trifft den Sachverhalt nicht ganz und ist nicht üblich. Als *Workflow*

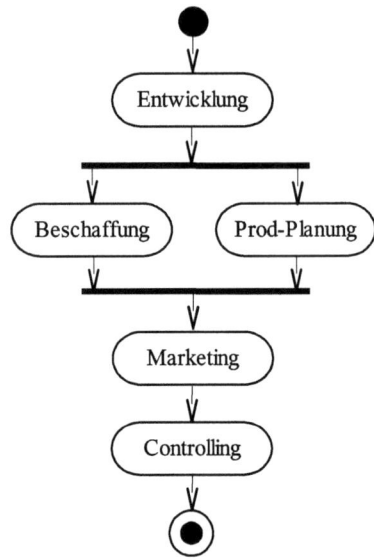

Abb. 8.1. Workflow bei der Erzeugung der Grunddaten `Teil`

bezeichnet man einen innerbetrieblichen Prozess, bei dem Daten über die Grenzen von Organisationseinheiten hinweg arbeitsteilig und technikgestützt entstehen. Man kann z. B. mit dem Ereignis *„Daten fertiggestellt"* bei Bearbeiter x das automatische Versenden einer Mail an Bearbeiter y koppeln, damit dieser die Arbeit fortsetzt. Die Diskussion um *Workflow-Systeme* wird allerdings allzu oft technikorientiert geführt. Die kollaborative Entstehung der Grunddaten `Teil` dürfte einer der wenigen Fälle sein, bei denen Technikunterstützung eines Arbeitsprozesses angebracht ist. Deshalb ist sie in guten Anwendungssystemen seit den 80er Jahren enthalten,[4] ohne dass jemand von „Workflow" gesprochen hätte.

Es bleibt noch die Umsetzung der organisatorischen Überlegungen in konkrete Zugriffsrechte. Dabei sollte das folgende Prinzip gelten:

Datenverantwortung ist nicht teilbar.

Dies bedeutet für die Pflege der Grunddaten `Teil`, dass genau *eine* Einheit die Prozessverantwortung und damit das alleinige Recht für die Operationen *anlegen* und *löschen* von Artikeln und Materialien hat. Die *objektverantwortlichen* Einheiten ergänzen die angelegten Objekte um die Attribute ihres Verantwortungsbereichs (Operation *ändern*) (s. Spitta, 1989, Kap 6). Das Controlling würde am Schluss der Kette die Erzeugniskalkulation erstellen, auf deren Basis ggf. noch einmal über den Verkaufspreis zu entscheiden wäre.

Datenverantwortlichkeiten müssen also bis auf das Attribut genau *einer* Einheit zugewiesen werden. Konkurrierende Datenverantwortlichkeiten sind gerade bei

---

[4] Beispiel ist das längst untergegangene Anwendungssystem COPICS (*Communication Oriented Production Information and Control System*) der Firma IBM.

Grunddaten kontraproduktiv. Selbstverständlich muss es innerhalb der Einheiten Vertretungsregelungen geben.

Die übrigen Grunddaten

Mit Teil haben wir den schwierigsten Fall abgehandelt, der auch viele allgemeine Aspekte beleuchtet. Deshalb können wir uns bei den restlichen Grunddaten kurz fassen.

Die Grunddaten der **Kunden** haben einen eindeutigen, funktionalen Bezug. Die Datenverantwortung liegt beim *Absatzbereich*, bei Unternehmen, die Konsumgüter vertreiben, zunehmend auch beim Kunden (Eingabe der Daten im Internet). Der Finanzbereich wird debitorische Attribute ergänzen, etwa Klassifikationen über das Zahlungsverhalten oder die Kreditwürdigkeit. Es kann sinnvoll sein, den Außendienst in die Grunddatenpflege mit einzubeziehen (s. Abschnitt 7.3.4, AWS Vertrieb). Dies muss aber technisch und organisatorisch (z. B. Schulungen) sehr sorgfältig implementiert werden.

Die Grunddaten der **Lieferanten** sind fast spiegelbildlich zu Kunde zu sehen, d. h. die Datenpflege obliegt der *Beschaffung*, die Kreditorenbuchhaltung ergänzt Attribute. Einen Außendienst gibt es nicht.

Die Grunddaten der **Mitarbeiter** sind ebenfalls funktional klar zugeordnet, und zwar dem *Personalbereich*. Dabei muss man allerdings beachten, dass die Personalfunktion in zwei Teilfunktionen zerfällt, die sehr verschiedene Mentalitäten der Mitarbeiter und damit Haltungen zum Thema Datenpflege beinhalten. Die Teilfunktionen könnte man *Personalbetreuung* und *Personalabrechnung* nennen. In der ersten entstehen Daten um den Mitarbeiter als Person (Familienstand, Kinder, Qualifikation, Weiterbildung etc.) in der zweiten sind alle abrechnungsrelevanten Daten zu pflegen. Diese Einheit heißt nicht selten *Lohnbuchhaltung* (s. Abschnitt 7.3.6). Hier ist Buchhaltermentalität gefragt, die ein exaktes Umgehen mit Daten erfordert. Man wird die Attribute des Grunddatentyps Mitarbeiter in diese beiden Gruppen teilen und die Datenverantwortung entsprechend zuweisen.

Die Grunddaten zu **Sachanlagen**, **Kontenplan** sowie alle Kategorien und Strukturen, die die Buchhaltung betreffen (z. B. *Konto* oder *Bilanzposition*), werden vom Bereich *Finanzen* gepflegt. Es ist implizit in realen Unternehmen unstritig, dass das Rechnungswesen bestimmte Daten in seiner fachlichen Kompetenz auch selbst pflegt. Beachtet werden muss, dass gemäß GoB die Operation *löschen* nicht zugewiesen werden darf. Statt dessen muss es eine Operation *stornieren* geben, die aus der Transaktion '*buchen mit inversem Betrag + neu buchen*' besteht.

Strittig sein kann allerdings die Pflege anderer **Kategorien**. In Abschnitt 7.4.2 hatten wir die Pflege von Kategorien der Kostenrechnung dem *Controlling* zugewiesen. Es ist möglich, dies so zu regeln; es ist aber *auch* üblich, dass das Controlling nur Informationsbedürfnisse formuliert und die Datenverantwortlichen der Fachfunktionen diese umsetzen. Aus Kapitel 6 wissen wir, dass viele Kategorien nur Attribute sind und damit genau *einem* Objekttyp zugeordnet werden (Normalformen). Eine Ausnahme bilden Kategorien, die Teil eines zusammengesetzten Primärschlüssels sind (s. Beispiel /Bestand in Abschnitt 7.3.1, Seite 134). Diese werden jedoch

156   8 Datenverantwortung und Organisation

meist bei der Installation eines Softwaresystems festgelegt, z. B. die zentralen Kategorien `Mandant`, `Werk`, `Buchungskreis` (s. Tabelle 5.9, Seite 84).

8.3.2 Erzeugung von Vorgangsdaten

Die Verantwortung bei Vorgangsdaten ist wesentlich unproblematischer als bei Grunddaten. Das liegt an ihrer Bindung an Routineprozesse, die wir aus Kapitel 2 kennen. Da Vorgänge durch Daten protokolliert werden, besteht die Arbeitsaufgabe des Mitarbeiters im Routinebetrieb unter Anderem aus dem *Erzeugen* von Daten (nicht *pflegen* wie bei den Grunddaten!). Beispiele sind:

⋄ Auftragserfassung
⋄ Bestellbearbeitung
⋄ Kommissionierung (ausliefern eines Auftrages; dabei erzeugen eines Lieferscheins)
⋄ Produktion (erstellen von Leistungsnachweisen und buchen von Zustandsänderungen in Produktionsaufträgen).

Auch hier besteht eine klare Kopplung zwischen Datenerzeugung und Datenverantwortung. Jeder operativ tätige Mitarbeiter hat das technische Recht *anlegen von Datenobjekten*. Die Operationen *ändern* und *löschen* werden gemäß den Grundsätzen ordnungsgemäßer Buchführung (GoB) in den meisten Fällen nicht zugelassen sein (*Storno-Prinzip*).

Damit wäre die Datenverantwortung beim Erzeugen der originären Daten besprochen. Die problematischen Bereiche sind die Grunddaten, da ihre Erzeugung und Pflege nicht in Routineprozesse eingebunden ist.

Zusammenfassung Abschnitt 8.3

⋄ Besondere Beachtung muss der Prozess der Erzeugung der Grunddaten `Teil` genießen, für die eine *Prozessverantwortung* festgelegt sein muss.
⋄ Die Datenerzeugung folgt vor allem beim GDT `Teil` einem Prozess, der eine verteilte *Objektverantwortung* ermöglicht. Sie kann durch *Workflows* technisch unterstützt werden.
⋄ Bei *Vorgangsdaten* fällt die Datenverantwortung mit den zugewiesenen Routineaufgaben zusammen.
⋄ Bei *aufzeichnungspflichtigen* Vorgängen ist die Operation *löschen* nicht erlaubt. Statt dessen gilt das *Storno-Prinzip*.

8.4 SQL und abgeleitete Daten

Dieses Buch soll sich *nicht* mit Programmieren befassen (s. Vorwort). Trotzdem musste bereits einmal von dieser Eingrenzung abgewichen werden, als die Entstehung abgeleiteter Daten erklärt wurde. Es musste wenigstens angedeutet werden (s.

Abschnitt 5.1.3, Seite 69), was *Programmieren* in etwa ist. Hier haben wir den zweiten Fall einer Abweichung von der Leitlinie des Buches, die ebenfalls notwendig ist.

Da es keine Datenverantwortung für abgeleitete Daten gibt, sondern nur eine *Programmverantwortung*, sollte der Leser wenigstens eine Vorstellung davon bekommen, was dies sein könnte und wo mögliche Schwierigkeiten liegen, wenn man abgeleitete Daten erzeugt. Als Beispiel benutzen wir die Sprache SQL (*Structured Query Language*), die auf den ersten Blick sehr einfach ist, aber ebenso wie die in Abb. 5.2 gezeigte Tabellenkalkulation viele Fehlermöglichkeiten in sich birgt, die erst auf den *zweiten* Blick sichtbar werden.

SQL setzt auf dem relationalen Modell auf, d. h. man fragt relationale Tabellen ab und erhält *Mengen* als Ergebnisse und nicht einzelne Exemplare wie in konventionellen Programmiersprachen (COBOL, Pascal, Java). Also muss man die Tabellenstrukturen kennen und die Verknüpfung der Tabellen verstehen, um richtig abfragen zu können. Zunächst ein sehr einfaches Beispiel mit nur einer Tabelle – entnommen aus Hansen & Neumann (2005, Bd 2, 449):

 select `InventarNr, Titel`
 from `Buch`
 where `Preis < 19.99;`

Es ist sehr einfach, die Tabelle, aus der alle Bücher unter „19,99" selektiert werden, anhand des SQL-Befehls darzustellen:

Buch (`InventarNr#, Titel, Verlag, Preis, ErscheinungsOrt`)

Trotzdem muss man den Tabellen- und die Attributnamen kennen, die man haben möchte und auch den Namen und Datentyp des Selektionskriteriums (`Preis`). Das Ergebnis der Selektion ist eine Menge in Form einer zweispaltigen Tabelle, die *keine*, *eine* oder *viele* Zeilen enthalten kann.

Trotzdem gibt es bereits hier eine Fehlermöglichkeit. Wer den feinen, aber gewichtigen Unterschied zwischen '<' und '$\leq$' nicht kennt oder übersieht, bekommt je nach Preispolitik der Verlage ein völlig falsches Ergebnis, wenn er auch die Bücher mit Preis = 19.99 erfragen wollte.

Ein zweites Beispiel soll folgende abgeleiteten Daten erzeugen:

 Die Mengen der von den Kunden im laufenden Jahr gekauften Artikel.

Um dies mit SQL formulieren zu können, muss man eine Vorstellung von den Relationen haben, in denen die originären Daten gespeichert sind. Dazu wiederholen wir die bereits aus Abb. 3.1, 5.12 und 6.2 bekannten Relationen zu einem Kundenauftrag.

Auftrag (`AuftragsNr#, KundenNr#, EingangsDat, Lieferdat`)
AuftragsPos (`AuftragsNr#, ArtikelNr#, Menge`)

Daraus lässt sich folgende SQL-Abfrage formulieren:

 select `KundenNr, ArtikelNr, sum(Menge)`
 from `Auftrag, AuftragsPos`
 where `Auftrag.AuftragsNr = AuftragsPos.AuftragsNr`
 and `Auftrag.EingangsDat > '01.01.2005'`
 group by `KundenNr, ArtikelNr;`

Sie liefert folgende Ergebnisrelation:

/**Absatz_Kunde** (KundenNr, ArtikelNr, Menge).

Man erhält also die summierten Mengen je Artikel, diese wiederum gruppiert je Kunde. Die Tabelle wird sehr wahrscheinlich *viele* Ergebniszeilen enthalten. Formal wäre auch eine leere Treffermenge möglich, aber dann hätte die Firma überhaupt nichts verkauft und das wüsste jeder Mitarbeiter auch ohne Datenbankabfrage.

Aus der SQL-Abfrage kann man ablesen, dass beide Tabellen der Komposition *Auftrag* durchsucht werden, erst Auftrag, dann AuftragsPos. Dabei werden die Mengen aller Artikelpositionen summiert, die zu demselben Auftrag gehören. Eine Gruppierung erfolgt erst nach der KundenNr, dann der ArtikelNr. Man muss auch wissen, dass man ohne Gruppierung gar nicht sinnvoll summieren könnte. Bei der Selektion werden nur Aufträge ab dem 2.1.2005 berücksichtigt.

Die beiden Beispiele zeigen folgende allgemeinen Punkte für die Frage nach *programmieren* und *Programmverantwortung*:

◇ Die Sprache SQL ist offenbar sehr mächtig (s. Panny & Taudes, 2000), da wir *nicht* im Programm formulieren, *wie* das Programm arbeiten soll, sondern nur, *was* wir als Ergebnis erwarten.
◇ Trotzdem ist auch dies noch sehr formal und weit entfernt von der eigentlichen Frage, die der Benutzer gestellt hat.
◇ Durch die Mengenorientierung von SQL kommt schnell ein Ergebnis zu Stande (s. vor allem das erste Beispiel). Viel wichtiger als das reine Ergebnis ist jedoch die Frage, ob es korrekt ist.

Dies soll genügen, um dem Leser einen Eindruck zu vermitteln, was *Programmverantwortung* in etwa bedeuten könnte. Damit soll vor allem dem Glauben entgegen gewirkt werden, „programmieren" sei, den Computer zu einer Handlung zu bewegen. Verantwortlich *programmieren* heißt vielmehr, die Korrektheit der Ergebnisse sicherzustellen.

Zusammenfassung Abschnitt 8.4

◇ SQL ist eine sehr mächtige Sprache. Man kann sie aber nur richtig benutzen, wenn man die Mengenorientierung des Relationenmodells verstanden hat.
◇ Die Mengenorientierung sorgt schnell für Ergebnisse. Es kommt jedoch darauf an zu beurteilen, ob sie richtig sind.

8.5 Wiederholung und Übung

- Die Erzeugung originärer Daten verantwortet der Benutzer *persönlich* im Rahmen der maschinell überprüften Integritätsbedingungen.

- Die *Datenverantwortung* trägt als *Institution* die Organisationseinheit, der der Benutzer angehört. Diese Einheit verantwortet die Korrektheit und Pünktlichkeit der zugewiesenen originären Daten gegenüber dem Unternehmen.
- Die Datenverantwortung wird technisch über die Zuweisung von *Zugriffsrechten* durchgesetzt. Diese wirken auf den individuellen Benutzer, auch im Sinne des *Datenschutzes* im Unternehmen.
- Die Festlegung der Datenverantwortung ist bei Grunddaten schwieriger als bei Vorgangsdaten; besonders problematisch beim Grunddatentyp `Teil`. Dieser benötigt eine *Prozessverantwortung* im Rahmen der Produktentwicklung.
- Vor allem die Grunddaten *Teil* entstehen in einem funktionsübergreifenden Prozess, der sinnvollerweise als *Workflow* technisch unterstützt werden sollte.
- Die Datenverantwortung bei der Erzeugung von *Vorgangsdaten* ist unkritisch. Ohne die Daten wären die Routineprozesse unvollständig oder gar nicht existent.
- *Abgeleitete Daten* kennen keine Datenverantwortung, wohl aber eine *Programmverantwortung*. Dies ist die Verantwortung für die Korrektheit der Programme.

Begriffe

Abschnitt 8.1: Datenverantwortung – individuell, kooperativ und institutionell.
Abschnitt 8.2: Benutzerverwaltung, Zugriffsrechte, Datenschutz.
Abschnitt 8.3: Prozessverantwortung, Workflow.
Abschnitt 8.4: SQL, Ergebnismenge, Programmverantwortung.

Aufgaben

1. Das Unternehmen *NuSung* lagert einen Teil seiner Handyproduktion in ein „Neu-EU-Land" aus. Diskutieren und begründen Sie, an jeweils welchem Standort und unter welchen Voraussetzungen die Pflege der Grunddaten `Teil` und `Kunde` erfolgen sollte (→ Anhang).
2. Begründen Sie mithilfe der *Grundsätze ordnungsgemäßer Buchführung*, warum die Operation *löschen* in einem Buchhaltungsprogramm nicht existieren darf. Der richtige HGB-Paragraph reicht; dies soll aber begründet werden.
3. Recherchieren Sie die hier nicht weiter ausgeführten Begriffe *Datenschutz* und *Datensicherung* in seriöser Literatur[5]. Geben Sie eine Abgrenzung und jeweils eine kurze, selbst verfasste Definition der beiden Begriffe an.

---

[5] Viele Texte im Internet zählen *nicht* dazu.

9
Unstrukturierte Daten

In Kapitel 3 hatten wir **unstrukturierte Daten** von der Betrachtung in den Folgekapiteln vorerst ausgeschlossen. Nun wollen wir auf diese eingehen.

Die technische Entwicklung erlaubt inzwischen, in die Struktur von Texten besser „hineinzusehen" oder auf Datentypen basierende Daten mit textorientierten Mitteln zu beschreiben und zu verarbeiten. Besonders in der zwischenbetrieblichen Kommunikation spielt dies zunehmend eine Rolle. Dort löst im Bereich der schon mehrfach erwähnten Norm EDIFACT die Sprache XML (*Extensible Markup Language*) die schwer verständliche ursprüngliche Sprache der EDI-Normfamilie ab.

Dementsprechend wird im Folgenden mit XML ein bereits heute prominenter Vertreter der sog. *Auszeichnungssprachen* kurz vorgestellt, bei denen Daten und deren Beschreibungen sich mischen. Auszeichnungssprachen verfolgen ein völlig anderes Konzept von Daten als die relationale Welt, haben aber auch Gemeinsamkeiten. Wir besprechen zunächst die zentralen Aspekte und Einsatzgebiete von XML – ohne einen „Lehrgang" in die Sprache liefern zu wollen – bevor wir die Formulierung von Daten zwecks einfacher Kommunikation näher betrachten.

9.1 Extensible Markup Language – XML

Die zunehmende Bedeutung von XML darf nicht so interpretiert werden, dass die Speicherung von Daten in strukturierter Form in absehbarer Zukunft obsolet wird. Im Gegenteil, man muss die Lehre von den Datentypen aus Kapitel 3 beherrschen, um die Möglichkeiten, die sich hinter XML verbergen, in ihrer Tragweite zu verstehen.

Wir werden hier nur einen kurzen Abriss von XML geben, um das grundlegende Prinzip aufzuzeigen, das man in Ergänzung des relationalen Speicher- und Benutzungskonzeptes von Daten kennen sollte.[1] Mit XML werden Anwendungsbereiche für unstrukturierte und schwach strukturierte Daten erschlossen, die bisher brach

---

[1] Eine ausführliche Betrachtung der XML-Spezifikation und den sich daraus ergebenden Möglichkeiten erfolgt z.B. in Lobin (2000), Michel (1999) oder unter http://www.w3.org/XML/.

lagen oder einer immer noch sehr aufwändigen Volltextsuche vorbehalten blieben. Allerdings werden betriebliche Anwendungssysteme weiterhin auf relational strukturierten Daten aufbauen, die das Rückgrat der betrieblichen Ressource Daten bilden.

9.1.1 Das XML-Konzept

In diesem Abschnitt werden kurz die Idee und das Konzept von XML behandelt. XML wurde im November 1996 als Entwurf vorgestellt und hat seit Februar 1998 den Status einer *Empfehlung* des World Wide Web Consortium (W3C). Es handelt sich hierbei noch um keinen offiziellen nationalen oder internationalen Standard. Häufig ist eine Empfehlung (*Recommendation*) jedoch die Vorform des entsprechenden Standards.

Ziel dieser Entwicklung war es, den zu erwartenden proprietären Entwicklungen von HTML (*Hypertext Markup Language*) entgegenzuwirken. XML ist wie die früher populär gewordene Sprache HTML eine sogenannte *Auszeichnungssprache*. Dabei werden Befehle in Texte geschrieben, die entweder das *Layout* des Textes (HTML) oder dessen *Inhalt* und *logische Struktur* (XML) bestimmen.

> Vermutlich werden viele Leser wissen, dass die Texte des Internet in HTML dargestellt sind. HTML enthält auch Befehle, um Dateien anderer Formate (Bilder, Töne) einzubinden oder auf weitere Dateien zu verweisen (sog. *Links*). Programme des Typs *Browser* stellen das Ganze am Bildschirm dar und erlauben den Wechsel zwischen Seiten. Der Leser kann sich problemlos einen Eindruck von einer Auszeichnungssprache verschaffen, indem er in einem beliebigen Browser Ansicht → Quelltext anklickt. Auf diese Weise bekommt er einen Blick hinter die „Kulisse" der grafischen Oberfläche.

Beide Sprachen sind Untermengen der seit den 80er Jahren bekannten universellen Auszeichnungssprache SGML (*Standard General Markup Language*), die allerdings als schwer handhabbar galt, lange Zeit nur Spezialisten bekannt war (Lobin, 2000) und zum Zeitpunkt ihrer Definition noch zu viel Rechnerleistung erforderte. Sie stammt nicht aus der Informatik wie die Programmiersprachen, sondern aus der Linguistik. XML gilt als pragmatische Untermenge von SGML mit inzwischen vielen praktischen Anwendungen (s. Möhr & Schmidt, 1999). Grundsätzlich können wir festhalten, dass XML als Kompromiss zwischen Einfachheit (HTML) und Funktionsvielfalt (SGML) eine konsequent reduzierte Version von SGML ist. XML bietet bei vertretbarem Aufwand maximale Flexibilität in der Definition von Datenformaten (im Sinne von Auszeichnungssprachen).

Das große Interesse an XML begründet sich darin, dass neben den vielfältigen Möglichkeiten der dynamischen Repräsentation von Internetinhalten eine Technologie zur Verfügung steht, die universelle Möglichkeiten zum Austausch, zur Recherche und zur Verwaltung semantisch qualifizierter Daten unterstützt. XML ist dabei keine direkte Auszeichnungssprache wie HTML, sondern erlaubt vielmehr die Definition eigener Auszeichnungen (*Markups* oder auch *Tags*),[2] um ein Dokument

---

[2] Das Wort *Tag* bedeutet im Englischen *Schildchen*. Die Schildchen zeichnen einen Teil des Textes aus, sind also Metadaten.

zu strukturieren und semantisch zu qualifizieren. In diesem Zusammenhang wird XML auch als *Metasprache* bezeichnet, die kein eigenes Vokabular zur Auszeichnung von Dokumenteninhalten bereitstellt. Es handelt sich hierbei um eine formale Sprache zur Erzeugung (Konstruktion bzw. Definition) von Auszeichnungssprachen. So ist bespielsweise HTML bzw. deren XML-kompatible Version XHTML (Extensible Hypertext Markup Language) eine der unbeschränkt vielen Auszeichnungssprachen, die mit der Metasprache XML definiert werden können. XML und XHTML bewegen sich folglich auf unterschiedlichen konzeptionellen Ebenen.

Zusammenfassend lassen sich die Vorteile der Verwendung einer generischen Metasprache in drei Gruppen kategorisieren:

◇ *Modularisierung*,
◇ *Austauschbarkeit*,
◇ *Qualitätssicherung*.

Modularisierung ist das Zerlegen eines Ganzen in überschneidungsfreie Bausteine, die einzeln verwendbar sind. Mithilfe der durch XML möglichen beschreibenden Metainformationen wird ein gezieltes inhaltliches Zerlegen von Dokumenten unterstützt, d. h. einzelne Dokumente bzw. Teile können angesteuert, kopiert, gefiltert, aktualisiert oder referenziert werden.

Austauschbarkeit bedeutet insbesondere die durch XML unterstützte Trennung von Struktur, Format und Inhalt bezüglich eines XML-Dokumentes (s. Abschnitt 9.1.3).

Die **Qualität** von XML-Dokumenten wird dadurch gewährleistet, dass die zu definierende Struktur von Dokumententypen dem Verfasser eines XML-Dokumentenformats ein Modell für seinen gedanklichen, inhaltlichen Aufbau zur Verfügung stellt. Hierbei wird auf entsprechende *Dokumententyp-Definitionen* (DTD) oder besser auf *XML-Schema* zurückgegriffen (s. Abschnitt 9.1.3).[3]

Dies hat eine fest vorgegebene Struktur zur Folge, die einerseits als Standard dient, andererseits aber auch den Autor einer Modellierung mit XML dabei unterstützt, wesentliche Inhalte nicht auszulassen.

9.1.2 XML-Technologie

Seit dem ersten XML-Entwurf im November 1996 sind ergänzende sowie domänen- und kontextspezifische XML-Spezifikationen entwickelt worden. Diese sind häufig ebenfalls gemeint, wenn von XML gesprochen wird. In diesem Zusammenhang kann in *kooperierende Standards* und *XML-Applikationen* unterschieden werden.

---

[3] In XML wurde ursprünglich das primitivste Typkonzept verwendet, das man sich vorstellen kann. Dementsprechend verwenden DTD nur einen einzigen Datentyp, und zwar *string*. Da das Typkonzept *XML-Schema* erst 2001 veröffentlicht wurde, wird das Konzept der DTD noch vielfach angewendet, obwohl es mittlerweile als Fehlentwicklung bewertet wird (Abiteboul, Bubemann & Suciu, 2000, 44).

Als *kooperierende Standards* werden häufig solche Spezifikationen bezeichnet, die zur Definition neuer, eigener XML-Dokumentenformate bzw. XML-Applikationen benötigt werden. Somit ist XML eher eine Technologie-*Familie* mit folgenden, besonders wichtigen Elementen:

◊ *XSL – Extensible Stylesheet Language*
  Sprache zur Spezifikation der Formatierung
◊ *XML DOM – XML Document Object Model*
  Definiert den Zugriff auf die Inhalte von XML-Dokumenten
◊ *XLink – Extensible Linking Language*
  Standardmethode, um Hyperlinks zu XML-Dokumenten hinzuzufügen
◊ *XPath – XML Path Language*
  Beschreibt Verweise auf Bereiche von XML-Dokumenten
◊ *XSDL – XML Schema Definition Language*
  Definiert die (Daten-)Struktur von XML-Dokumenten.

Im Gegensatz dazu sind die so genannten *XML-Applikationen* direkte Anwendungen zur Auszeichnung von Dokumenten (ähnlich wie mit HTML).

◊ *XHTML – Extensible HTML*
  XML-kompatible Version von HTML
◊ *XML EDI – XML Electronic Data Interchange*
  Austausch von XML-Dokumenten per EDI
◊ *XBRL – Extensible Business Reporting Language*
  Standard für finanzielle und nichtfinanzielle Unternehmensinformationen
◊ *VXML – Voice eXtensible Markup Language*
  Codierung lautsprachlicher Informationen
◊ *MathML – Mathematical Markup Language*
  Codierung mathematischer Ausdrücke in XML-Dokumenten
◊ *SMIL – Synchronized Multimedia Integration Language*
  Beschreibung von multimedialen Inhalten.

Eine ausführliche Beschreibung aller kooperierenden Standards und XML-Applikationen würde an dieser Stelle zu weit führen. Die beiden Übersichten bilden nur einen Ausschnitt, insbesondere da in den letzten Jahren zahlreiche XML-Applikationen erarbeitet wurden und die kooperierenden Standards kontinuierlich weiter entwickelt werden.

9.1.3 XML-Terminologie

Nachdem zuvor die Rahmenbedingungen der XML-Technologie dargestellt wurden, wird im Folgenden einführend die XML-Terminologie vorgestellt. Zur Bearbeitung von XML-Inhalten werden allgemein drei Dateien bzw. Konzepte benötigt:

◊ Ein *XML-Dokument*,
◊ die zugehörige *Dokumentenstruktur* (als XML-Schema oder DTD)
◊ ein *Stylesheet*.

Inhalt des XML-Dokuments sind der sogenannte Prolog und die entsprechenden Dokumentdaten, welche durch aussagekräftige XML-Elemente (*Tags*) gekennzeichnet sind. Ein XML-Dokument hat den in Abb. 9.1 gezeigten Aufbau.

Prolog

```
<?xml version="1.0" encoding="iso-8859">
<?xml-stylesheet type="text/xsl" href="style.xsl"?>
<xsd:schema xmlns:xsd="http://www.w3.org/2001/XMLSchema">
```

XML-Deklaration, Stylesheet und Dokumentenstruktur

Elemente

```
<Daten> ... </Daten>
Irgendein Text.
```

Text und Abbildungen oder Daten oder alles gemischt

Abb. 9.1. Aufbau eines XML-Dokuments

Ein XML-Dokument besteht aus einem oder mehreren Elementen. Die Dokumentenstruktur wird durch das XML-Schema oder die DTD bestimmt. Dies sind Regeln, wie XML-Elemente, Attribute und andere Daten definiert, (physisch) strukturiert und mit einem logischen Bezug zueinander in einem XML-Dokument dargestellt werden können. Stylesheets beschreiben in eigenständigen Dateien (s. Abb. 9.1 – „style.xsl"), wie Elemente formatiert dargestellt werden sollen. Verschiedene Stylesheets können auf dasselbe Dokument angewendet werden, d. h., dessen Erscheinungsbild kann verändert werden, ohne die zu Grunde liegenden Daten zu beeinflussen. So könnte ein Stylesheet zur Darstellung im Internet dienen (z. B. „internet.xsl"), während ein weiteres (z. B. „ausdruck.xsl") einen Ausdruck steuert. Die strikte Trennung zwischen Inhalt und Format ist ein wichtiges Merkmal von XML.

Zusammenfassung Abschnitt 9.1

- ◇ XML ist eine mächtige Auszeichnungssprache mit sehr vielen Elementen, die jeweils speziellen Zwecken dienen.
- ◇ XML ist eine Metasprache, also eine Sprache, mit der man neue Sprachen definieren und präzise festlegen kann.
- ◇ XML zerlegt Texte und Dokumente in Bausteine, die standardisiert sein können.
- ◇ Standards können lokal aber auch zentral im Internet abgelegt sein.
- ◇ XML verfolgt das Konzept der strikten Trennung von Inhalt und Form(at).

9.2 Schemata

Ein Schlüsselbegriff zum Verständnis von Daten ist das Wort **Schema**. Es kommt aus der Datenbanktechnik (Vossen, 2000) und bezeichnet ein Schichtenmodell von Beschreibungsebenen für Daten, bei dem jede Ebene von der darunter liegenden abstrahiert. Die obere Schicht sieht der Benutzer, entweder als Endbenutzer am Bildschirm oder als Programmierer. Dies ist das *externe Schema*. Die mittlere Schicht stellt hierzu Daten in Form von Modellen bereit. Sie wird *konzeptuelles Schema* genannt. Die untere Schicht steht der Speichertechnik (z. B. Magnetplatten) am nächsten. Sie heißt *internes Schema*. Abb. 9.2 zeigt diese drei Schichten rechts als Kästchen, daneben jeweils mit Beispielen versehen. Das „Bild" links daneben zeigt skizzenhaft in der mittleren Ebene die Vielzahl von Datentabellen eines Datenmodells, die dem Benutzer als externes Schema in Form vereinfachter **Sichten** (*Views*) geliefert werden. Sie stellen meist Ausschnitte aus mehreren Tabellen dar, wie Abb. 9.2 in der obersten Ebene andeutet.

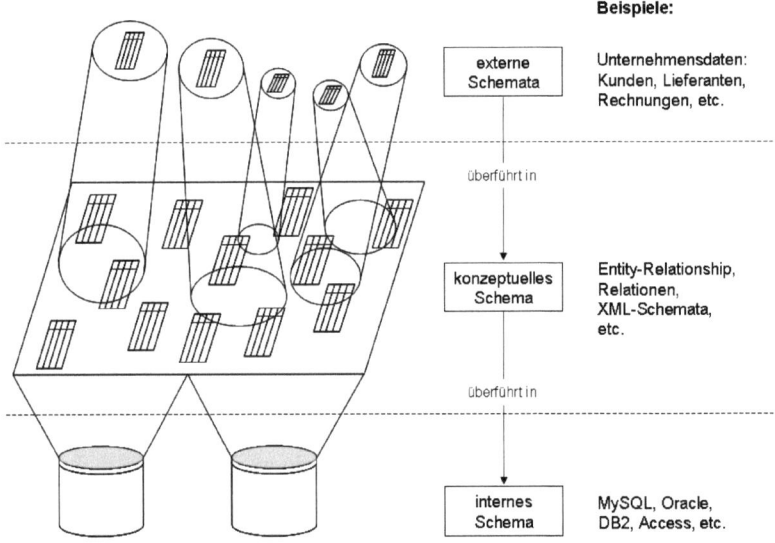

Abb. 9.2. Drei-Ebenen-Schemaarchitektur nach ANSI
(nach Pernul & Unland, 2001, 183)

So greifen Programme, die nur den Artikelpreis benötigen, auf der Ebene des externen Schemas mit einer *View* auf die konzeptuelle Tabelle der mittleren Ebene zu. Wenn diese sich ändert, weil etwa ein Attribut ergänzt wird, sind die Programme mit der View auf das Attribut `Preis` nicht betroffen. Tabelle 9.1 zeigt Beispiele für beide Ebenen, da die Sprache SQL,[4] für beide Schemata verwendbar ist. Die View hat einen anderen Namen als die Tabelle, greift aber auf sie mit deren Schlüssel zu.

---

[4] SQL wird in diesem Buch nur in Abschnitt 8.4 rudimentär behandelt.

Tabelle 9.1. Beispiel für eine *View*

Schema	Name	Beispiel
externes	*view*	**ArtPreis**(`ArtikelNr#`, `Preis`)
konzeptuelles	*table*	**Artikel**(`ArtikelNr#`, `Bezeichnung, Dimension, Preis`)

Das konzeptuelle Schema abstrahiert von der Art der Speicherung, verlangt aber die Einhaltung bestimmter Regeln und gibt eine bestimmte Struktur vor. Beim relationalen Schema der mittleren Schicht sind dies die Tabelle als Grundstuktur und etwa das Verbot von Nullwerten in Fremdschlüsseln (s. Kap 6). Das in der untersten Schicht liegende *interne Schema* verwaltet die Technik der physikalischen Speicherung auf Datenträgern und verbirgt die Eigenschaften der Datenträger vor den darüber liegenden Ebenen. Änderungen unterer Ebenen sollen sich auf höher liegende nicht auswirken. So dürfen Anwendungssysteme, die auf dem externen Schema aufsetzen, nicht beeinträchtigt werden, wenn der Rechnertyp oder das Datenbanksystem sich ändern.

Das Relationenmodell ist zwar ein *konzeptuelles Schema*, über das wir nur wissen müssen, welche elementaren Datentypen erlaubt sind und welche Eigenschaften Primärschlüssel haben müssen (Eindeutigkeit). Es kann aber auch verwendet werden, um Sichten des *externen* Schemas zu definieren, wie wir es in Tabelle 9.1 getan haben.

Zu *Schema* gibt es auch einen übergeordneten Begriff, der allgemeiner formuliert ist: **Metadaten**. Dies sind Daten über Daten. Für die *Werte* (zweifellos *Daten*), benötigt man deren allgemeinere Beschreibung, den *Typ*. Typen sind Metadaten. Wir bleiben jedoch beim Begriff *Schema*, da nur er gegenüber *Metadaten* ein Schichtenmodell impliziert.

In Schichten angeordnete Schemata sind auch in anderen Gebieten der Informationstechnik üblich, ohne so genannt zu werden. Statt von Schema spricht man von *Schichtenmodellen*, meint aber das gleiche Prinzip. Bekannte Schichtenmodelle sind das siebenstufige *OSI-Modell* (*Open Systems Interconnection*), das Protokolle der Datenübertragung regelt oder dessen Vereinfachung, die *TCP/IP-Protokollfamilie* (*Transmission Control Protocol/Internet Protocol*), auf der das Internet basiert.[5] Auch die Datendeklarationen jeder Programmiersprache sind Schemata.

Für jede Ebene regelt ein Schema, wie sie definiert ist und welche Aufgaben sie wahrnimmt. Schemata (Schichtenmodelle) dienen der Komplexitätsreduktion durch Aufgabenverteilung auf die einzelnen Ebenen. Ein Schema enthält also Vorschriften für die Strukturierung und Interpretation von Daten. Mit *Datentypen* wird festgelegt, wie wir codierte Daten sehen und typgerecht verarbeiten wollen. Zahl-Zeichen werden nicht addiert, Zahlen schon. Also ist das *Zeichen* '1' von der *Zahl* 1 zu unter-

---

[5] Einzelheiten zu diesem Thema können bei Hansen & Neumann (2005, Bd 2, Kap 6) oder Tanenbaum (2003, Kap 1) nachgelesen werden.

168   9 Unstrukturierte Daten

scheiden. Alle Zeichenketten des verwendeten Alphabets müssen sich mindestens[6] einem der vereinbarten Typen zuordnen lassen.

Mit XML kann man Datentypen und damit auch strukturierte Daten beschreiben, obwohl dies nicht die Kernidee von XML war (Kazakos, Schmidt & Tomczyk, 2002). Für diesen Teilbereich des sehr großen Anwendungsspektrums von XML wird auf den kooperierenden Standard *XML-Schema* zurückgegriffen. XML-Schema hat etwa die gleichen Aufgaben und Möglichkeiten wie eine Beschreibungsnorm aus dem relationalen Bereich, ist nur syntaktisch völlig anders gestaltet. Man kann relationale Schemata maschinell in XML-Schemata überführen. Es gibt also zwischen einem relationalen und einem XML-Schema keinen konzeptionellen Unterschied (s. Abschnitt 9.3.3).

Dennoch gibt es einen grundlegenden Unterschied zwischen der relationalen Welt einerseits und der textbasierten (XML-)Welt andererseits, den man nur verstehen kann, wenn man weiß, was ein Schema ist. Auf diesen Unterschied werden wir im folgenden Abschnitt eingehen.

Zusammenfassung Abschnitt 9.2

◊ Ein *Schema* ist ein in Schichten aufgebautes Modell, mit dem Daten in verschiedenen Sichten beschrieben werden.
◊ *Metadaten* sind Datenbeschreibungen, die Daten in einer tiefer gelegenen Schicht beschreiben.
◊ *Datentypen* sind Metadaten aus der Welt der Programmiersprachen. Sie beschreiben die Daten, auf denen das Programm arbeitet, und abstrahieren von der Speicherungsform.

9.3 Kommunikation mit strukturierten Daten

Der Unterschied zwischen den beiden Welten relationaler und textbasierter Daten ist gravierend und wird vor allem bei der Kommunikation des Unternehmens mit seiner Umwelt wirksam. Das Unternehmen will oder muss[7] mit externen Akteuren automatisiert Daten austauschen, also mit Kunden, Lieferanten, Behörden (z. B. dem Finanzamt) und Banken.

---

[6] Die Ziffern werden bis zu viermal zugeordnet: als char ('1'), als integer (1), als float (1.0) und als boolean (1 für True).
[7] Mit Inkrafttreten des Gesetzes über elektronische Handelsregister und Genossenschaftsregister sowie das Unternehmensregister *(EHUG)* zum 1. Januar 2007 sind zahlreiche Kapitalgesellschaften, Genossenschaften oder Personenhandelsgesellschaften zu eine sog. „XML-Anlieferung" von Abschlussunterlagen und Finanzberichten im elektronischen Bundesanzeiger und Unternehmensregister verpflichtet.

9.3.1 Konzepte relationaler und textbasierter Daten

Abb. 9.3 zeigt eine Kommunikationssituation zwischen zwei Akteuren des Wirtschaftslebens. Man nennt diesen Fall B2B (*Business to Business*). Die Kommunikation B2C oder (*Business to Consumer*) umgekehrt ist strukturell gleich, allerdings aus Gründen des Verhaltens von Verbrauchern erheblich aufwändiger als B2B.

Abb. 9.3. Automatische Datenübertragung zwischen zwei Unternehmen

Die Akteure betreiben eine adäquate IT-Infrastruktur zur Verarbeitung ihrer Daten, von denen man keineswegs annehmen darf, dass sie hinsichtlich Betriebssystem, Datenbanksystem und Anwendungssystemen gleich sind, im Gegenteil: Dasselbe Datenbanksystem speichert gelegentlich auf der technischen Ebene sogar die Daten verschiedener Versionen unterschiedlich.[8]

Das Schema (alle drei Ebenen, Abb. 9.2) wird *getrennt* von den Daten gespeichert. Zumindest die unterste Ebene ist bei allen Datenbanksystemen verschieden. Die Daten können aber nur verarbeitet werden, wenn dem verarbeitenden Programm das interne (technische) Schema zur Verfügung steht.

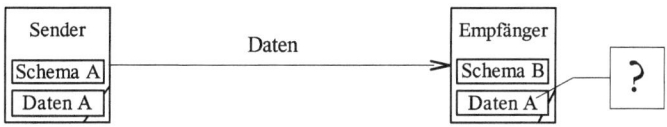

Abb. 9.4. Verarbeitung und Übertragung von Daten zwischen relationalen Systemen

Selbst das konzeptuelle Schema differiert zwischen verschiedenen Datenbanksystemen, wenn auch nur in Details. So gibt es für die eigentlich genormte Sprache SQL bei allen Anbietern leichte Unterschiede. Deshalb ist es auf einfache Weise nicht möglich, die von einem relationalen *System A* geschriebenen Daten mit einem anderen *System B* zu lesen. Das konzeptuelle und das interne Schema müssen zwischen Sender und Empfänger übereinstimmen, wenn dies gelingen soll. Dies zeigt Abb. 9.4. Die relationale oder andere Speicherungen in Datenbanken sind erforderlich, da die internen Datenvolumina von Unternehmen oft groß sind und für die betrieblichen Anwendungssysteme nur eine Datenbank oder ein ähnliches System diese effizient verarbeiten kann.

---

[8] Eine solche Erfahrung mussten vor allem Benutzer der PC-Datenbank MS-Access innerhalb weniger Jahre mehrmals machen.

Das Konzept *textorientierter* Daten, die mit XML strukturiert sind, ist dagegen ein völlig anderes:

◊ Die Daten sind in genormten Codes gespeichert, die von jedem Empfänger mit einem beliebigen Rechnersystem gelesen werden können.
◊ Das Schema ist in den Daten enthalten und *nicht* getrennt von ihnen gespeichert. Es kann also bei jeder Kommunikation mit übertragen oder an einer beiden Akteuren zugänglichen Stelle hinterlegt werden, etwa im Internet (s. Abschnitt 9.2 sowie Abschnitt 9.3.3).

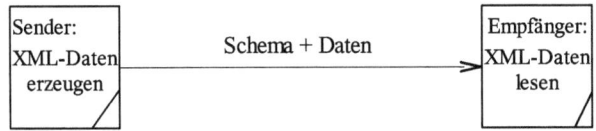

Abb. 9.5. Übertragung von Daten zwischen textbasierten Systemen

XML hat im Gegensatz zu HTML die Eigenschaft, dass man damit Datenstrukturen selbst definieren kann, wie wir es in Kapitel 3 kennen gelernt haben. Das ist genau die Eigenschaft einer Sprache, die man bei der automatisierten Kommunikation benötigt. Dem jeweiligen XML-Standard folgend, kann der Empfänger die für ihn lesbaren Daten genau so interpretieren, wie der Sender sie verstanden hat. Abb. 9.5 zeigt dies.

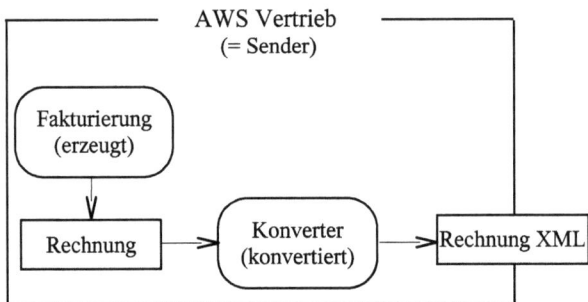

Abb. 9.6. Zusammenhang zwischen Anwendungssystem und Datenaustauschformat

Die Kommunikation ist mit textbasierten Daten erheblich einfacher und damit wirtschaftlicher als mit Daten einer Datenbank. Abb. 9.6 zeigt den Zusammenhang zwischen dem Anwendungssystem *Vertrieb*, in dem der Baustein *Fakturierung* die Rechnung im relationalen (internen) Format und die Übertragungsdaten im (externen) XML-Format durch einen Konverter erzeugt werden. Der Empfänger konvertiert im Beispiel Abb. 9.3 die XML-Rechnungen des Senders in sein eigenes internes Format für Lieferantenrechnungen. Der nächste Abschnitt bringt einige Beispiele in XML, die die bisherigen Ausführungen nachvollziehbar machen.

9.3.2 Beispiele strukturierter Daten in XML

Die folgenden Beispiele wurden ausgearbeitet von Tüllmann (2005). Abb. 9.7 zeigt ein erstes XML-Beispiel für eine Rechnung. Abgebildet wird das relationale Schema

Rechnung (RechnungsNr#, Lieferdatum, ArtikelNr#, Artikelbezeichnung, Stückzahl, Mengeneinheit, Rechnungsbetrag,
Währung, Zahlungsziel)

einer sehr einfachen Rechnung ohne separate Position, da nur ein Artikel geliefert wird. Zur Information wird dem Kunden natürlich auch die Artikelbezeichnung aus dem Grunddatentyp Artikel dargestellt, so dass die Relation als abgeleitete View nicht der 3NF genügt, dies aber auch nicht *muss*.

```
<?xml version="1.0" encoding="iso-8859">

<Rechnung>
  <RechnungsNr>2325</RechnungsNr>
  <LieferDatum>20.03.2005</LieferDatum>
  <ArtikelNr>8003567</ArtikelNr>
  <ArtikelBezeichng>Schmierstoff SuperOil</ArtikelBezeichng>
  <Stückzahl>1000</Stückzahl>
  <MengenEinheit>kg</MengenEinheit>
  <RechnungsBetrag>5000</RechnungsBetrag>
  <Währung>Euro</Währung>.
   <Zahlungsziel>14.04.2005.</Zahlungsziel>
</Rechnung>
```

Abb. 9.7. Eine Rechnung, formuliert in XML

Zunächst vermittelt jedes XML-Dokument, mit welcher XML-Version und welchem Code es gelesen werden muss (s. Abb. 9.7). Dies ist der in Abschnitt 9.1.3 erwähnte Prolog. Die Tags enthalten semantische Informationen. Der Inhalt ist im Fall

`<Rechnungsbetrag>5000</Rechnungsbetrag><Währung>Euro</Währung>`

die Auszeichnung eines Rechnungsbetrages von 5.000 Einheiten der Währung *Euro*.

Wir sehen – gerade auch im Vergleich mit der Relation – dass sich mit XML genauso Datenstrukturen beschreiben lassen wie mit dem Relationenmodell und dass in beiden Notationen keine Beschreibungen der elementaren Datentypen vorgesehen sind. Sie kommen in XML, wie bereits erwähnt, erst mit *XML-Schema* und in der relationalen Welt mit der hier nicht behandelten Sprache SQL hinzu (s. Panny & Taudes, 2000). Wir hatten in Kapitel 6 (Seite 106) vereinfachend die Datentypen in der Kopfzeile der Tabellen untergebracht, um die komplizierte SQL-Syntax zu vermeiden.

Soweit die konzeptionellen Überdeckungen. Viel entscheidender sind jedoch die Unterschiede. In Abb. 9.7 ist unschwer zu sehen, wie die *Daten* mit dem Schema *zusammen* transportiert werden, wie also Abb. 9.6 in XML umgesetzt wird.

Tabelle 9.2. Zwei Belege und zwei Buchungen relational

Beleg		Buchung			
Beleg#	BelegDat	BuchungsNr#	BuchungsDat	Buchungstext	Beleg#
5	16.03.2005	1	01.04.2005	Eingangsrechnung	5
7	24.03.2005	2	01.04.2005	Eingangsrechnung	7

Dies wird durch ein zweites Beispiel in Tabelle 9.2 noch deutlicher, die ein Beispiel aus der Buchhaltung mit zwei Belegen zeigt, die gebucht werden sollen (s. auch Abschnitt 5.3.1).

Die Tabelle enthält *zwei* Zeilen. Abb. 9.8 (nächste Seite) zeigt im XML-Format, dass jeder Datenwert aus jeder Zeile für sich jeweils neu ausgezeichnet wird. Würden nur die *Daten* transportiert (s. Abb. 9.4), wären nur ein Bruchteil an Zeichen gegenüber XML zu übertragen. Das könnte in textcodierter Form – mit ';' als Trennzeichen zwischen den Werten der Attribute – so aussehen:

```
5;16.03.2005;7;24.03.2005;1;01.04.2005;Eingangsrechnung;5;...
```

Dies kann aber nur lesen, wer das Schema hat. Ohne Metadaten kann man die Werte nicht verstehen.

Der „Preis" für die Verwendung von XML ist also hoch, allerdings auch der Nutzen. Da die Übertragung auch vieler zeichenorientierter Daten heute billig und technisch schnell genug ist, hat man als Nutzen erhöhte betriebliche Flexibilität und auch geringere organisatorische Transaktionskosten. Abstimmungen über Schemata sind fehleranfällig, kosten Personalkapazität und Software für Datenkonvertierungen. Außerdem gibt es Techniken, den Anteil der übertragenen Metadaten zu verringern, unter anderem durch das im nächsten Abschnitt behandelte *XML-Schema*.

Offen ist noch ein letzter Punkt: Der Strukturunterschied zwischen dem Relationenmodell und XML. Das Relationenmodell erlaubt gemäß der 1NF nur einstufige, XML aber beliebig tief geschachtelte Hierarchien. Aus diesem Grund ist es nicht trivial, teilweise auch unmöglich, *beliebige* XML-Strukturen in das RM zu überführen.

Damit dürften die Grundprinzipien von XML bezüglich der Übertragung strukturierter Daten deutlich geworden sein. Es bleibt XML-Schema.

```
<Tabelle Beleg>
    <Zeile>
        <Beleg>5</Beleg>
        <BelegDatum>16.03.2005</BelegDatum>
    </Zeile>
    <Zeile>
        <Beleg>7</Beleg>
        <BelegDatum>24.03.2005</BelegDatum>
    </Zeile>
</Tabelle Beleg> <Tabelle Buchung>
    <Zeile>
        <BuchungsNr>1</BuchungsNr>
        <Beleg>5</Beleg>
        <BuchungsDatum>1.4.2005</BuchungsDatum>
        <BuchungsText>Eingangsrechnung</BuchungsText>
    </Zeile>
    <Zeile>
        <BuchungsNr>2</BuchungsNr>
        <Beleg>7</Beleg>
        <BuchungsDatum>1.4.2005</BuchungsDatum>
        <BuchungsText>Eingangsrechnung</BuchungsText>
    </Zeile>
</Tabelle Buchung>
```

Abb. 9.8. Die Buchungen aus der Tabelle 9.2, formuliert in XML

9.3.3 XML-Schema

XML-Schema ist als Mittel für Typdefinitionen schon erwähnt worden. Jetzt soll an Hand eines Beispiels gezeigt werden, wie es aussieht und gehandhabt werden kann. Wir sehen in Abb. 9.9 zunächst, dass alle Tags mit dem Erkennungsstring 'xs' beginnen und dass keine Daten enthalten sind. Es handelt sich um die Relation

Kreditor (KreditorNr#, Name, PLZ, Ort).

Es wird das Schema eines zusammengesetzten Datentyps dargestellt, hier *complexType* genannt. Die Tag-Bezeichnung *sequence* lässt vermuten, dass es andere Strukturen gibt als die Sequenz. Die elementaren Datentypen haben einen Namen und einen Typ. In Hansen & Neumann (2005, Bd 2, Abschn 5.4.1.2) können weitere Einzelheiten nachgelesen werden, etwa dass alle üblichen oder auch viele pragmatisch nützliche Basistypen existieren und dass Integritätsbedingungen formulierbar sind. Es gibt sogar ein Konstrukt, um Elemente als Schlüssel zu kennzeichnen (hier nicht gezeigt).[9]

---

[9] Auf die Abfragesprache *XPath* aus der XML-Familie können wir hier nicht detailliert eingehen. Sie war bereits in Abschnitt 9.1.2 angesprochen worden und wird auch in Abb. 9.9 bei der Definition des Schlüssels gezeigt.

```
<xs:element name="Kreditor">
  <xs:complexType>
    <xs:sequence>
      <xs:element name="KreditorNr" type="xs:integer" />
      <xs:element name="Name" type="xs:string" />
      <xs:element name="PLZ" type="xs:integer" />
      <xs:element name="Ort" type="xs:string" />
    </xs:sequence>
  </xs:complexType>
  <xs:key>
    <xs:Field xPath ="KreditorNr">
  </xs:key>
</xs:element>
```

Abb. 9.9. Beispiel für Typdefinitionen in XML-Schema

Das Schema kann entweder einer Datenübertragung mitgegeben werden, dann dient es eher der *Information* des Empfängers. Der Sender konnte seine Nachricht ja bereits an Hand des Schemas auf Typkonformität überprüfen, entlastet also den Empfänger von Prüfarbeit. Das Schema kann aber auch bei einem Provider im Internet hinterlegt sein – selbstverständlich abgesichert gegen Veränderungen. Auf diese Weise lassen sich Standards durchsetzen, die die Akteure nicht verändern können. Das wäre mit XML ohne ein Schema nicht möglich. Hierin liegt der eigentliche Wert von Datentypen, deren Schema kommuniziert wird.

Eine andere Stärke von XML besteht darin, Texte und strukturierte Daten zu mischen. Von diesen *semistrukturierten* Daten soll im nächsten Abschnitt die Rede sein.

Zusammenfassung Abschnitt 9.3

- ◇ Relationale Daten sind zur Kommunikation mit der Umwelt des Unternehmens schlecht geeignet.
- ◇ Textorientierte Daten eignen sich genau hierzu besonders gut, weil sie
  – in genormten Codes vorliegen, also lesbar sind,
  – Inhalt *und* Schema der Daten enthalten.
- ◇ Relationale Schemata lassen sich leicht nach XML konvertieren. Die Umkehrung gilt wegen der Strukturunterschiede in der Hierarchie *nicht*.
- ◇ *XML-Schema* entspricht in den Ausdrucksmöglichkeiten der relationalen Welt.

9.4 Semistrukturierte Daten

Die Spanne „halb"-strukturierter Daten reicht von überwiegend strukturierten Daten, in die ein wenig Text eingestreut werden soll, bis zum unstrukturierten Text, der einige strukturierte Attribute enthält.

9.4.1 Das Konzept

Im Unternehmenskontext gibt es seit jeher Texte, die auch variable Daten enthalten. Das Konzept des *Serienbriefes* aus Office-Systemen ist der Versuch, damit umzugehen. Office-Systeme, etwa *Microsoft Office* oder *OpenOffice*, kennen Datenelemente in den Texten, z. B. für Serienbriefe. Die Schwierigkeit ist jedoch, dass die Daten und die Art ihrer Verarbeitung vollkommen herstellerspezifisch und evtl. ohne das Programm in der „richtigen" Version nicht lesbar[10] sind. Bei der Kommunikation mit Daten aus Office-Systemen haben wir dieselbe Situation wie mit relationalen Daten, die in Abb. 9.4 dargestellt wurde.

Mit XML ist dies jedoch problemlos möglich. Man kann neben strukturierten, mit Tags ausgezeichneten Daten auch Texte in eine XML-Datei einstreuen, wie Abb. 9.10 im folgenden Abschnitt am Beispiel der uns schon bekannten Rechnung zeigt. Dies hat eine große wirtschaftliche Bedeutung, die über die Möglichkeiten von Textkomponenten der Office-Systeme weit hinaus reicht.[11]

Wir hatten in Kapitel 5 von aufzeichnungspflichtigen *Daten* gesprochen. Das HGB geht aber noch weiter und schreibt die ***Aufbewahrung von Dokumenten*** vor (§ 257). Hiervon sind alle Schriftstücke betroffen, die das Unternehmen von außen im Rahmen von Handelsgeschäften erreichen. Dies zog nicht selten gewaltige Aktenarchive nach sich, denn der Gesetzgeber schreibt eine zehnjährige Aufbewahrung vor. In Zeiten günstiger optischer Speicher wie CD und DVD muss dies zwar nicht mehr sein, ist aber mit Scannen und Speichern allein nicht erledigt. Die gespeicherten Dokumente enthalten *Daten*, deren Bezug zu den in den Vorgangsdaten abgelegten Geschäftsvorfällen kurzfristig, also maschinell, herstellbar sein muss. Also müssen die Daten in den Texten erkenn- und auswertbar sein.

Werden die Dokumente als Bilder (= eingescanntes Papier) gespeichert, müssen sie kurzfristig in der empfangenen Form, also bildlich identisch zum Orignal,

---

[10] Immerhin sind die Texte von OpenOffice in XML abgebildet, also lesbar. Auch innerhalb von Microsoft Office können Word-Dokumente oder Excel-Arbeitsmappen als XML-Dateien gespeichert werden. Dabei ist jedoch zu bedenken, dass diese nicht unbedingt dem XML-Konzept (s. Abschnitt 9.1.1) folgen. Näheres s. www.OpenOffice.org und office.microsoft.com/de-de/default.aspx

[11] Damit nicht der Eindruck entsteht, XML (und HTML) seien die einzigen bedeutsamen Auszeichnungssprachen, möchten wir an dieser Stelle kurz auf die Auszeichnungssprache TEX bzw. das System LATEX hinweisen (s. Kopka, 2000). Hierbei handelt es sich um ein Satzsystem zur Erstellung von Texten mit anspruchsvollem Layout. LATEX ist seit 1978 in Gebrauch, also bevor es den ersten PC gab. Es ist kostenlos und wird vor allem im wissenschaftlichen Bereich und für umfassende industrielle Handbücher eingesetzt. Auch das vorliegende Buch wurde mittels LATEX erstellt.

verfügbar gemacht werden können (§ 257(3) Nr 1 HGB). Dies ist mit relationalen Datenbeständen nicht möglich, im Gegenteil. Die relationale Speicherung von Daten hat sogar zum Ziel, von der Art der Ausgabe auf Bildschirme oder Drucker zu abstrahieren, also vom *Bild* eines Dokuments. Hier liegt eine der großen Stärken von XML (s. Abschnitt 9.1.3). Die Sprache kann Texte und Daten *gemischt* speichern und mit einem Zusatz aus der XML-Familie, XSL (*Extensible Style SheetLanguage* – Abschnitt 9.1.2), auch das Layout eines Dokuments abbilden. Dies ist es, was der Gesetzgeber verlangt:[12] Die *Daten* sind elektronisch erkennbar und das gespeicherte *Layout* ist wieder herstellbar.

Ebenso ist es möglich, das Dokument nur elektronisch zu versenden, wie in Abschnitt 9.3 für reine Daten dargestellt. Wenn Sender oder Empfänger das XML-Dokument drucken, erhalten sie das gleiche Layout wie vom Gesetzgeber gefordert.

Demgegenüber sind *Bildarchive* nur ein schlechter und teurer Behelf für das Archivierungsproblem. Es ist auf einfache Weise nicht möglich, in Bilddaten einzelne Elemente als codierte Daten zu kennzeichnen. Man muss also *neben* dem Bildarchiv codierte oder relationale Metadaten halten (s. Abschnitt 9.2).

Wir zeigen jetzt ein einfaches Beispiel, allerdings ohne eine Layout-Komponente.

9.4.2 Beispiel

Abb. 9.10 (nächste Seite) zeigt die uns schon bekannte Rechnung aus Abb. 9.7, erweitert um einige Textelemente. Man sieht, dass sich *Text* von *Daten* dadurch unterscheidet, dass er nicht durch Tags ausgezeichnet ist. Die Mischung zwischen Daten und Text ist beliebig. Es ist also durchaus möglich und in großen Firmen bereits üblich, wichtige textorientierte Dokumente in XML abzubilden.

Hierfür existiert mit der in Abschnitt 9.1.3 angeführte XML-Applikation XBRL (Extensible Business Reporting Language)[13] ein weltweit akzeptierter Standard. So wird der Austausch, die Interpretation sowie die Darstellung finanzieller und nichtfinanzieller Unternehmensinformationen, wie z. B. Jahresabschlüsse, über Software- und Systemgrenzen hinweg unterstützt. Dem XML-Konzept (s. Abschnitt 9.1.1) folgend, können Unternehmen ihre in XBRL vorliegenden Daten mehrfach nutzen.

Im folgenden Abschnitt wird noch kurz der Frage nachgegangen, wozu XML gebraucht wird, um reine Texte zu behandeln, die keine strukturierten Daten enthalten.

Zusammenfassung Abschnitt 9.4

⋄ In der problemlosen Behandlung semistrukturierter Daten liegt die eigentliche Stärke von XML. Demgegenüber haben relationale Systeme ihre Stärken in der Geschwindigkeit des Zugriffs.
⋄ XML erlaubt die Darstellung, Speicherung und Übermittlung von Layouts im Verbund mit strukturierten Daten.

---

[12] Seit 2002 gibt es ein XML-Schema der Finanzbehörden, mittels dessen automatische Buchprüfungen durchgeführt werden. Die Regeln hierfür sind in der GDPdU (*Grundsätze zum Datenzugriff und zur Prüfbarkeit digitaler Unterlagen*) niedergelegt.
[13] s. http://xbrl.org/

```
<?xml version="1.0" encoding="iso-8859">

<Rechnung>
  Rechnung: <RechnungsNr>2325</RechnungsNr>
  Wir bedanken uns für Ihren Auftrag vom
  <AuftragsDatum>20.03.2005</AuftragsDatum> und berechnen
    Ihnen:
  <Stückzahl>1000</Stückzahl>
  <MengenEinheit>kg</MengenEinheit>
  <ArtikelNr>8003567</ArtikelNr>
  <ArtikelBezeichng>Schmierstoff SuperOil</ArtikelBezeichng>
  <RechnungsBetrag>5000</RechnungsBetrag> Euro.
   Die Rechnung ist zahlbar bis zum
  <Zahlungsziel>14.04.2005</Zahlungsziel> ohne Abzüge.
  Hamburg, den <RechnungsDatum>01.04.2005</RechnungsDatum>.
</Rechnung>
```

Abb. 9.10. Eine textorientierte Rechnung mit XML

9.5 Dokumente

Wir haben bisher den Begriff *Dokument* nicht weiter hinterfragt, der für unstrukturierte Daten schlechthin steht. Jeder Roman, Zeitungsartikel, Geschäftsbrief, auch jede Internet-Seite, ist ein *Dokument*. Schon intuitiv wird man hinter *Dokument* mehr vermuten als hinter unserer bisher größten Einheit von Zeichenfolgen, dem *Text* (vgl. Abschnitt 3.1). Eine E-Mail oder SMS werden wir eher nicht als Dokument betrachten, sondern nur als Text. Dokumente unterscheiden sich von einfachen Texten durch eine explizit sichtbare Struktur, die eine Orientierung bietet. Doch welche Dokumente sind hier wichtig und welche Rolle kann XML in diesem Zusammenhang spielen?

Während in einem Geschäftsbericht noch ein nicht unerheblicher Teil an strukturierten Daten enthalten ist, gibt es auch im Industrieunternehmen wichtige Dokumente, die auf den ersten Blick „nur" Texte sind. Beispiele sind:

⋄ Organisationsanweisungen
⋄ Notfall- oder Datenschutzhandbücher
⋄ Verträge mit Lieferanten oder Kunden
⋄ Handbücher von Produkten.

Wir beschränken unsere Diskussion auf das letzte Beispiel, das nicht zufällig dieselbe Nachsilbe hat wie das Objekt, das der Leser in der Hand hält.

Zu jeder komplexen technischen Anlage (z. B. Chemieanlage, Zeitungsdruckmaschine) gehört mindestens ein technisches Handbuch. Man kann es keinesfalls dem Kunden auf CD-ROM oder Internet-Link ausliefern mit dem Hinweis „drucken können

Sie ja selbst". Wer Millionen für ein *Produkt* bezahlt, erwartet als Teilprodukt eine professionell gegliederte, geschriebene und gedruckte Beschreibung. Zusätzlich wird der Kunde das „Buch" auch am Bildschirm lesbar geliefert haben wollen.

Bei einem gedruckten Buch liefert die Gliederung die Struktur, bestimmte Verzeichnisse helfen bei der Suche nach Begriffen, Bildern oder Tabellen. Liegt ein Text online vor, kann man selbst mit einer Textverarbeitung nach jeder denkbaren Zeichenkette suchen. Diese einfache Technik nennt man *Volltextsuche*. Damit wird der Benutzer eines industriellen Handbuchs allerdings nicht zufrieden sein. Auch wird ein Handbuch nicht für jedes Exemplar einer Produktserie neu erstellt, selbst wenn jedes Produkt kundenindividuell ausgestaltet ist. Man wird das Dokument in selbständige Bausteine zerlegen und das Handbuch für jede Kundenversion nur zusammenstellen und ggf. ergänzen. Damit das handhabbar ist, müssen die Bausteine und ihre Struktur mit Metadaten beschrieben sein. Dies lässt sich mit einem Office-System nicht mit vertretbarem Aufwand durchführen, ganz zu schweigen von herstellerspezifischen Codes einiger Systeme.

Beim industriellen Handbuch wie auch beim verkauften Buch lässt sich die von allen Exemplaren einzuhaltende Struktur mit XML-Schema festlegen, so dass jede Ausprägung genau der vorgegebenen Struktur entspricht. Hansen & Neumann (2005, Bd 2, 477) zeigen ein Beispiel für eine ähnliche Problemstellung, eine Buchbestellung. Ein konkretes Exemplar zeigt Abb. 9.11 für das vorliegende Buch, allerdings nur sehr skizzenhaft angedeutet.

Wir sehen die auch ohne XML *auf dem Papier* sichtbare Struktur. Bei der Ablage als Textdaten muss die Struktur jedoch ausgezeichnet sein, um sie anderweitig irgendwie zu verwerten. Soweit die Kennzeichnung einer vom Autor explizit geschaffenen Struktur. Es dürfte dem Leser jedoch klar geworden sein, dass mit XML mehr möglich ist. Es ist kein Problem, Teile eines Textes *nachträglich* auszuzeichnen und diese vorher unsichtbare Struktur dann auszuwerten, evtl. über alle bestehenden Dokumente. Hier gehen die flexiblen Mittel von XML weit über Textsysteme hinaus, die mit dieser Technik schon seit langem Wörter für ein automatisch erstelltes Schlagwortverzeichnis kennzeichnen.

Abschließend sei ein Blick auf eine andere Branche erlaubt. Während ein Industrieunternehmen im Regelfall eine überschaubare Anzahl von Verträgen haben wird, hat ein Versicherungsunternehmen einige Hunderttausend. Hier bietet XML die Möglichkeit, durch nachträgliches Auszeichnen Licht in das Dunkel der Vertragsdokumente zu bringen, auch wenn der Aufwand nicht unerheblich ist.[14] In jedem solchen Vertrag sind *Daten* verborgen, die es sichtbar zu machen gilt.

Auch die Auftritte großer Institutionen im Internet (Firmen, Ministerien, Universitäten) sind sehr große Sammlungen von Dokumenten. Hier kann ebenfalls mit XML ein Ein- und Überblick über die Struktur der Dokumente und ausgewählte Inhalte geschaffen werden.

---

[14] Es gibt zahlreiche Softwarewerkzeuge, die ein mehr oder minder automatisches (nachträgliches) Auszeichnen („Tagging") unterstützen, wie z. B. http://www.semio.com. Näheres s. Laudon et al. (2006, 463f.).

```
<?xml version="1.0" encoding="iso-8859">

<Buch>
  <Vorspann>
    <Titel>Informationswirtschaft</Titel>
    <Vorwort>Dieses Buch ...</Vorwort>
    <Inhalt>Inhaltsverzeichnis ...</Inhalt>
    <Abkürzungen>Abb.~

    ...</Abkürzungen>
  </Vorspann>
  <Hauptteil>
    <Kapitel>Einführung</Kapitel>
    <Kapitel>Betriebliche Funktionen und Prozesse</Kapitel>
      <Abschnitt>Funktions-Sicht</Abschnitt>
        <UnterAbschn>Funktionaler Überblick</UnterAbschn>
        ...
      <Abschnitt>Prozess-Sicht</Abschnitt>
        <UnterAbschn>Prozesse und Funktionen</UnterAbschn>
        ...
  </Hauptteil>
  <Abschluss>
    <Literatur>Literaturverzeichnis ...</Literatur>
    <Schlagwörter>Ablauf, 22 ...</Schlagwörter>
  </Abschluss>
</Buch>
```

Abb. 9.11. Skizze der Struktur dieses Buches, ausgezeichnet mit XML

Zusammenfassung Abschnitt 9.5

◇ Mit XML lassen sich auch die *Struktur* oder andere Merkmale von Dokumenten vorgeben oder nachträglich auszeichnen.

◇ Der große Unterschied von *Auszeichnungssprachen* für *Texte* gegenüber Office-Systemen ist die Unabhängigkeit der Daten vom Programm. Dies beruht auf den Standards der Auszeichnungen und der Codes.

9.6 Wiederholung und Übung

- Daten sind nur interpretierbar, wenn man das *Schema* kennt.
- Bei *relationaler Speicherung* von Daten sind in der Regel die Verarbeitungsprogramme an das Schema der verwendeten Datenbank gebunden.
- Bei *textorientierter Speicherung* mit XML ist das Schema in den Daten enthalten. Dies macht die Kommunikation über Rechnergrenzen sehr viel einfacher als bei relationalen Daten.

- Mit *XML-Schema* gibt es ein Konzept, das dem relationalen Schema vergleichbar ist.
- Die *Stärken* von XML liegen in der Übermittlung von Daten und in der beliebigen Mischung aus strukturierten Daten und Text.
- *Unstrukturierte Texte* kann man im Nachhinein mit einer Auszeichnungssprache transparent machen (*auszeichnen*) und so Struktur oder Daten abfragbar machen.

Begriffe

Abschnitt 9.1: Extensible Markup Language, Auszeichnungssprache, Austauschbarkeit, Modularisierung, Qualitätssicherung, XML-Technologien, XML-Terminologie.
Abschnitt 9.2: Schema, Metadaten.
Abschnitt 9.3: Kommunikation, relationale / textbasierte Daten, Tag, XML-Schema.
Abschnitt 9.4: Semistrukturierte Daten.
Abschnitt 9.5: Dokument.

Aufgaben

1. Diskutieren Sie die Vorteile der Auszeichnungssprache XML.
2. Recherchieren Sie vier auf XML basierende Datenaustauschfomate im B2B-Bereich.
3. Entwerfen Sie ein XML-Dokument, welches im Buchhandel Anwendung finden könnte. Das XML-Dokument soll sowohl die Liefer- als auch die Rechnungsadresse sowie die bestellten Bücher abbilden können (→ Anhang).

10
Die Fallstudie Personal-Bikes

Die folgende Fallstudie ist in vier Schritten dargestellt, in denen jeweils Aufgaben gestellt werden. Sie sollten versuchen, sich selbst Lösungen zu erarbeiten, bevor Sie unseren Vorschlag in Anhang C nachlesen. Da die Studie sich um Realitätsnähe bemüht, ist sie nicht einfach. Sie sollten Literatur zur Betriebswirtschaftslehre der Produktion heranziehen. Hier können wir die bisher zitierten Bücher von Jahnke & Biskup (1999), Kurbel (2005) und Scheer (1997) empfehlen.

10.1 Ausgangssituation zum Unternehmen und dessen Logistik

Die Firma *Personal-Bikes* ist ein mittelständisches Unternehmen, das handgefertigte, relativ hochpreisige Fahrräder herstellt. Sie hat ihren Sitz in Deutschland (Berlin) und beschäftigt Anfang 2008 in den Bereichen Produktion, Verwaltung und Vertrieb 120 Mitarbeiter.

Zu den Kunden zählen namhafte Einzelhändler in Deutschland und spezialisierte Versandhäuser. Die Produktpalette umfasst vier Typen von Fahrrädern: Rennrad, Mountainbike, Trekking-Rad und City-Bike, von denen zwei kundenindividuell geliefert werden können. Die Fahrräder unterscheiden sich in den Rahmenmaßen und in der Ausstattung.

Der Bereich *Produktion* besteht aus den Funktionen Entwicklung, Beschaffung, Lagerhaltung, Fertigung, Qualitätskontrolle und Versand; der *Vertrieb* aus den Funktionen Innen- und Außendienst. Den Außendienst bewerkstelligen fünf über Deutschland verteilte freie Handelsvertreter; der fest angestellte Vertriebsleiter ist Mitglied der Geschäftsleitung und betreut die vier Großkunden des Unternehmens persönlich.

Die *Verwaltung* besteht aus dem Rechnungswesen, dem Personalwesen und der Abteilung Organisation/Datenverarbeitung, genannt *Org/DV*.

Für zwei der Produkttypen gibt es zwei Rahmentypen für Damen und Herren. Bei den Rahmenvarianten gibt es beim Rennrad vier verschiedene Höhen und drei verschiedene Längen, also allein 12 Varianten dieses Typs. Für Trekking- und City-Räder gibt es nur einen Rahmentyp für Damen und Herren ohne individuelle Maße.

Tabelle 10.1. Produktvarianten von *Personal-Bikes*

Produkttyp	Rahmentyp	Rahmen-Varianten	
		Höhe	Länge
Rennrad	Renn	4	3
Mountain	Mount	3	2
Trekking	Standard	1	1
City	Standard	1	1

Für diese Räder werden die Rahmen nicht selbst gefertigt, sondern aus Thailand zugekauft und nur noch lackiert. Bild 10.1 zeigt den grundlegenden Aufbau eines Fahrrads mit den wesentlichen Baugruppen: Rahmen / Gabel / Sattel / Lenker / Bremsen / Tretgruppe / Schaltung / Räder.

Abb. 10.1. Skizze eines Fahrrads

Benannt sind nur die groben Baugruppen, zu denen alle Kleinteile zur Befestigung gehören, z.B. die Sattelstütze mit Bolzen und Schrauben bei der Baugruppe Sattel oder die Kette bei der Baugruppe Schaltung.[1]

Die Produktion von *Personal-Bikes* wurde 1998 von Berlin nach Wittstock in Mecklenburg-Vorpommern verlagert. Dies hatte viele Gründe, von denen hier nur zwei genannt seien: Es gibt für die Logistik eine Anbindung an zwei Autobahnen, und die Personalkosten sind niedriger als in Berlin. Die Verwaltung verblieb bei der Umstrukturierung am Firmensitz.

Auf Grund einer allgemein schlechten Marktlage und weiter zunehmender Konkurrenz ausländischer Hersteller beschloss der Vorstand vor einem halben Jahr, das derzeitige „Informationsmanagement" zu verbessern. Wie viele mittelständische Unternehmen verfügt auch *Personal-Bikes* über eine „gewachsene" IT-Infrastruktur,

---

[1] Schauen Sie sich Fahrräder unter dem Blickwinkel ihrer Montage an, dann werden Sie entdecken, dass in der Skizze aus Gründen der Übersicht beispielsweise die beiden Felgenbremsen fehlen. Will man die Produktion planen oder durchführen, ist eine wesentlich größere Genauigkeit erforderlich als eine grobe Skizze sie zeigen kann.

wobei bisher die Softwareunterstützung der Produktions- und der Verwaltungsmitarbeiter im Vordergrund stand. Neben einem funktional und datenmäßig nicht ausreichenden Produktionsplanungs- und -steuerungssystem (PPS) findet ein separates Materialwirtschaftssystem Anwendung. Das betriebliche Rechnungswesen wird von einem externen Anbieter vorgenommen. Die Unterstützung in der Verwaltung erfolgt mithilfe von Standard-Office-Anwendungen, die in diesem Bereich auch für die Geschäftskorrespondenz etc. angewendet werden. Das Controlling wird ausschließlich durch Microsoft Excel unterstützt.

Aufgrund Ihrer Schwerpunktbildung im Bereich Informationswirtschaft bittet die Geschäftsleitung von *Personal-Bikes* Sie um Hilfe. Ziel ist es, den Produktionsfaktor Information in den Vordergrund zu rücken und somit durch „integrierte Lösungsansätze" Kosten- und Wettbewerbsvorteile zu erzielen. In diesem Zusammenhang werden Sie mit verschiedenen Aufgaben konfrontiert, die sich aus den Aktivitäten Ihres in Form von Aufgaben beschriebenen Projektauftrags ableiten.

Aufgabe F1

a) Skizzieren und erläutern Sie die Standortstruktur des Unternehmens mit seinen Leistungsflüssen in einer Systemdarstellung mittels der Sprache UML. Klammern Sie dabei das Umweltelement *Kapitalmarkt & Staat* (s. Abb. 1.1, Seite 2) aus Gründen der Übersicht aus.

b) Skizzieren Sie jetzt – wieder ohne Kapitalmarkt & Staat – die Struktur der Grundfunktionen des Unternehmens analog zur Lösung a). Zeichnen Sie alle Flusstypen, die isoliert auftauchen; also keine Datenflüsse, die andere Flüsse nur begleiten.

c) Beurteilen Sie die besondere Rolle des Produktionsfaktors Information für das Unternehmen *Personal-Bikes*. Welche Bedeutung kommt innerhalb der gegenwärtigen Funktionen und Prozesse dem Einsatz von unterstützender Software zu? Gehen Sie dabei auch auf die Varianten der Produkte ein. Was bedeutet das für die Position des Unternehmens am Markt, für die Kosten- und für die Softwarestruktur[2].

10.2 Verfeinerung zur Fertigungsorganisation

Verbunden mit dem Ziel, integrierte Lösungsansätze zu entwickeln, konzentrieren Sie sich im nächsten Schritt auf die relevanten Prozesse bei Personal-Bikes. Hierzu verwenden Sie eine bereits vorliegende Beschreibung der Produktion in Wittstock.

Die Produktion am Standort Wittstock unterteilt sich in *Fertigungsstufen*, von denen einige aus *Arbeitsstationen* bestehen:

---

[2] Ihre Lösung zur Software soll zunächst nur auf dem Wissen aufbauen, über das Sie nach der Bearbeitung der Kapitel eins bis vier intuitiv verfügen. Es besteht ein Zusammenhang zwischen betrieblichen Grundfunktionen und sog. *Anwendungssystemen* (s. Kapitel 7).

Wareneingangslager Sämtliche Rohstoffe und Zukaufteile werden hier angeliefert. Von dort werden die benötigten Materialien zu den Fertigungsstufen *Rahmenbau*, *Einspeichung* und *Endmontage* transportiert.

Rahmenbau Hier werden die Rahmen und Gabeln hergestellt. Dazu werden Rohre entsprechend abgelängt, gebohrt und mit fertigen Abstands- und Endstücken verschweißt. Die fertigen Baugruppen *Rahmen* und *(Vorderrad-)Gabel* werden je nach Bedarf entweder in das *Zwischenlager* oder zur *Lackiererei* transportiert.

Einspeichung Hier werden die Laufräder hergestellt, indem Felge, Nabe und Speichen an mehreren gleichartigen Arbeitsplätzen zu Laufrädern montiert werden. In der folgenden Arbeitsstation werden die Reifen (Schlauch und Mantel) aufgezogen. An der Arbeitsstation *Ausrichten* wird das fertige Rad geprüft und ggf. eingestellt.

Lackiererei Diese Fertigungsstufe enthält nur eine Arbeitsstation, die *Lackieranlage*. Hier werden die Halbfabrikate (sie sind *Baugruppen*) Rahmen und Gabeln lackiert und getrocknet. Abhängig vom Bedarf werden die lackierten Materialien entweder in das Zwischenlager oder in die Endmontage transportiert.

Zwischenlager Das Zwischenlager ist keine Fertigungsstufe, sondern ein Gebäudebereich, der zur Aufbewahrung bearbeiteter Halbfabrikate dient, die nicht sofort weiterverarbeitet werden (können).

Endmontage Diese Fertigungsstufe besteht aus neun Arbeitsstationen. Die benötigten Halbfabrikate und Zukaufteile werden dem Zwischenlager oder dem Wareneingangslager entnommen. Rahmen und Gabel werden zusammengebaut (*Montage Rahmen*) und anschließend auf das Montageband gehängt. An den folgenden sieben Arbeitsstationen werden die Komponenten entsprechend der jeweiligen Stückliste montiert. An der letzten Arbeitsstation (*Schrumpfen*) werden die fertigen Fahrräder in eine Folie eingeschweißt und anschließend ins Versandlager transportiert. Die montierenden Arbeitsstationen sind: *Gepäckträger und Schutzbleche*, *Bremsen*, *Schaltung*, *Tretgruppe* (mit Kette), *Laufräder*, *Lenker und Sattel*, *Beleuchtung*.

Versandlager Hier werden die Fertigprodukte aufbewahrt, zur Abholung bereitgestellt und auf LKW verladen.

Aufgabe F2

a) Beschreiben Sie den Produktionsprozess bei *Personal-Bikes* in natürlicher Sprache als Zusammenfassung der Beschreibung der Fallstudie in einer übersichtlichen Form.

b) Erstellen Sie eine Prozessbeschreibung des Produktionsprozesses mit den Arbeitsschritten als Aktionen. Betriebswirtschaftlich nennt man sie *Fertigungs-* bzw. *Produktionsstufen*. Visualisieren Sie die Beschreibung mithilfe eines UML-Aktivitätsdiagramms und verfeinern Sie dabei die Funktion/Aktivität *Endmontage*.

c) Skizzieren Sie Schritte eines Arbeitsplans zur Herstellung von Rahmen. Die Rohmaterialien sind Rohre verschiedener Stärken und Formen, sowie fertige

Verbindungsstücke. Ein Beispiel hierfür sind die Endstücke der beiden Hinterradgabeln, in die das Hinterrad eingehängt wird. Verwenden Sie als Ausgangsbasis hierzu eine Stückliste.

10.3 Verfeinerung zum PPS-System mit Fertigungsdaten

Verdeutlichen wir uns noch einmal, welchen Zielen die drei Teilaufgaben der Aufgabe F2 gedient hatten:

zu a) Es wurde ein intuitiver Überblick über die betriebliche Grundfunktion *Produktion* für den vorliegenden Fall gegeben.

zu b) Zudem wurde durch eine grobe Prozessdarstellung der (Grund-)Funktion *Produktion* ein vertieftes Verständnis der Funktion *Endmontage* geschaffen (s. Abschnitt 10.2). Dies geschah durch schrittweise Verfeinerung.

zu c) Dabei zeigte sich, dass der wichtigste Datentyp einer Serienproduktion, der *Arbeitsplan*, den realen Prozess detailliert in Form von Daten modellieren muss. Dies wiederum gelingt nur, wenn man ein reales Beispiel so beschreibt, dass zunächst intuitiv verstanden werden kann, was zu modellieren ist.

Zwischenfazit

Ohne eine zumindest intuitiv richtige Vorstellung über die Realwelt können betriebswirtschaftliche Modelle nicht gelingen.

Formal stellt die (UML-)Aktivität *Produktion* einen Materialfluss zwischen Aktionen (z. B. *Lackierung* und *Endmontage*) dar. Jede Materialbewegung *zwischen* Fertigungsstufen und zwischen Lager und einer Fertigungsstufe ist gesteuert oder begleitet von *Daten*. *Innerhalb* einer Fertigungsstufe (auch „Werkstatt" genannt) ist dies zwischen den Arbeitsstationen nicht zwingend, häufig sogar unzweckmäßig.

Die wichtigsten der o. g. Datentypen müssen genau untersucht werden, ob sie dem Auftrag der Unternehmensleitung genügen, geeignete Standardsoftware für die Produktion zu finden. Diese soll gemäß der allgemeinen Fallbeschreibung (s. Abschnitt 10.1) integrierbar sein in eine einheitliche sog. „Landschaft" von Anwendungssystemen des Unternehmens *Personal-Bikes*.

Gemäß unserer Vorgehensweise in Kapitel 2 (Funktionen und Prozesse) müssen jetzt relevante *Vorgangsdatentypen* gefunden und modelliert werden. Daraus ergeben sich (über Fremdschlüssel) die erforderlichen *Grunddatentypen*. Von ihnen spielt der GDT `Teil` in der Produktion eine besonders wichtige Rolle. Schließlich ist es das Ziel jeglicher Produktion, „Teile" der Rolle *Produkt* herzustellen.

Die im Detail (d. h. bis zum *Attributtyp*) erarbeiten Daten dienen als Referenzmodell des Unternehmens, um Standardsoftware auf ihre Anwendbarkeit zu prüfen. Die Datentypen des Modells werden aber auch Attribute zeigen, die *nicht* in dem betrachteten PPS-System erzeugt oder weiter verarbeitet werden. Dies sind die *Import-* und *Exportschnittstellen* des PPS-Systems, die gegen benachbarte Anwendungssysteme zu prüfen sind (s. Abb. 7.4, Seite 143).

Aufgabe F3

a) Skizzieren und begründen Sie betriebswirtschaftlich in strukturierter Prosa, welche Attribute Sie für den zentralen VDT einer Produktion benötigen, den *Produktionsauftrag*. Ein Produktionsauftrag hat die gleiche Struktur wie der Ihnen aus der Vertriebsfunktion bekannte *Kundenauftrag*, benötigt aber zusätzliche Attribute, die teilweise auch Fremdschlüssel sein werden. Weiterhin benötigen Sie einen Ihnen schon bekannten VDT für die Materialbewegungen. Hier dürfte ein Nachschlagen in Abschnitt 5.3.1 hilfreich sein.

b) Sie werden in a) genügend „Anknüpfungspunkte" (oder schon Fremdschlüssel!) gefunden haben, um zunächst wenigstens informell die erforderlichen GDT mit den relevanten Rollen benennen und beschreiben zu können.

c) Modellieren Sie die Objektsicht Ihrer Vorgangsdaten. Zum Produktionsauftrag geben Sie die elementaren Datentypen an, ergänzt um eine betriebswirtschaftliche Begründung für Ihre Wahl des jeweiligen Datentyps.

d) Modellieren Sie die Grunddaten in derselben Weise wie die Vorgangsdaten. Zusätzlich geben Sie für Teil alle Daten des Fahrradrahmens als Wertetabelle analog zu Tabelle 6.9 an. Hier dürfte Ihre Lösung zur Aufgabe F2c) hilfreich sein, in der Sie einen halbformalen Arbeitsplan entwickelt hatten.

e) Erstellen Sie jetzt aus Ihren Objektsichten die Beziehungssicht Ihres Datenmodells.

Aufgabe F4

Benennen und erläutern Sie die Schnittstellen Ihres Basis-Datenmodells für das PPS-System. „Erläutern" verlangt, dass Sie angeben, welche Daten importiert oder exportiert werden und welches Anwendungssystem einen Export für das PPS-System leisten oder welchen Import es verarbeiten muss (s. Kapitel 7).

10.4 Verfeinerung um überbetriebliche Schnittstellen

Natürlich gibt es auch Schnittstellen zwischen *Personal-Bikes* und seinen Kunden oder Lieferanten. Diese Schnittstellen sollten dem Standard EDIFACT[3] genügen. Für eine wirtschaftliche Abwicklung besonders wichtig sind die *Bestellungen* an die Lieferanten und *Rechnungen* an die Großkunden.

Einer der Großkunden hat sogar mit „Auslistung" gedroht (Streichung von der Liste der Lieferanten), wenn er nicht die Rechnungen innerhalb des nächsten halben Jahres nach dem EDIFACT-Standard bekommt. Der Transport der Daten soll über *GS1 Germany*[4] als Provider erfolgen. Nach Abschluss des Rechnungsprojekts will der Großkunde seine Bestelldaten nach dem gleichen Standard liefern.

---

[3] Sie bekommen hierzu noch Hinweise; Sie müssen keine neue „Sprache" lernen.
[4] Früher *Centrale für Coorganisation GmbH* (CCG) in Köln:
    http://www.gs1-germany.de/

Dieses durch die Umwelt des *Systems Unternehmen Personal-Bikes* erzwungene IT-Projekt verursacht nicht nur Kosten, sondern eröffnet strategische Chancen. *Personal-Bikes* lernt auf diese Weise den Umgang mit Internet-Technologie, den das Unternehmen für Online-Auftritte ohnehin beherrschen muss. In naher Zukunft soll es auch einen *Online-Shop* geben.

Aufgabe F5

Sie brauchen sich nicht mit dem EDIFACT-Standard im Detail zu befassen. Gehen Sie davon aus, dass er Datenstrukturen mit notwendigen und hinreichenden Attributen beschreibt (sog. „Muss- und Kann-Felder"). Die Syntax der Beschreibung ist zunächst unerheblich.

a) Erstellen Sie die Objektsicht von `Rechnung` und `Bestellung` von *Personal-Bikes* als Relationen.
b) Überführen Sie das Modell der Rechnung in XML-Syntax. Verwenden Sie dabei Beispieldaten einer Rechnung an einen Großkunden.
c) Begünden Sie, warum dies ein Großkunde sein sollte.

Anhänge

A
UML-Kurzreferenz

Die *Unified Modelling Language* (UML) ist eine grafische Modellierungssprache, bei der jedes Element der Sprache eine genau festgelegte, für alle Leser eines Modells gleiche Bedeutung hat. Weiterhin sind Vorschriften zu beachten, wie die Elemente zueinander angeordnet werden dürfen. Sie wurde 1997 als internationale Norm geschaffen[1] und liegt inzwischen als Version 2 in einer Fassung vor, in der einige Konstrukte und Begriffe aus der Version 1 auf Grund der Einsatzerfahrungen bei vielen Anwendern bereinigt wurden (s. Object Management Group (2008)). Die Sprache ist stark von den Entwicklungsbedürfnissen für Software und dem Paradigma der objektorientierten Softwareentwicklung geprägt, muss sich aber nicht darauf beschränken. Das Grundkonzept von UML ist die Erkenntnis, dass es nicht möglich ist, Artefakte wie Daten und Software mit nur *einer* grafischen oder textuellsprachlichen Symbolik darzustellen. Vielmehr bedarf es verschiedener *Sichten*, um komplexe Gegenstände adäquat zu modellieren. Die im konkreten Anwendungsfall notwendigen Sichten variieren und dürfen nicht fest vorgeschrieben werden. Man kann die Grundsymbole sogar kontextspezifisch durch sogenannte **Stereotype** erweitern. Das Angebot von UML besteht aus 13 Diagrammtypen, die in zwei große Klassen zerfallen:

⋄ Strukturdiagramme (Statik)
⋄ Verhaltensdiagramme (Dynamik).

Kennzeichen von UML ist, dass es eine überschaubare Zahl festgelegter Knoten- und Kantentypen gibt, die in allen Diagrammtypen mit der gleichen Semantik verwendet werden.

In den Wirtschaftswissenschaften wird eine Reihe von Diagrammen *nicht* verwendet, die für die Analyse und Entwicklung von Software benötigt werden. In zwei Bereichen überschneiden sich jedoch die Bedürfnisse von Betriebswirtschaftslehre und Softwaretechnik. Es werden *Strukturdiagramme* für Funktionen und/oder Daten

---

[1] Die wichtigste Quelle ist das „Original" der „Erfinder" der UML – Booch, Rumbaugh & Jacobson (1999). Ein hervorragendes deutschsprachige Buch wurde von Jeckle, Rupp, Hahn, Zengler & Queins (2004) verfasst.

gebraucht, und man benötig *Verhaltensdiagramme* für Prozessdarstellungen (z. B. Material- und Datenflüsse). Oft münden Organisationsanalysen in Softwareprojekte oder werden von ihnen ausgelöst. Ein Softwareprojekt für Anwendungssysteme (s. Kapitel 7) ohne eine gründliche Analyse der betrieblichen Prozesse erscheint heute undenkbar (s. Laudon et al. (2006)). Dabei es ist unerheblich, ob Software für den Einzelfall entwickelt oder Standardsoftware eingeführt werden soll. Wir benutzen im Rahmen dieses Buches genau zwei Diagramme:

◇ Das *Aktivitätsdiagramm* für Prozessdarstellungen.
◇ Das *Klassendiagramm* für die Modellierung von Daten.

Darüber hinaus erweitern wir die vorgegebenen Muster der UML um Stereotype und zeichnen Systemdarstellungen mit den Mitteln der UML, für die bisher kein Diagrammtyp definiert ist. Zunächst zeigen wir die verwendeten Grundsymbole und danach die zusätzlichen Symbole für die beiden oben genannten Diagrammtypen.

A.1 Die Grundsymbole

Die beiden grundlegenden Knotentypen der UML (s. Abb. A.1) sind das *Objekt* für statische und die *Aktion* für dynamische Darstellungen.

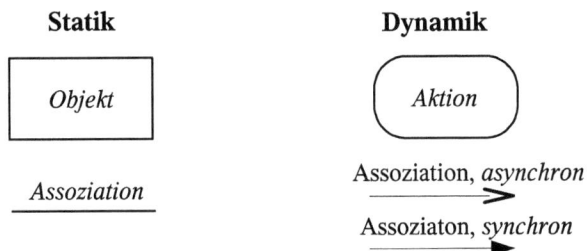

Abb. A.1. Die grundlegenden Knoten- und Kantentypen der UML

Der grundlegende Kantentyp *Assoziation* bekommt in der Dynamik eine Richtung und wird zum *Fluss* einer *Flussgröße*. Die UML kennt Kontroll- und Objektflüsse, die in den Aktivitätsdiagrammen eine Rolle spielen. Die dominierende Assoziation in Prozessdarstellungen ist *asynchron*, d. h. die Zeit zwischen dem Senden eines Flussexemplars und dessen Empfang wird nicht betrachtet (s. Kapitel 4). *Synchrone* Assoziationen spielen eher im technischen Bereich eine Rolle, sie müssen in sehr kleinen Zeitintervallen abgewickelt werden. Wir benötigen einen solchen Übergang nur genau einmal in diesem Buch, und zwar in Abb. 5.8, Seite 88.

A.2 Die Systemdarstellung

Eine Systemdarstellung lässt sich mit den Grundsymbolen und deren Spezialisierungen herstellen. Das System ist ein Objekt, innerhalb dessen ein Fluss von Aktionen als Fluss der Systemelemente modelliert wird. Das System kommuniziert mit Elementen der Umwelt. Wir unterscheiden davon zwei Typen mit jeweils verschiedenem Verhalten:

◊ *Akteure*, die als identifizierbare Individuen (juristische oder natürliche Personen) mit dem Unternehmen kommunizieren,
◊ *Märkte*, bei denen die Strukturierung in Individuen unbekannt ist.

Innerhalb des Systems unterscheiden wir die Assoziationen in verschiedene **Flusstypen**: *Daten*, *Material* und *Geld*. Sie speisen sich ggf. aus Objekten, die entsprechende **Ressourcentypen** darstellen (s. Abb. A.2). Die Ressourcen Material und Geld werden nur dargestellt, wenn dies zum Verständnis eines Diagramms nützlich erscheint.

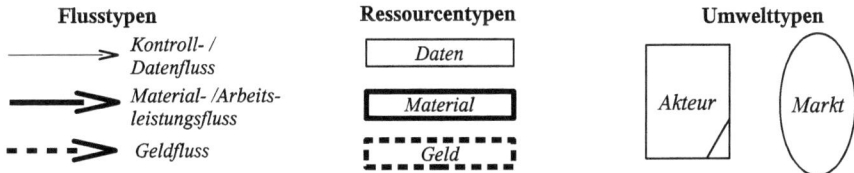

Abb. A.2. Elemente von Systemdarstellungen (und Aktivitätsdiagrammen)

Beispiele für Systemdarstellungen sind die Abb. 1.1 und Abb. 2.2 (Seite 12). In der Verfeinerung von Abb. 2.2 werden Märkte zu Akteuren (Kunden und Lieferanten); aber auch verfeinerte Aktivitäten betrachten die Nachbaraktivitäten der höheren Ebene in der Gestalt von Akteuren als Umwelt.

A.3 Das Aktivitätsdiagramm

Das Aktivitätsdiagramm ist als Verhaltensdiagramm unser zentrales Mittel für die Darstellung von Prozessen. Es kann in einer Systemdarstellung gezeigt werden, muss es aber nicht. Die UML kennt nur das Aktivitätsdiagramm *ohne* Umwelt. Wir unterscheiden dies durch die Umrandung. Ein System ist als Rechteck (ein *Objekt*) gezeichnet und muss mit mindestens einem Umweltelement Flussgrößen austauschen. Eine *Aktivität* ist – wie in der UML vorgeschrieben – mit einem abgerundeten Rechteck umrandet. Zentraler Knotentyp ist die *Aktion*.

194   A UML-Kurzreferenz

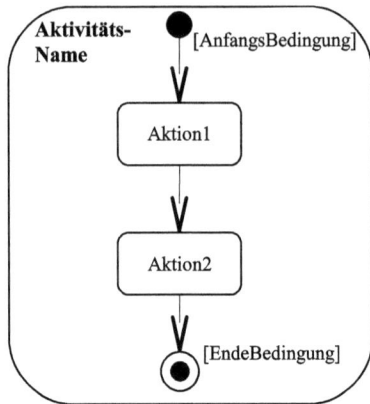

Abb. A.3. Grundschema eines Aktivitätsdiagramms als Prozess

Eine **Aktivität** kann entweder als *Kontrollfluss* von Aktionen oder als *Objektfluss* dargestellt werden, der eine Folge von Aktionen und Objekttypen ist. Abb. A.3 zeigt das einfachste Muster eines Aktivitätsdiagramms als Kontrollfluss zweier Aktionen. In Kapitel 2 wird gezeigt, dass die meisten Prozesse im Unternehmen Datenflüsse sind, also Flüsse von Datenobjekten.

Es gibt eine Reihe von Sonderknoten und -kanten, die es erlauben, Ablaufvarianten und Bedingungen in Aktivitätsdiagrammen auszudrücken. Sie werden in Abb. A.4 dargestellt und erklären sich aus den Beispielen des Kapitels 2 in der Anwendung, z. B. den Abbildungen 2.4 und 2.7, Seiten 15ff. Die Verwendung eines Anfangs- und Endknotens mit entsprechenden Bedingungen – wie in Abb. A.3 gezeigt – ist für eine korrekte Prozessdarstellung zwingend.

In Kapitel 2 findet sich auch die Aufteilung einer Aktivität in sogenannte *Aktivitätsbereiche*, wie die UML sie vorsieht. Im Kontext organisatorischer Prozesse eignen sich die Bereiche hervorragend zur Darstellung von Organisationsbereichen, die z. B. den betrieblichen Grundfunktionen entsprechen können. Besonders deutlich wird dies in Abb. 2.6 (Seite 18).

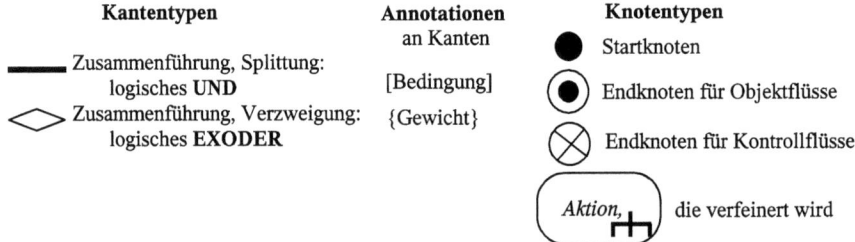

Abb. A.4. Zusätzliche Elemente für Aktivitätsdiagramme

Ein inklusives ODER sieht die UML nicht vor, da es in Prozessdarstellungen leicht zu logisch falschen Abläufen führen kann[2] und auch selten vorkommt. Es lässt sich aber über Annotationen nachbilden, falls es einmal notwendig sein sollte. Aktionen können beliebig tief als Aktivitäten verfeinert werden. Ein Beispiel hierzu ist Abb. 5.8 (Seite 88).

A.4 Das Klassendiagramm

Klassen sind Synonyme zu *Datentypen* und *Entitätstypen*, zumindest für unsere Zwecke. Sie sind *statische* Objekte, die nur durch eine *Aktion* bzw. *Operation* geändert werden können. Daten sind ohne einen Mechanismus passiv. Wir benutzen die Klassendiagramme ohne den Attribut-Zusatz als Beziehungssicht der Klassen untereinander. Beispiele finden sich in Kapitel 6, insbes. ab Abb. 6.2 (Seite 112). Eine andere, sehr populäre Darstellungsform für die Beziehungssicht von Daten sind die Entity-Relationship-Diagramme. Bei Ihnen hat die Assoziation einen speziellen Knotentyp, die in der UML als Annotation geschrieben wird. Abb. A.5 zeigt die Details in allgemeiner Form.

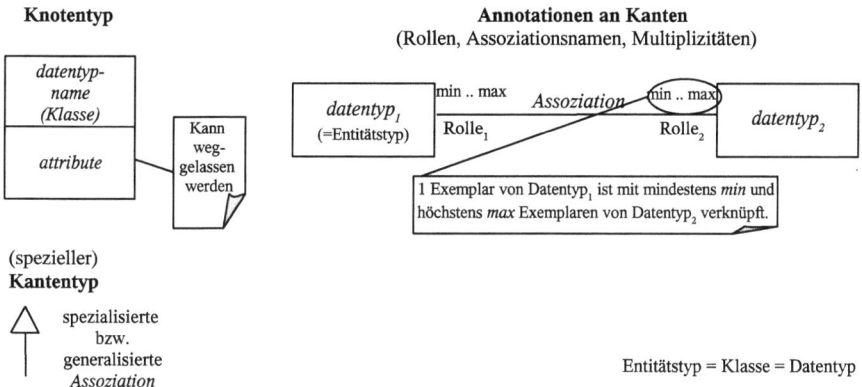

Abb. A.5. Knoten- und Kantentypen mit Annotationen (Multiplizitäten, Rollen, Assoziationsnamen) für die Beziehungssicht von Datenmodellen

Datenmodelle zeigen eine statische Sicht von Daten, so auch die Klassendiagramme als Beziehungssicht. Die Sicht verdeutlicht die Struktur, die Daten als Datenobjekte untereinander in einer betrieblichen Datenbasis haben. Die Prozesse bei der Veränderung von Daten zeigen sie nicht.

---

[2] Dies geschieht beim Schließen von ODER-Verzeigungen durch UND oder durch EXODER. Das umgangssprachliche *oder* (s. vorheriger Satz) ist meist ein exclusives ODER.

B
Beispiellösungen zu den Aufgaben

B.1 Funktionen der betrieblichen Grundfunktionen (Kapitel 2)

Die Aufgabe soll eine betriebswirtschaftliche Reflexion der Inhalte von Tabelle 2.1 bewirken, so dass Sie ein Verständnis für die jeweilige Funktion entwickeln, das Sie im weiteren Lernprozess unbedingt benötigen.

Die Grundfunktion *Beschaffung* wurde in Kapitel 1 kurz umrissen. Eine etwas abstraktere Darstellung kann bei König (2006, 7) nachgelesen werden: *„Die Aufgabe der Beschaffung besteht in der Bereitstellung der in der Produktion benötigten Produktionsfaktoren."* König differenziert nach der Art der zu beschaffenden Güter und Dienstleistungen: Werkstoffe, Betriebsmittel, Arbeitskräfte. Kistner & Steven (2002, 18f.) abstrahieren noch stärker, indem sie die Beschaffung als einen *„Transformationsprozess"* von *„Geld in Produktionsfaktoren"* bezeichnen. Damit ist gemeint, dass das Unternehmen die Produktionsfaktoren gegen Geld erwirbt.

Die Betrachtung des Begriffs *Beschaffung* zeigt zwei allgemeine Phänomene:

◊ Eine betriebliche *Funktion* ist umfassender und allgemeiner zu sehen als eine evtl. gleichnamige *Organisationseinheit*.
◊ Eine Organisationseinheit (auch *Bereich*) *Beschaffung* „beschafft" *keine* Arbeitskräft, *kein* Kapital, *keine* Daten und *keine* größeren Investitionsgüter. Ihre Aufgabe ist vielmehr die Sicherstellung des Routinebetriebs durch die Beschaffung von Produktionsfaktoren.

Nach dieser Aufgabenabgrenzung werden die Funktionen eines Bereichs *Beschaffung* entsprechend Tabelle 2.1 stichwortartig beschrieben.

Marktbeobachtung bedeutet, dass die verschiedenen Märkte für die benötigten Güter regelmäßig – aber nicht in jedem Routinefall – beobachtet werden. Dies geschieht in Bezug auf Preise, Innovationen, Qualitätsmerkmale, Lieferanten und deren Geschäftsgebahren (Bonität, technische und logistische Zuverlässigkeit).

Bestelldisposition ist die mengenmäßige Bedarfsermittlung. Sie kann auftragsbezogen oder kundenanonym erfolgen. Die Spanne reicht von einer einfachen Bedarfsermittlung (*Materialbedarfsplanung*, s. Kistner & Steven (2002, 257ff.)) bis zur Bestellmengenoptimierung (s. Domschke & Scholl (2003, 150ff.)).

Bestellbearbeitung ist die erste Teilfunktion, die man zum *Einkauf* zählt. Es handelt sich um die konkrete Abwicklung eines Vorgangs *Bestellung*, der mengenmäßig und qualitativ bereits bestimmt ist. Es sind also Lieferanten auszuwählen, Preise und Lieferzeiten zu verhandeln und zum Abschluss die Bestellung als Daten festzulegen und dem ausgewählten Lieferanten zu übermitteln.

Bestellüberwachung ist vor allem eine terminliche Überwachung. Bei einer Gefährdung von Lieferterminen muss gehandelt werden.

Wareneingang ist die Funktion, die eine gelieferte Ware entgegennimmt und sowohl quantitativ als auch qualitativ prüft, ob der Lieferant die Bestellung richtig ausgeführt hat. Es muss sichergestellt werden, dass nicht bestellte oder mangelhafte Ware nicht entgegengenommen, sondern unmittelbar zurückgeschickt wird. Der Wareneingang ist räumlich mit dem Lager und einer Funktion *Qualitätskontrolle* verbunden.

Lagerverwaltung/Material verwaltet die Wareneingangsläger (*Einlagerung* und *Aufbewahrung*) und gibt Material an die Produktion oder bei sog. *Zukauf* direkt an die Lagerverwaltung/Fertigfabrikate weiter (*Auslagerung*).

Nach diesem Schema und mit entsprechender Literaturrecherche sollten Sie die anderen Grundfunktionen ausarbeiten. Unterschätzen Sie nicht den großen Lerneffekt, den eine explizite, schriftliche Bearbeitung hat.

B.2 Teilprozess *Einkauf* (Kapitel 2)

Diese einfache Aufgabe soll Übung im Anfertigen von graphischen Prozessdarstellungen vermitteln. Es kommt darauf an, ein syntaktisch korrektes Aktivitätsdiagramm zu zeichnen und den gefragten Prozess exakt zu modellieren – nicht mehr, aber auch nicht weniger.

Beim Einzelfertiger muss die Bedarfsmenge für jeden Auftrag einzeln festgestellt werden. Deshalb beginnt der Prozess im Gegensatz zu den Aussagen zur vorherigen Aufgabe mit der *Bestelldisposition*. Das Prozessende der Aktivität ist durch die Bedingung in der Aufgabenstellung vorgegeben. Es handelt sich *nicht* um eine Systemdarstellung – diese war nicht gefragt. Ebenfalls war kein Datenfluss gefordert, weshalb nur Aktionen und ihr Kontrollfluss gezeigt werden.

Dieser sehr einfache Prozess beantwortet die Frage der Aufgabenstellung. Weitere Aktionen wären falsch, da die Endebedingung vorgegeben war. Möglich wäre eine Verfeinerung der Funktion Bestellbearbeitung, z. B. in Form der Teilfunktionen *Lieferantenauswahl* → *Preis- und Lieferzeitverhandlungen* → *Bestellung*.

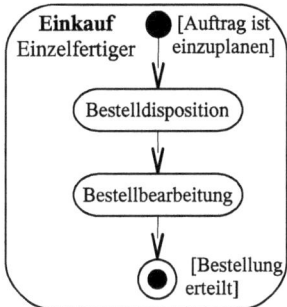

Abb. B.1. Der Prozess *Einkauf* beim Einzelfertiger bis zur Abgabe der Bestellung

B.3 Code für dreißig Möglichkeiten (Kapitel 3)

Diese Aufgabe soll die praktische Bedeutung der Codierung verdeutlichen.

Die Aufgabe fordert nicht, *genau* 30 Möglichkeiten vorzusehen, sondern *mindestens* 30. Da bieten sich als einfaches, leicht zu merkendes Alphabet die Großbuchstaben und die Ziffern an, also $26 + 10 = 36$ Möglichkeiten. Drei Stellen bieten laut Formel 3.3 $Z = 36^3 = 46.656$ Möglichkeiten der Codierung.

B.4 Datentyp `Überweisung` (Kapitel 3)

Diese Aufgabe soll vor allem deutlich machen, dass uns überall im täglichen Leben strukturierte und codierte Daten begegnen.

Ein Datentyp `Überweisung` muss ein zusammengesetzter Datentyp sein, da mehrere elementare Datentypen in ihm enthalten sind. Eine Überweisung ist eine strikt formalisierte Kommunikation, bei der wir als Sender eine ganz bestimmte Nachricht abgeben, die von einem „Provider", der Bank, derart übermittelt wird, dass sie Geld auf das genannte Konto des Empfängers überträgt. Die Nachricht vermittelt dann die Information, *dass* Geld welchen *Betrages* und *von wem* auf dem Konto eingegangen ist. Diesen Vorgang muss die Überweisung beschreiben.

Entweder Sie kennen den Vorgang, dann müssten Sie die elementaren Datentypen definieren können, oder Sie besorgen sich das entsprechende Formular oder Sie studieren die Eingabemaske für eine Überweisung im Online-Banking.

Der Datentyp müsste mindestens die folgenden elementaren Typen („Felder") enthalten:

Der Aufzählungstyp *Waehrung* muss die zulässigen Kürzel enthalten, die der Sender für eine Wärung verwenden muss. Außerdem muss ein sog. *Defaultwert* definiert sein für den Fall, dass der Sender das Feld nicht ausfüllt.

Tabelle B.1. Zusammengesetzter Datentyp Ueberweisung

Ueberweisung							
EmpfKtoNr	EmpfName	EmpfBLZ	Betrag	Waehrung	Text	SendKtoNr	SendName
integer	string	integer	float	enum	string	integer	string

B.5 Kommunikation des Protokolls *SMTP* (Kapitel 4)

Diese Aufgabe soll dazu anregen, das sehr schematische Wissen aus dem Abschnitt 4.1 auf ein einfaches Internet-Protokoll anzuwenden.

Das Internet-Protokoll SMTP (*Simple Mail Transfer Protocol*) ist so aufgebaut, dass es dem Sender eine Nachricht übermittelt, wenn die Mail nicht zugestellt werden konnte. Aus Sicht des Benutzers sind dies *Fehlermeldungen*. Sie melden üblicherweise zwei Fehler. Erstens „Server des Empfängers unbekannt" – diese Meldung kommt vom Mailserver des Senders, denn die Mail kann gar nicht abgeschickt werden. Zweitens „Empfänger (auf diesem Server) unbekannt" – diese Meldung kommt vom Mailserver des Empfängers. Im ersten Fall ist der Adressteil hinter dem @-Zeichen der Mailadresse nicht der richtige, im zweiten Fall der vordere. Abb. B.2 zeigt dies. Der „Computer" im Bild ist genau genommen der Verbund aus dem Arbeitsplatzrechner des Senders (*Client*) und dem Mailserver.

Das Bild zeigt, dass die (telefonische) Frage: „Ist meine Mail angekommen?" fast immer unsinnig ist, denn wenn der Sender keine Fehlermeldung bekommt, ist sie im elektronischen Postkasten des Empfängers angekommen.[1] Die Frage müsste heißen: „Hast Du meine Mail gelesen?".

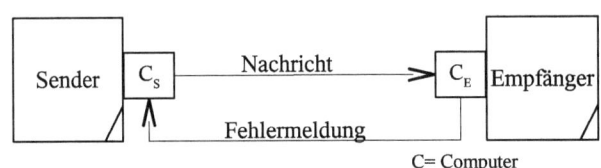

Abb. B.2. Abbildung 4.1, ergänzt um die Kommunikation der Server

B.6 Art des Protokolls bei E-Mail (Kapitel 4)

Die Aufgabe soll zur Anwendung der Begriffe auf praktische Fälle anregen.

---

[1] Beachten Sie bitt die Fußnote zu *Spam* auf Seite 46

SNMP ist ein *Transportprotokoll* (s. Abschnitt 4.1.2), weil es keinerlei Vorschriften für die Nachricht selbst enthält. Es ist *asynchron*, weil die gesendete Mail auf dem Server des Empfängers gespeichert wird, bis der Adressat sie zum Lesen auf seinem Arbeitsplatzrechner vom Server abruft.

B.7 Eigenschaften Datentyp `Produkt / Teil` (Kapitel 5)

Diese Aufgabe soll problematisieren, dass die Attribute der Produkte eines Unternehmens von der Art des Produkts abhängen und sich stark unterscheiden können.

Einige Attribute gelten für *alle* Rollen, andere nur für bestimmte. Der Leser beachte, dass die Auswahl für ein *bestimmtes* Unternehmen sehr stark spezialisiert sein wird, so lange es ein Industrie- und kein Handelsunternehmen ist. Im Handelsunternehmen ist die Produktvielfalt sehr groß, allerdings müssen die produktionsspezifischen Rollen von `Teil` dort *nicht* als Daten abgebildet werden. Mögliche Antworten auf die Fragen der Aufgabe im einzelnen:

`Nr` — Zur eindeutigen Identifikation eines Exemplars.
`Bezeichnung` — Verständlicher „Name" des Exemplars, da eine Nummer keine Semantik trägt.
`Dimension` — Für jegliche aggregierende Berechnung muss man sicher stellen, dass nur Exemplare gleicher Dimension addiert oder subtrahiert werden.
`AnlegeDat` — Für jedes angelegte Objekt muss es einen Zeitbezug geben. Der Leser beachte, dass diese Daten über *Jahre* existieren werden. Dann ist dieses Datum eine wichtige Bezugsgröße für evtl. zu klärende, situative Sachverhalte.

B.8 Attribute verschiedener *Rollen* (Kapitel 5)

Die Aufgabe setzt die vorherige fort.

a) Attribute *aller* Rollen: Die Lösung zu Aufgabe 1 ist auch die Lösung für die hier nur anders gestellte Frage.
b) rollenspezifische Attribute:
   Einzelteile, etwa aus stangenförmigen Rohmaterialien. Hierzu benötigt man ein Attribut `Länge`; bei plattenförmigen Rohmaterialien die Attribute `Länge` und `Breite`.
   Transportmaterialien, etwa Paletten, benötigen ebenfalls die Attribute `Länge` und `Breite`, also eine *Fläche*, während die Ladehöhe je Palette allgemein vorgeben sein kann und deshalb nicht in den Daten gespeichert werden muss.
   Produkte, die verkauft werden, benötigen fast immer Attribute für Vertriebsinformationen, etwa `Marke`, `Produktgruppe` oder `Preisgruppe`. Dies sind die Kategorien, über die abgeleitete (verdichtete) Daten erzeugt werden.

B.9 Auftrag / Rechnung bei Lieferanten (Kapitel 6)

Diese Aufgabe soll den Blick für die richtige Sicht eines Datenmodells schärfen und eine Sensibilität für situationsspezifische Attribute und Datentypen entwickeln.

Die großen Handelsunternehmen werden von Industrieunternehmen beliefert, die die Waren herstellen, die in den Filialen des Handels angeboten werden. Das Handelsunternehmen (hier *Aldi*) ist *Kunde* seiner Lieferanten. Es ist ein Datenmodell aus *Sicht des Lieferanten* verlangt, nicht des Kunden.

Unser Unternehmen hat natürlich mit Großkunden wie *Aldi* spezielle Lieferbedingungen, die für jeden einzelnen Auftrag neu ausgehandelt werden. Also wird der Preis eine Eigenschaft jedes Auftrags sein, ggf. sogar jeder Auftragsposition. Im ersten Fall wäre ein Rabatt auf den Auftragswert denkbar, wie es z. B. beim Skonto der Fall ist. Im zweiten Fall werden die Artikelpreise für jeden Artikel neu ausgehandelt. Diese Preise machen nur Sinn, wenn sie *unter* den Standardpreisen liegen, die nach dem Referenzmodell Eigenschaft jedes Artikels sein müssen.

Ein anderer Aspekt der Aufgabe ist die arbeitssparende Pflege der vielen Artikelvarianten. Dies lässt es als zweckmäßig erscheinen, dass unser Unternehmen seine Preise zu Artikelgruppen verdichtet und eine Preistabelle einführt, wie sie im Abschnitt *Preise* auf Seite 80 beschrieben ist.

Das *Datenmodell* entspricht in der Beziehungssicht unserem Referenzmodell aus Abb. 5.12 für die Kunde-Auftragsbeziehung, allerdings muss das Attribut Preis als Objekttyp aus dem Datentyp Artikel ausgelagert werden. Die Rechnung steht in einer 1:1-Beziehung zum Auftrag. Dies bedeutet betriebswirtschaftlich, dass es keine Teilrechnungen gibt. Abb. B.3 zeigt die Beziehungssicht, danach folgt die Objektsicht, die in der Relation Auftragsposition ein Attribut *Preis* enthält.

Kunde (KundenNr#,Name,Adresse,AnlegeDat)
Auftrag (AuftragsNr#,KundenNr#,Datum,RabattSatz)
AuftragsPos (AuftragsNr#,ArtikelNr#,Menge,Preis)
Artikel (ArtikelNr#,Bezeichnung,Dimension,PreisLst#)
PreisListe (PreisLst#,Preis,Erläuterung)
Rechnung (RechnungsNr#,KundenNr#,Datum,AuftragsNr#)
RechnungsPos (RechnungsNr#,ArtikelNr#,Menge,Preis)

Der Leser beachte, dass *formal* zwischen den Relationen Auftrag und Rechnung eine 1:N-Beziehung besteht. Wenn die oben genannte 1:1-Beziehung als *Geschäftsregel* durchgesetzt werden soll, muss dies außerhalb der Datenbasis erfolgen, um die formal mögliche Struktur einzugrenzen.

Die Rechnung ist in der Speicherungsform gezeigt, also *nicht* als View, wie sie auf dem Papier oder Bildschirm erscheinen würde.

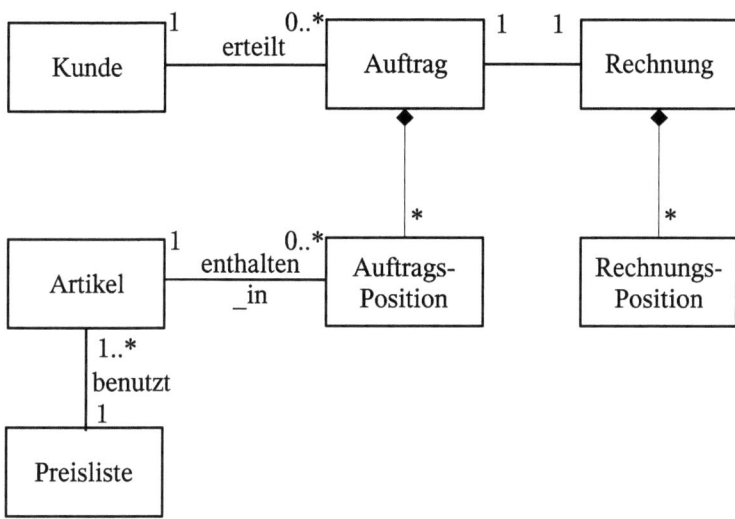

Abb. B.3. Beziehungssicht des Datenmodells

B.10 Auftragsspezifsche Materialbestellungen (Kapitel 6)

Diese Aufgabe soll zeigen, dass Referenzmodelle zum Kundenauftrag oder zur Bestellung zwar hilfreiche Ansatzpunkte für die Modellierung sind, aber durchaus auch situationsgerecht abgewandelt werden müssen.

Für diese Aufgabe gibt es sicher nicht nur *eine* Lösung. Der in Abb. B.4 gezeigte Vorschlag beruht auf der Annahme, dass eine auftragsspezifische Beschaffung von Material die Ausnahme in der Auftragsabwicklung ist, nicht die Regel. Es können mehrere Materialien pro Bestellung bei jeweils einem Lieferanten bestellt werden.

Das Relationenmodell zeigt, wie Bestellung und Auftrag durch einen Fremdschlüssel verknüpft werden. Die Relation Rechnung zeigt auch abgeleitete Daten, wie sie auf der gedruckten Rechnung als *View* gezeigt würden: Der Preis ist eine Kopie aus der Relation Artikel und der Wert ist je Position und für die Gesamtrechnung ermittelt.

Kunde (KundenNr#,Name,Adresse,AnlegeDat)
Auftrag (AuftragsNr#,KundenNr#,Datum,Skonto,Zahlungsziel)
AuftragsPos (AuftragsNr#,ArtikelNr#,Menge)
Artikel (ArtikelNr#,Bezeichnung,Dimension,Preis)
Lieferant (LieferantNr#,Name,Adresse,BonitaetsKls)

                mit: BonitaetsKls = {A,B,C}

Rechnung (RechnungsNr#,KundenNr#,Datum,AuftragsNr#,/NettoWert,
  /MWst,/SkontoWert,/Zahlbetrag)
RechnungsPos (RechnungsNr#,ArtikelNr#,Menge,/Preis,/Wert)

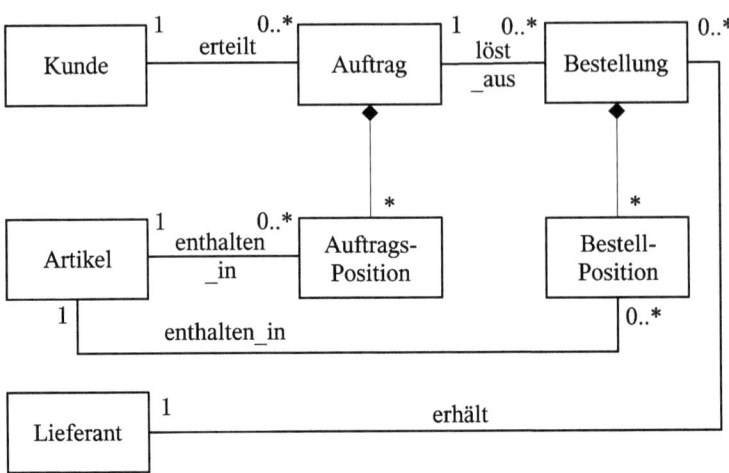

Abb. B.4. Auftragsspezifische Bestellungen für Sonderfälle

B.11 Abgeleitete Daten in der Bilanz (Kapitel 7)

Die Aufgabe soll am Beispiel der Lagerbuchhaltung das Entstehen abgeleiteter Standarddaten verdeutlichen.

Tabelle B.2 zeigt die vier Datentabellen, in denen die beiden Vorgänge dokumentiert sein müssen. Dies sind die beiden Kundenaufträge der Kunden A und B und die diesbezüglichen Auslieferungen der Ware in Form von Lagerbewegungen (Abbuchungen vom Bestand). Dies geschieht im Anwendungssystem *Vertrieb*, das sich der Bestandsführungsfunktionen der *Materialwirtschaft* bedient. Das Prinzip der Buchungstransaktionen von Beständen ist in Abschnitt 5.3.1 erklärt, insbes. in Abb. 5.8. Das hier extrem vereinfachte Beispiel zeigt zwei Aufträge mit nur je einer Position. Aus den Wert- und Preisangaben der Aufgabe errechnen sich die Auftragsmengen des Artikels X zu 3 und 1.

Tabelle B.2. Die vier an den Vorräten beteiligten Datentabellen

Auftrag (AuftrNr, KundNr, Prio, Datum)				Auftragsposition (AuftrNr, ArtNr, Menge)		
5	A	1	17.05.2008	5	X	3
6	B	3	17.05.2008	6	X	1
LagerBewegung (LagerNr, ArtNr, Menge, BuchTime)				/Bestand (LagerNr, ArtNr, Menge, LztBuchDat)		
L1	X	-3	22.05.2008, 10:24:42	L1	X	46.362 22.05.2008
L2	X	-1	22.05.2008, 10:29:01	L2	X	14.979 22.05.2008

Der abgeleitete Datenbestand /Bestand aus dem Anwendungssystem *Materialwirtschaft* wird nur für dispositive Zwecke benötigt und dort auch nur mengenmäßig geführt. Die bewerteten Bestände in der Bilanz – die *Vorräte* – werden aus den Bestandskonten des Anwendungssystems *Finanzbuchhaltung* gespeist, die jede Lagerbewegung zeitnah und in bewerteter Form verbucht. Die beiden Buchungen unserer Aufgabe führen zu den in Tabelle B.3 gezeigten Beständen *vor* und *nach* den Lagerabgängen. Die Finanzbuchhaltung kennt nur noch wertmäßige Vorgänge, also keine Daten je Lager oder Artikel. Dies muss die Lagerbuchhaltung selbst als Teil der Materialwirtschaft leisten, deren grundlegender Vorgang die *Lagerbewegung* ist.

Tabelle B.3. Der Saldo *Vorräte* der Bilanz (im Soll)

Zeitpunkt	Konteninhalt in [€]
Kontenstand *vor* den Lagerabgängen	4.600.575
Kontenstand *nach* den Lagerabgängen	4.600.571

In einer Bilanz steht natürlich nur *einer* der beiden Werte. Realistisch wäre der zweite, wenn man annimmt, dass die beiden Lagerabgänge die letzten eines Geschäftsjahres waren.

B.12 Organisation der Stammdatenpflege (Kapitel 8)

Die Aufgabe soll die Sensibilität schärfen, die Entstehung der Daten aktiv zu hinterfragen und organisatorisch zu gestalten. Außerdem soll der entsprechende Buchabschnitt fallorientiert reflektiert werden.

Für die Datenpflege gilt der Grundsatz, dass Daten nur am (fachlichen) Entstehungsort von einer datenverantwortlichen Person erfasst werden sollten[2]. Nur die erfassende Person kann bei erkannten Eingabefehlern fachgerecht entscheiden, was als „richtig" gelten soll. Dies muss zeitnah erfolgen und nicht durch die Bearbeitung von Fehlerlisten ex post. Für den Fall der Aufgabenstellung heißt das:

Kundenstammdaten entstehen dezentral im Vertrieb, oft im Außendienst. Die Kunden eines Handy-Herstellers sind *nicht* die Handy-Benutzer, sondern (meist große) Unternehmen, die Handy-Verträge vertreiben, häufig in Verbindung mit einem Gerät. Der Handy-Hersteller hat also wenige, große Kunden, über die er möglichst detaillierte Daten sammeln möchte. Diese müssen in einem schnelllebigen Markt immer aktuell sein. Sie sind möglichst am Entstehungsort – beim Kunden – einzugeben und zu pflegen. Sodann müssen sie unternehmensweit zum *Lesen* verfügbar gemacht werden, unabhängig vom Vertriebs- oder Produktionsstandort. Hier bietet sich eine dezentrale Erfassung und Pflege über mobile Endgeräte an, die über zentrale Pflegeprogramme aufgerufen werden.

---

[2] Massendaten aus Vorgängen werden zunehmend automatisiert erfasst, zurzeit (2008) vor allem über Barcodeleser, z. B. in Supermärkten an der Kasse. Tippfehler sind bei den Artikelnummern dann nicht mehr möglich.

Artikelstammdaten entstehen *vor* der Produktion und dem Verkauf der Produkte, d. h. an dem Standort, der für die Produktion eines Artikels verantwortlich ist. Bei Handys dürfte es die Regel sein, dass jeder Artikel an nur genau *einem* Standort hergestellt wird. Also sollten auch die Grunddaten nur dort gepflegt werden. Produktionsspezifische Attribute sollten für andere Standorte ggf. nicht einmal lesend zur Verfügung stellt werden. Unternehmensweit wichtige Attribute des Vertriebs und des Controlling müssen an anderen Standorten sichtbar sein. Sie dürfen aber nicht änderbar sein, um die einheitliche Datenverantwortung nicht zu gefährden.

B.13 Überbetriebliche Schnittstelle in XML (Kapitel 9)

Die Aufgabe soll am Beispiel einer Buchbestellung den Aufbau eines XML-Dokuments verdeutlichen. Grundsätzlich werden zur Bearbeitung von XML-Inhalten ein XML-Dokument, die zugehörige Dokumentenstruktur (XML-Schema oder DTD) sowie ein Stylesheet benötigt (s. Abschnitt 9.1.3).

Erläuterungen

Struktur XML-Dokumente beginnen jeweils mit einer Deklaration:
     `<?xml version= "1.0"?>`.
Diese enthält spezielle Informationen für den XML-Prozessor; also jenes Programm, mit dem das XML-Dokument verarbeitet wird. Ergänzend kann im Rahmen des sogenannten *Prologs* auf die jeweilige Dokumentenstruktur[3]
     `Buchbestellung-Structure.dtd`
sowie die entsprechenden Stylesheets
     `Online-Shop.xsl`
verwiesen werden. Es folgen die XML-Elemente (s. Abb. 9.1), wobei hier
     `<Bestellung>...</Bestellung>`
als „Eltern-Element" betrachtet wird. Diesem sind wiederum die Elemente `<Lieferadresse>`, `<Rechnungsadresse>`, `<Anmerkung>` und `<Buecher>` untergeordnet. Eine weitere Hierachieebene bilden die Elemente zur Strukturierung der Adressen (Name, Straße, Ort, PLZ) sowie der zu liefernden Bücher (ISBN-Nr., Titel, Anzahl, PreisEUR).

Semantik Es handelt sich um eine Bestellung des Unternehmens *Buchhandlung Lehmann* beim Lieferanten *Springer Verlag*, die dieser der Einfachheit halber direkt an den Endkunden ausliefern soll.

---

[3] Ein Beispiel für die Beschreibung eine Dokumentenstruktur mittels XML-Schema für ein XML-Dokument *Buchbestellung* finden sich in Hansen & Neumann (2005, Bd 2, Abschn 5.4.1.2).

```xml
<?xml version="1.0"?>
<!DOCTYPE Buchbestellung SYSTEM "Buchbestellung-Structure.dtd">
<?xml:stylesheet type="text/xsl" href="Online-Shop.xsl"?>
<Bestellung>
   <BestellNr>7496</BestellNr>
   <Lieferant>Springer Verlag</Lieferant>
   <Datum>2008-10-21</Datum>
   <Lieferadresse>
      <Name>Prof. Dr. Markus Bick</Name>
      <inFirma>European School of Management</inFirma>
      <Straße>Heubnerweg 6</Straße>
      <Ort>Berlin</Ort>
      <PLZ>14059</PLZ>
   </Lieferadresse>
   <Rechnungsadresse>
      <Name>Buchhandlung Lehmann</Name>
      <Strasse>Hardenbergstr. 5</Strasse>
      <Ort>Berlin</Ort>
      <PLZ>10623</PLZ>
   </Rechnungsadresse>
   <Anmerkung>Bitte mit Geschenkverpackung!</Anmerkung>
   <Buecher>
      <Buch>
         <ISBN>3-540-29635-2</ISBN>
         <Titel>Informationswirtschaft</Titel>
         <Anzahl>5</Anzahl>
         <PreisEUR>17,95</PreisEUR>
      </Buch>
      <Buch>
         <ISBN>3-540-17542-3</ISBN>
         <Titel>Software Engineering und Prototyping</Titel>
         <Anzahl>1</Anzahl>
         <PreisEUR>24,95</PreisEUR>
      </Buch>
   </Buecher>
</Bestellung>
```

Abb. B.5. Buchbestellung in XML

C
Beispiellösung Fallstudie *Personal-Bikes*

C.1 Aufgabe F1: Ausgangssituation und Logistik

C.1.1 zu a) Standorte

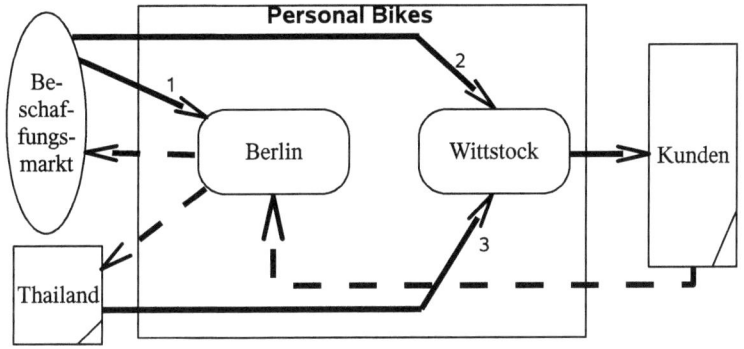

Legende:
1. Büroausstattungen und -material, 2. Rohmaterial und Zubehör, 3. Standard-Rahmen

Abb. C.1. Standorte und Leistungsflüsse

Erläuterungen

◇ Das Unternehmen hat verschiedene Arten von Material-Zulieferungen (s. Kanten 1 bis 3). Man könnte die Standorte auch als Objekte auffassen.
◇ *Thailand* ist kein anonymer Markt, sondern als Zulieferer mit langfristigen Verträgen ein konkreter Akteur.
◇ Auch der „Absatzmarkt" (s. Abb. 1.1) besteht aus konkreten Kunden. Diese sind selbst Unternehmen (B2B), also *Akteure*.

◇ Material- und Geldflüsse müssen spiegelbildlich sein, zumindest bei Routineprozessen, um die es hier geht.

C.1.2 zu b) Grundfunktionen

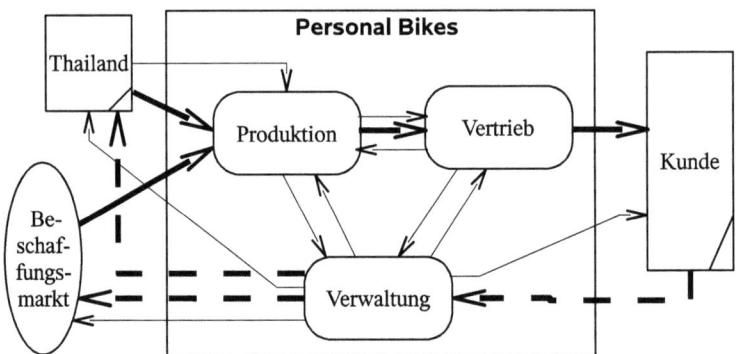

Abb. C.2. Grundfunktionen und Flüsse

Erläuterungen

◇ Leistungs- und Lenkungsflüsse in Abb. C.2 sind *alle* unsere Flusstypen. Das Bild zeigt *Funktionen*, nicht Standorte. Deshalb tritt ein funktionaler Materialfluss auf (Produktion → Vertrieb), den es real nur innerhalb eines Gebäudekomplexes gibt, nicht aber zwischen Standorten (s. Abb. C.1).
◇ Die Leistungsflüsse unterscheiden sich nicht wesentlich von Lösung a).
◇ Zwischen den Grundfunktionen gibt es bilaterale Informations- und Datenflüsse.
◇ Der Lieferant *Thailand* liefert zwar Informationen an die Produktion – vermutlich logistischer Art – empfängt aber solche von nur genau *einer* Stelle im Unternehmen, der Grundfunktion *Verwaltung*. Es handelt sich um Bestellungen einer Funktion *Beschaffung*, die innerhalb der Verwaltung angesiedelt ist.

C.1.3 zu c) Der Produktionsfaktor *Information*

Das Unternehmen kann sich in Zeiten sogenannter Billigware in Deutschland gerade auch bei Fahrrädern nur mit zwei Eigenschaften positionieren. Erstens muss die Qualität der Fahrräder hoch und dies über eine *Marke* den (potentiellen) Kunden auch bekannt sein, zweitens muss die Firma individualisierte Produkte *schnell* liefern können. Nur über die Merkmale *Qualität* und *Schnelligkeit* lassen sich deutlich höhere Preise erzielen als sie bei Discountern für Fahrräder bezahlt werden. Die Produktion eines technisch einfachen Produkts im Inland lässt sich nur über eine gewisse Exklusivität am Markt durchsetzen, denn die Produktion ist erheblich teurer als in Ländern mit geringen Löhnen. Der Produktionsstandort Wittstock dient dazu, die Merkmale Qualität, Schnelligkeit und Individualität sicherzustellen. Der Markenname *Personal-Bikes* ist ein wichtiger Baustein dieser Strategie.

Die IT-Strategie muss helfen, diese Unternehmensstrategie umzusetzen. Durch die beiden stark personalisierten Produktlinien *Rennrad* und *Mountainbike* entsteht eine sehr aufwändige Produktion bei der Herstellung verschiedener Rahmenvarianten. Eine solchermaßen differenzierte Produktion, der ein entsprechender Vertrieb vorausgeht, bedarf einer ebenso differenzierten Struktur und Verarbeitung von Daten. Wie bei individuell ergänzten Automobilen (die sog. „Extras") kann jeder Kundenauftrag zu einem individualisierten Produktionsauftrag werden. Dies kann extrem teuer sein, wenn man keine Software hat, um die differenzierten Prozesse adäquat abzuwickeln. Dabei ist zu berücksichtigen, dass eine totale Personalisierung nicht bezahlbar ist. Daher gibt es variante Standardmaße, die in kleinen Losen gefertigt werden. Trotzdem bleibt die notwendige Softwareunterstützung im Vergleich zu einer kundenanonymen Massenproduktion relativ aufwändig.

Da das Unternehmen andererseits zu klein ist, um Standardsoftware für Großunternehmen zu betreiben, bedarf es großer Anstrengungen, die Kosten für die notwendige Software und deren Nutzen in Einklang zu bringen. Dies ist eine erhebliche Herausforderung für die Abteilung *Org/DV*. Dem Informationsmanagement kommt eine zentrale Bedeutung für die Verwirklichung der Unternehmensziele zu.

C.2 Aufgabe F2: Fertigungsorganisation

C.2.1 zu a) Die Produktion allgemein

Die Produktion erhält ihre Materialien aus dem Wareneingangslager. Sie beginnt mit dem Rahmenbau und setzt sich fort mit dem Lackieren der Rahmen und Gabeln. Parallel dazu werden die Laufräder hergestellt.

Mit den beiden Halbfabrikaten *lackierte Rahmen und Gabeln* und *Laufräder vorne und hinten* kann die Endmontage beginnen. Diese führt zuerst den Zusammenbau von Rahmen und Gabel durch, die als Zwischenprodukt über ein Montageband zum dann folgenden Zusammenbau geführt wird. Dies ist als *Fließfertigung* organisiert.

C.2.2 zu b) Prozessdarstellung *Materialfluss*

Der Prozess *Produktion* ist als Aktivität dargestellt. Die Aktionen sind die Bereiche der Fallbeschreibung. Die Arbeitsstationen sind der Übersicht halber zunächst nicht gezeigt. In diesem Prozess ist Material die wesentliche Flussgröße. In einer Produktion werden die Materialflüsse immer von Daten begleitet, und zwar als *Warenbegleitscheine* in Papierform, als *Coupons* in Form von stabilerem Karton oder als *Transponder* für die RFID-Technik[1], bei der die Identifikation und diverse Eigenschaften eines Materials automatisch gelesen werden können.

Die Arbeitsstationen der Fertigungsstufe Endmontage haben die Reihenfolge:

---

[1] *Radio Frequency Identification*. Dies ist eine analoge Funktechnik.

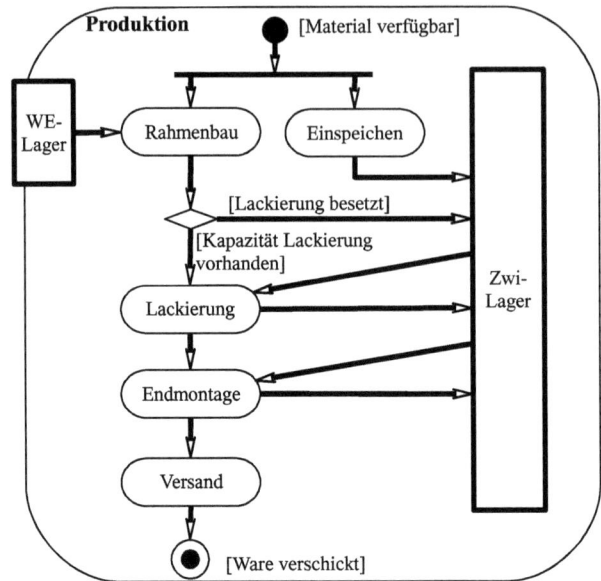

Abb. C.3. Prozess *Produktion* (Materialfluss)

1. Zusammenbau Rahmen und Gabel
2. Montage Gepäckträger und Schutzbleche
3. Montage Bremsen
4. Montage Schaltung
5. Montage Tretgruppe mit Kette
6. Montage Laufräder
7. Montage Lenker und Sattel
8. Montage Beleuchtung
9. Schrumpfen der Verpackung

Erläuterungen

⋄ Die Verfeinerung des Bereichs Endmontage in Arbeitsstationen ist in grafischer Form nicht sinnvoll, weil dem hohen Aufwand kein Nutzen im Sinne von Erkenntnisgewinn oder Kommunizierbarkeit gegenüber steht.
⋄ Es handelt sich bei der Fließfertigung um eine reine Sequenz, die anstatt als Zeichnung genauso klar als verbale Aufzählung dargestellt werden kann.
⋄ Die Kette des Fahrrads kann im Prozess erst eingebaut werden, wenn Schaltung *und* Tretlager existieren.

C.2.3 zu c) Schritte eines *Arbeitsplans*

Tabelle C.1 zeigt die grobe Stückliste eines Rennrad-Rahmens. Unter Verwendung dieser Teile ließe sich der danach folgende grobe *Arbeitsplan* auf Basis einer Stückliste erstellen.

Tabelle C.1. Grobe Stückliste *Rahmen*

Anz.	Bezeichnung	Maß(e)	Anz.	Bezeichnung	Maß(e)
je 1	Rohr hinten u. oben	D:28,5	1	Rohr vorne	D:32,2
1	Frontrohr	D:32,2	2	Rohr	D:12,0
2	Rohr konisch	D:21,5-12,0	2	Endstück Hinterradgabel	
1	Abstandstück oben	D:12,0, L:30	1	Abstandstück unten	D:12,0, L:50
1	Schelle für Sattelstütze	D-innen:28,5	1	Tretlagerrohr	D:40,0

Arbeitsplan

1. Rohre ablängen gemäß Fertigungsauftrag
2. Abstandsstücke hinten einfügen
3. Hinterradgabel oben vorfertigen
4. Hinterradgabel unten vorfertigen
5. Hauptrahmen schweißen aus:
   ◇ Rohr oben, vorne, hinten und Front
   ◇ Tretlagerrohr
   ◇ Sattelschelle
6. Hinterradgabeln und Hauptrahmen verschweißen

Erläuterungen

◇ Ein *Arbeitsplan* ist die exakte Beschreibung in Form strukturierter Daten (s. Tabellen 6.9f., Seiten 117f.), wie gefertigt werden muss. Bevor aber strukturiert wird, muss man sich intuitiv klar machen, *was* überhaupt zu tun ist.
◇ Man sieht, wie die Daten eines Arbeitsplans auf die Grunddaten `Teil` Bezug nehmen.

C.3 Aufgabe F3: PPS-System und Fertigungsdaten

C.3.1 zu a) Vorgangsdatentypen (VDT)

Die folgende Auflistung nennt Attribute, die zu einem Datentyp *Produktionsauftrag* gehören könnten, aber evtl. auch zu anderen Datentypen. Die Begründung geben die beiden nachfolgenden Tabellen in Form von Fragen (links), die die Daten des Produktionsauftrags beantworten müssen (rechts).

Bei kundenbezogener Fertigung muss der Produktionsauftrag auf den Kundenauftrag verweisen. Wenn man allgemein modelliert, ist dies eine N:M-Beziehung:

1. *Ein* sehr großer Kundenauftrag muss in *mehreren* Produktionsaufträgen und
2. *viele* kleine Kundenaufträge müssen in *einem* Produktionsauftrag bearbeitet werden.

Da die Fertigung von *Personal-Bikes* wenig automatisiert ist, wird nur der zweite Fall vorgesehen. Ein Großauftrag wird dann in *einem* Fertigungsauftrag bearbeitet.

Tabelle C.2. Fragen und Antworten zum *Produktionsauftrag*

Frage	Antwort
Was wird produziert?	TeilNr# mit TEIL.Rolle = Produkt
Für wen?	**KundenAuftrag** (FS)
Ab wann?	PlanBeginn
Wann freigegeben?	Datum
Wieviel?	Menge (des Produkts)
Wie?	**ArbeitsPlan** (FS)

Legende: FS= *Fremdschlüssel*

Tabelle C.3. Fragen und Antworten zur *Produktionsauftrags-Position*

Frage	Antwort
Was wird produziert?	TeilNr# mit TEIL.Rolle = *Baugruppe*
Womit?	**Stueckliste** (FS), also „Material"
Wieviel?	Menge (der Baugruppe)
Wie?	**ArbeitsPlanPosition** (FS)

Annahme: *Eine* ProdAuftrPos entspricht *einer* ArbPlanPos.
Es kann aber *mehrere* ProdAuftrPos zu einer ArbPlanPos geben.

Das ist einfach zu steuern und auch in den Datenstrukturen und Programmen relativ unkompliziert.

Die Beantwortung der Frage *Was?* geschieht auch über die Stückliste. Dort stehen die „Materialien" (dies können auch Baugruppen sein) und Mengen.

Tabelle C.4. Fragen und Antworten zur *Materialbewegung*

Frage	Antwort
Was wird bewegt?	Teile, die ein- und ausgelagert werden
Wieviel?	Menge des bewegten „Teils" (Zu-/Abgang: +/–)
Wo noch buchen?	/**Bestand**, s. Seite 88

Nach Erledigung einer Fertigungsstufe wird eine Baugruppe entweder weiter transportiert oder wieder eingelagert. Bei kundenanonymer Fertigung bleibt der Fremdschlüssel zum Kundenauftrag leer (= null).[2] Die Positionen eines Produktionsauftrags stellen die Fertigungsstufen dar (s. Fallbeschreibung, Abschnitt 10.2).

C.3.2 zu b) Grunddatentypen (GDT)

Die für die Vorgangsdatentypen aus a) notwendigen Grunddatentypen[3] werden kurz aufgezählt und erläutert.

---

[2] s. Abschnitt 6.1.1 zu Nullwerten auf Seite 109
[3] Sie sind bereits über die Fremdschlüssel in a) ablesbar.

Teil enthält alle Rollen der Produkthierarchie. Es werden diejenigen Rollen benötigt, die der Beschaffung und der Produktion zuzurechnen sind, *Produktionsteil* und *Einkaufsteil* (s. Seite 80).

Arbeitsplan ist der Plan, *wie* – Arbeitsgänge, Reihenfolge – und *womit* – Material und Arbeitszeit – produziert werden muss.

Stückliste ist die Vorschrift, *wie* und jeweils mit welchen *Mengen* Baugruppen zusammengesetzt sind.

C.3.3 zu c) Objektsicht `Produktionsauftrag`

Die Objektsicht wird in Form von Relationen dargestellt, ohne Tabellen mit Beispielwerten. Beim Lesen dieses Teils der Lösung muss das Beispiel Abb. 6.6 (Seite 115) betrachtet werden, sonst ist die Lösung unverständlich. Es wird hier nur der noch fehlende Produktionsauftrag und die Verknüpfung mit dem Kundenauftrag ergänzt. Der Fremdschlüssel `PrAuftrNr#` im Kundenauftrag muss so lange leer (= `null`) bleiben, bis ein Produktionsauftrag erzeugt wurde. Ein Fremdschlüssel im Produktionsauftrag auf den Kundenauftrag (s. Skizze zu a)) wäre ein grober Strukturfehler.

KdAuftrag (`KdAuftrNr#`,`KundenNr#`,`Datum`,`PrAuftrNr#`,`/Wert`)
PrAuftrag (`PrAuftrNr#`,`StartDat`,`PlanAbDat`,`PlanBisDat`,`Menge`)
PrAuftrPos (`PrAuftrNr#`,`ArbPlanNr#`,`/Menge`,`/IstZeit`)

Viele Kundenaufträge können auf einen Produktionsauftrag verweisen. Die `ArbPlanNr#` referenziert einen Arbeitsplan, über den ein Geflecht von Grunddaten angesprochen wird (s. Beispiel Abb 6.6). Dies sind neben dem `Arbeitsplan` das `Teil`, die `Stueckliste` (Fremdschlüssel im Arbeitsgang) und der `Arbeitsplatz`. Dies soll hier nicht wiederholt werden, allerdings sind einige **Erläuterungen** erforderlich:

◊ Der *Arbeitsplan* beschreibt die Herstellung einer oder mehrerer Baugruppen in einer Fertigungsstufe. Hieraus ergeben sich unterschiedliche `Ziel.TeilNr`, deren Herstellung die Stückliste mengenmäßig beschreibt.
◊ Die `PrAuftrag.Menge` ist eine andere als die `PrAuftrPos.Menge`. Erstere ist die Losgröße des Fertigungsauftrags. Letztere ergibt sich über die vom Arbeitsplan in der Arbeitsplanposition (*Arbeitsgang*) angesprochenen *Stückliste*. Diese Menge ist ein abgeleitetes Attribut, ohne das die Arbeitsplanposition allerdings nicht zu verstehen wäre.
◊ Der Arbeitsgang beschreibt die eigentliche Herstellung, indem er Stücklistenpositionen (*Mengen*) und Vorgabezeiten (*Arbeitszeiten*) zusammenbringt.
◊ Wir haben den Vorgangsdatentyp `Leistung` (s. Abb. 6.5) für die Ist-Leistung der Produktion hier weggelassen, um die Lösung überschaubar zu halten. Statt dessen enthält die Produktionsauftragsposition ein abgeleitetes Datum `/IstZeit` als Summe der geleisteten Einzelzeiten aus einer Leistungsposition (s. Abb. 6.5).

◇ Betriebswirtschaftlich wird es notwendig sein, die tatsächliche Leistung zu erfassen, da bei den hier vorliegenden hohen Lohnkosten ein wirtschaftliches Controlling der Produktion unabdingbar ist. Der Arbeitgang ist für dieses Controlling das *Soll*, die Leistung das *Ist*.

C.3.4 zu d) Objektsicht `Teil`

Auch diese Sicht soll als Erweiterung der Abb. 6.6 erfolgen. Der zentrale Grunddatentyp ist `Teil`, da für die hochwertigen Räder die Rahmen in Wittstock hergestellt werden sollen. Wir zeigen den Grundobjekttyp `Teil` in einer Sicht (*View*) der Produktion, lassen also verkaufs- oder einkaufsspezifische Attribute wie *Preis*, *Marke*, *Vertriebsweg* weg. Dafür spielen produktionsspezifische Daten eine große Rolle, die hier so einfach wie möglich gehalten sind. Nach der Relation folgt eine Tabelle mit Werten, die dem Leser zeigen wird, dass jedes Einzelteil als Eintrag in der Tabelle `Teil` mit einer separaten Nummer existieren muss.

Teil (`TeilNr#,Rolle,Bezeichnung,ProduktTyp,Variante,`
  `Geschlecht,Dimension,Materialbeschreibung`)

   mit: `Rolle` = {Prod,Baugr,Einz,Mat}; `ProduktTyp` = {Renn, Mount}
      `Variante` = {1..12}; `Geschlecht` = {Herren,Damen};
      `Dimension` = {St,mm}.

Die Produkttypen {Trekk, City} brauchen in den Produktionsdaten nicht geführt zu werden, da diese Rahmen nicht selbst hergestellt werden. Die Dimension 'mm' ist ein Längenmaß, das in einer Arbeitsstation *ablängen* der Fertigungsstufe *Rahmenbau* eine große Rolle spielt, in der *Montage* des Rahmenbaus jedoch nicht. Je selbst hergestelltem Rahmen gibt es 12 mögliche Varianten. Die folgende Tabelle zeigt die Beispieldaten aus dem Arbeitsplan in F2c) (Seite 213), lässt aber die Spalten `ProduktTyp`, `Variante`, `Geschlecht` und `Dimension` weg, da für diese Attribute alle Zeilen dieselben Werte enthalten (Renn | 4 | He | St). Im Übrigen werden für Rennräder gar keine Damenrahmen hergestellt.
Der Rahmen besteht also, exakt betrachtet, aus den Baugruppen

4611 *Rahmen*
  4623 *Rahmen-Dreieck*
  4629 *Hinterradgabel*
    ◇ *Hinterradgabel oben*
    ◇ *Hinterradgabel unten*.

Die Hinteradgabel wird eigentlich aus zwei Baugruppen montiert, die aber in der Tabelle weggelassen wurden. Die Baugruppen müssten auch noch rechte und linke Einzelteile unterscheiden. Dies ist in Tabelle 6.7 (Seite 117) zu sehen.

Tabelle C.5. Grunddaten `Teil` des Rahmens (*View Produktion*)

TeilNr#	Rolle	Bezeichnung	Materialbeschreibung
4611	Baugr	Rahmen Rennrad 28"	Stahl
4617	Einz	Rohr oben	28,5 D / 545 L
4618	Einz	Rohr hinten	28,5 D / 550 L
4619	Einz	Rohr vorn	32,2 D / 600 L
4620	Einz	Frontrohr	32,2 D / 155 L
4621	Einz	Tretlagerrohr	40,0 D / 75 L
4622	Einz	Sattelschelle	28,5 D innen
4623	Baugr	Rahmen-Dreieck	
4624	Einz	Rohr konisch	21,5 - 12,0 D / 370 L
4625	Einz	Rohr konisch	11,0 - 14,5 D / 490 L
4626	Einz	Abstandsstück Hinterradgabel	12,0 D / 30 L
4627	Einz	Abstandsstück Hinterradgabel	12,0 D / 50 L
4628	Einz	Endstück Hinterradgabel	
4629	Baugr	Hinterradgabel	

Erläuterungen

⋄ Der Leser sieht, dass selbst das stark vereinfachte Beispiel einer Produktion schwierig ist. Die Fallstudie muss im Detail durchgearbeitet werden, damit sie verstanden werden kann.
⋄ Will man Software zur Unterstützung der Produktion einsetzen, müssen die Produktionsdaten sehr differenziert gesehen und entsprechend modelliert werden. Nur auf der Detaillierungsebene von *Daten* lässt sich die Automatisierbarkeit von Prozessen beurteilen.
⋄ Auch einem Laien wird angesichts der Komplexität der Daten plausibel sein, dass die Eigenprogrammierung eines PPS-Systems teuer und mangels qualifizierten Personals auch sehr riskant ist.
⋄ Die geschäftspolitische Entscheidung der Unternehmensleitung, sich mit personalisierten Produkten am Markt zu positionieren, verlangt ein sehr genaues, datengestütztes Informationsmanagement, da die vielen Materialvarianten der Rahmen gut verwaltet werden müssen, um hohe Lagerbestände zu vermeiden. Hinzu kommt das Management der Zulieferungen aus Fernost, die über lange, störungsanfällige Wege per Schiff durchgeführt werden.
⋄ Die Grunddaten `Teil` müssen im Bereich der Produktion sehr differenziert geführt werden.

C.3.5 zu e) Beziehungssicht

Die Beziehungssicht benutzt die Grunddaten aus Abb. 6.6 und ergänzt die Vorgangsdaten, wie in Abb. C.4 gezeigt.

218 C Beispiellösung Fallstudie *Personal-Bikes*

Erläuterungen

Jetzt lässt sich die zentrale Frage der Untersuchung beantworten, welche Schnittstellen ein PPS-System zu den anderen Anwendungssystemen des Unternehmens haben wird:

◊ Erhebliche Erweiterung des Grunddatentyps `Teil`.
◊ Anknüpfung an den Grunddatentyp `Anlage`.
◊ Einfügen eines Fremdschlüssels mit erlaubten Nullwerten in den Datentyp `Kd-Auftrag`.
◊ Lieferung von Leistungsdaten (hier nicht ausgeführt) an das AWS *Personal* für die Leistungsentlohnung.

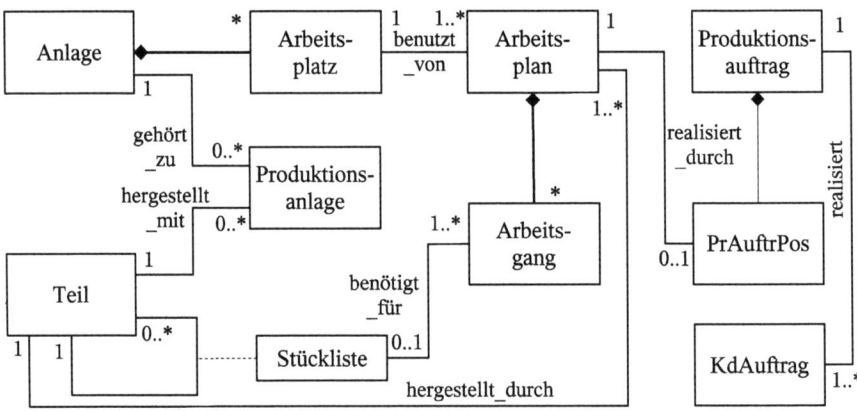

Abb. C.4. Beziehungssicht des Datenmodells der Produktion von *Personal-Bikes*

C.4 Aufgabe F4: Schnittstellen des PPS-Systems

Tabelle C.6 zeigt die Anwendungssysteme (AWS), die von der Einführung des PPS-Systems betroffen sind, indem die notwendigen Import- und Exportschnittstellen jedes Systems genannt werden. Die Tabelle ermöglicht eine erste grobe Abschätzung des Projekts. *Exportschnittstellen* sind Operationen oder Daten, die das PPS-System von einem System benötigt, *Importschnittstellen* verlangt ein System vom PPS-System, um sinnvolle Informationen aus den PPS-Daten erzeugen zu können. Zum Begriff *Schnittstelle* wird auf das Sachverzeichnis verwiesen und auf Abb. 7.5.

Tabelle C.6. Schnittstellen des PPS-Systems

AWS	Export	Import	Bewertung
Vertrieb	KundenauftrDat	PrAuftrNr#	Exp. vorh. / Imp. muss PPS liefern
			Änderung VDT `KdAuftrag`
MatWirtsch.	VertriebsDat	ProduktionsDat	GDT `Teil` umfassend erweitern
	EinkaufsDat		
AnlagenBuchh.	-	ArbeitsplatzDat	System erweitern
Personal	-	LeistungsDat	System erweitern
Bestände	zus. Rollen `Teil`	-	System umfassend erweitern
(MatWirtsch.)			

Erläuterungen

◊ Wenn es sich um Anwendungssysteme verschiedener Anbieter handelt, sind ziemlich sicher Änderungen in allen oben genannten Anwendungssystemen erforderlich.

◊ Handelt es sich um den weiteren Ausbau eines schon installierten *ERP-Systems*[4], dürften die meisten Schnittstellen bereits vorhanden sein und müssen nur konfiguriert werden. Aber auch dieser Schritt bedarf meist externer Spezialisten und muss sehr sorgfältig getestet werden. Nichts ist tückischer als unentdeckte Fehler in integrierten Systemen. Eine PPS-Einführung wird also in jedem Fall aufwändig.

◊ Eine Alternative gibt es nicht, denn ein *nicht* integriertes System wird redundante Daten führen und dies dürfte geschäftspolitisch noch sehr viel nachteiliger sein als einmalig höhere Kosten.

◊ Redundante Daten führen im Routinebetrieb immer wieder zu Störungen, die die Transaktions- und die internen Kosten des Unternehmens dauerhaft erhöhen.

C.5 Aufgabe F5: EDIFACT und XML

C.5.1 zu a) Objektsicht von `Rechnung` und `Bestellung`

Wie zuvor bei der Lösung zu Aufgabe F3 c) gilt auch hier, dass wir die Objektsicht als verbal notierte Relation mit Attributen betrachten.

Rechnung (`RechnungsNr#`, `KundenNr#`, `Datum`, `AuftragsNr#`, `Währung`,
  /`Rechnungsbetrag`, /`MWSt`, `Zahlungsziel`)
RechnungsPos (`RechnungsNr#`, `ArtikelNr#`, `Bezeichnung`, `Rahmentyp`,
  `Stückzahl`, `Preis`, /`Wert`)
Bestellung (`BestellNr#`, `Bestelldatum`, `KundenNr#`, /`Bestellwert`)
BestellPos (`BestellNr#`, `ArtikelNr#`, `LieferantenArtikelNr`, `Menge`,
  `EinkaufsPreis`)

---

[4] Integrierte Systeme werden auch *Enterprise Resource Planning Systeme* genannt, ein Marketing-Begriff der Hersteller solcher Systeme.

C.5.2 zu b) s. nächste Seite

```xml
<?xml version="1.0"?>
<Rechnung>
      <RechnungsNr>1732</RechnungsNr>
      <KundenNr>487</KundenNr>
      <Datum>2008-06-25</Datum>
      <AuftragsNr>1932</AuftragsNr>
      <Währung>EUR</Währung>
      <Rechnungsbetrag>9180,00</Rechnungsbetrag>
      <MWSt>1744,20</MWSt>
      <Zahlungsziel>30 Tage</Zahlungsziel>
   <RechnungsPos>
      <RechnungsNr>1732</RechnungsNr>
      <ArtikelNr>14</ArtikelNr>
      <Bezeichnung>TrekkingRad</Bezeichnung>
      <Rahmentyp>Herren</Rahmentyp>
      <Stückzahl>18/Stückzahl>
      <Preis>235</Preis>
      <Wert>4230,00</Wert>
   </RechnungsPos>
   <RechnungsPos>
      <RechnungsNr>1732</RechnungsNr>
      <ArtikelNr>27</ArtikelNr>
      <Bezeichnung>CityRad</Bezeichnung>
      <Rahmentyp>Damen 26"</Rahmentyp>
      <Stückzahl>25</Stückzahl>
      <Preis>198</Preis>
      <Wert>4950,00</Wert>
   </RechnungsPos>
</Rechnung>
```

Abb. C.5. zu b): Übertragungsdaten einer Rechnung mit zwei Positionen

Erläuterungen

◇ Für die Referenzmodelle *Rechnung* und *Bestellung* finden sich in diesem Buch viele Beispiele. Es sei aber noch hingewiesen auf das Attribut Lieferanten-ArtikelNr, das keinesfalls ein Fremdschlüssel in der Datenbasis von *Personal-Bikes* sein kann. Es handelt sich lediglich um eine Zeichenkette, die der besseren Kommunikation mit dem Lieferanten dient.

◇ Zur Bearbeitung von XML-Inhalten werden ein entsprechendes XML-Dokument, die zugehörige Dokumentenstruktur (XML-Schema, DTD) sowie ein Stylesheet benötigt (s. Abschnitt 9.1.3).

⋄ Ein XML-Dokument muss mit <?xml version="1.0"?> beginnen. Diese Deklaration enthält spezielle Informationen für den XML-Prozessor (das Programm, das XML liest und verarbeitet).
⋄ Die XML-Elemente (s. Abb. 9.1) beschreiben hier die verschiedenen Attribute der Objektsicht, wie z. B. RechnungsNr oder die AuftragsNr, auf die sich die Rechnung bezieht.
⋄ Ergänzend kann im Rahmen des sogenannten *Prologs* auf die jeweilige Dokumentenstruktur verwiesen werden (z. B. XML-Schema), sowie die entsprechenden Stylesheets (z. B. XSL). Dabei ist zu beachten, dass gerade bei der reinen Datenübertragung zwischen Anwendungssystemen – wie im Fall *Personal-Bikes* – auf Anweisungen zur Darstellung der Inhalte und sogar auf entsprechende Strukturinformationen verzichtet werden kann. Letzteres ist nur in besonderen Fällen sinnvoll.
⋄ Das Beispiel zeigt, dass XML Hierarchien kennt, die dem Relationenmodell fremd sind (Rechnung – Rechnungsposition).
⋄ Die Kennzeichen '/' für abgeleitete Daten in UML und für den Ende-Markup eines Tags in XML haben nichts miteinander zu tun. Im jeweiligen Kontext ist die Bedeutung des Zeichens eindeutig.

C.5.3 zu c) Mit wem EDIFACT?

Das Unternehmen *Personal-Bikes* hat zwei Typen von Kunden: Viele Einzelhändler für individualisierte Produkte und wenige Großkunden für Standardware.

Es dürfte kaum Sinn machen, mit den Einzelhändlern per EDIFACT zu kommunizieren. Sie werden als Nachrichtenempfänger gar nicht über die nötige Infrastruktur verfügen. Sie bringt bei geringen Fallzahlen mehr Kosten als Nutzen.

Die Großkunden dagegen bearbeiten große Fallzahlen. Sie werden erwarten, dass sich ihre Lieferanten in die (in der Regel) existierenden EDIFACT-Empfangsstrukturen eingliedern. Ein Lieferant, der das nicht beherrscht, wird gar nicht erst gelistet oder ausgelistet, wenn es zu viele Störungen im Routinebetrieb mit ihm gibt. Für das Marktsegment *Großkunde* ist EDIFACT also eine strategische Notwendigkeit.

Abkürzungs- und Symbolverzeichnis

Abb.	Abbildung
Abschn	Abschnitt
ASCII	American Standard Code for Information Interchange
AWS	Anwendungssystem
B2B	Business to Business
B2C	Business to Consumer
Bd	Band
BOT	Bestandsobjekttyp
Bsp.	Beispiel
CRM	Customer Relationship Management
DTD	Document Type Definition
EBCDIC	Extendet Binary Coded Decimal Interchange
EDIFACT	Electronic Data Interchange for Administration, Commerce and Transport
EDV	elektronische Datenverarbeitung
ERM	Entity Relationship Model
ERP	Enterprise Resource Planning
FF	Fertigfabrikate-
F&E	Forschung und Entwicklung
GDPdU	Grundsätze zum Datenzugriff und zur Prüfbarkeit digitaler Unterlagen
GoB	Grundsätze ordnungsgemäßer Buchführung
GDT	Grunddatentyp; synonym: Grundobjekttyp
GuV	Gewinn- und Verlustrechnung
HGB	Handelsgesetzbuch
HTML	Hypertext Markup Language
IFRS	International Financial Reporting Standards
IT	Informationstechnik
Kap	Kapitel
MAT	Material-
max	maximal

Mill.	Millionen
min	minimal
Mrd.	Milliarden
MS	Microsoft Corporation ®
NF	Normalform; 1NF: erste, 2NF: zweite, usw. Normalform
OSI	Open Systems Interconnection
PC	Personalcomputer
PPS	Produktionsplanungs und Steuerungs-
RM	Relationenmodell
R/3	Realtime System ®, Generation 3; entsprechend R/2
SGML	Standard General Markup Language
SQL	Structured Query Language
TCP/IP	Transmission Control Protocol / Internet Protocol
UML	Unified Modelling Language
u.v.a.m.	und viele andere mehr
VDT	Vorgangsdatentyp; synoynm: Vorgangsobjekttyp
XHTML	Extensible Hypertext Markup Language
XML	Extensible Markup Language
XSL	Extensible Stylesheet Language

Abbildungsverzeichnis

1.1	Das Unternehmen als System mit Märkten als Umwelt (nach Domschke & Scholl, 2003)	2
2.1	Aufgabentypen bei der Informationsverarbeitung (Ferstl & Sinz, 2006, 33)	11
2.2	Die Funktion *Absatz* mit Informations- und Materialfluss	12
2.3	Variantes Flussmodell der Grundfunktion *Absatz* für Einzelfertiger	13
2.4	Teilprozesse verschiedener Frequenz in *einer* Grundfunktion	15
2.5	Lenkungs- und Leistungsflüsse im Industrieunternehmen (Ferstl & Sinz, 2006, 46)	16
2.6	Der Prozess Produktentwicklung (*Produktgestaltung*)	18
2.7	Der (Geschäfts-)Prozess *Auftragsabwicklung* bei Einzelfertigung	21
2.8	Die Prozesse Beschaffung, Produktion und Verkauf bei Fertigung auf Lager	23
3.1	Verknüpfung von Datentypen über Attribute	40
4.1	Kommunikation als Nachrichtenübermittlung (unidirektional)	46
4.2	Aufbau von Protokollen	46
4.3	Empfang von Nachrichten, die Informationen sein könnten	54
4.4	Nachricht aus einem Speicher an viele Empfänger	55
4.5	Die Zusammenhänge zwischen Wissen, Daten und Information	59
5.1	Verdichtungsebenen betrieblicher Daten	67
5.2	Programm Tabellenkalkulation mit einer Summe	70
5.3	Ein Graph in der Form *Baum*	75
5.4	Rollenhierarchie Grunddatentyp **Produkt** (`Teil`)	76
5.5	Grafische Darstellungen einer Stückliste	77
5.6	Präzisierender Ausschnitt aus Abb. 1.1 mit einem Vorgangsdatentyp	87
5.7	Ausschnitt aus Abb. 2.4 (Teilprozesse Absatz)	87
5.8	Verfeinerte Funktion *Versand* (Lagerabgang)	88

5.9 Die Erzeugung abgeleiteter Daten über Operationen 89
5.10 Rollen der Datentypen der Auftragsabwicklung mit Kundenbezug... 91
5.11 Rollen des generalisierten Datentyps `Verkaufsbeleg` 92
5.12 Komplexer Objekttyp mit Verweis auf Grunddatentypen 94
5.13 Zwei Varianten der Leistungserbringung 95

6.1 Auftragsbeziehung mit einer Komposition `Auftrag` 111
6.2 Auftragsbeziehung mit aufgelöster Komposition................. 112
6.3 Mehrfache Assoziation mit Rollen 113
6.4 Stückliste und Teileverwendung als Rollen 113
6.5 Bearbeitung eines Kundenauftrags in Einzelfertigung 114
6.6 Arbeitsplanung für die Fertigung.............................. 115
6.7 Vorgehensmodell zur Erstellung von Datenmodellen 119
6.8 Ein Referenz-Datenmodell der Mengenflüsse des Industriebetriebs.. 121

7.1 Funktionale Sicht betrieblicher Anwendungssysteme............. 126
7.2 Informationssystem mit maschinellen und menschlichen
    Aufgabenträgern (nach Ferstl & Sinz, 2006, 5) 127
7.3 Oberfläche und „Innenfläche" einer Dialogsoftware 127
7.4 Überblick Anwendungssysteme, Grund- und Bestandsdaten 143
7.5 Die Finanzbuchhaltung als Datenverdichtungssystem (nach Alpar
    et al., 2002) 145

8.1 Workflow bei der Erzeugung der Grunddaten `Teil`.............. 154

9.1 Aufbau eines XML-Dokuments................................... 165
9.2 Drei-Ebenen-Schemaarchitektur nach ANSI 166
9.3 Automatische Datenübertragung zwischen zwei Unternehmen 169
9.4 Verarbeitung und Übertragung von Daten zwischen relationalen
    Systemen 169
9.5 Übertragung von Daten zwischen textbasierten Systemen 170
9.6 Zusammenhang zwischen Anwendungssystem und
    Datenaustauschformat... 170
9.7 Eine Rechnung, formuliert in XML 171
9.8 Die Buchungen aus der Tabelle 9.2, formuliert in XML.......... 173
9.9 Beispiel für Typdefinitionen in XML-Schema 174
9.10 Eine textorientierte Rechnung mit XML 177
9.11 Skizze der Struktur dieses Buches, ausgezeichnet mit XML 179

10.1 Skizze eines Fahrrads 182

A.1 Die grundlegenden Knoten- und Kantentypen der UML 192
A.2 Elemente von Systemdarstellungen (und Aktivitätsdiagrammen) .. 193
A.3 Grundschema eines Aktivitätsdiagramms als Prozess............. 194
A.4 Zusätzliche Elemente für Aktivitätsdiagramme 194

A.5 Knoten- und Kantentypen mit Annotationen (Multiplizitäten, Rollen, Assoziationsnamen) für die Beziehungssicht von Datenmodellen... 195

B.1 Der Prozess *Einkauf* beim Einzelfertiger bis zur Abgabe der Bestellung 199
B.2 Abbildung 4.1, ergänzt um die Kommunikation der Server 200
B.3 Beziehungssicht des Datenmodells 203
B.4 Auftragsspezifische Bestellungen für Sonderfälle 204
B.5 Buchbestellung in XML 207

C.1 Standorte und Leistungsflüsse 209
C.2 Grundfunktionen und Flüsse 210
C.3 Prozess *Produktion* (Materialfluss) 212
C.4 Beziehungssicht des Datenmodells der Produktion von *Personal-Bikes* 218
C.5 **zu b):** Übertragungsdaten einer Rechnung mit zwei Positionen 220

Tabellenverzeichnis

2.1	Verfeinerungen der betrieblichen Grundfunktionen	9
3.1	Zusammensetzung eines Zeichenvorrates aus Teilmengen	28
3.2	Beispiele für Tabellen des internationalen Alphabets UNICODE	31
3.3	Die Alphabete gängiger Zahlensysteme	32
3.4	Umrechnung einer Dezimalzahl in eine Zahl zur Basis 16	33
3.5	Beispiele der Codierung von Zahlen und Buchstaben	33
3.6	Codierung von Zahlen in verschiedenen Zahlensystemen	34
3.7	Daten von textilen Produkten in der Struktur einer Tabelle	36
3.8	Basistypen strukturierter Daten und deren pragmatische Erweiterungen	37
3.9	Benutzerdefinierte elementare Datentypen	38
3.10	Der zusammengesetzte Datentyp `Artikel` mit Attributtypen	39
3.11	Standard-Abkürzungen in Attributnamen	40
3.12	Vier verknüpfte Datentabellen	41
5.1	Ein Programmbaustein in drei Programmiersprachen	69
5.2	Überblick *betrieblicher Daten*	72
5.3	Beispiele von Produktdaten verschiedener Rollen	77
5.4	Stückliste zur Tabelle `Teil`	78
5.5	Eine Preistabelle als Beispiel für Gruppierungen	80
5.6	Beispiele gleichartiger Artikel	81
5.7	Grunddatentyp `Lieferant` und lieferantenspezifischer Artikelpreis	81
5.8	Zwei Schlüsseltabellen	83
5.9	Beipiele für Kategorien betrieblicher Daten	84
5.10	Aufzeichnungspflichtige Vorgangsdaten des Routinebetriebs	86
5.11	Verfahren zur Erzeugung dispositiver Daten und ihre Datenquellen	98
6.1	Beispiel Cartesisches Produkt und Relation	103
6.2	Ein Grunddatentyp `Mitarbeiter`	104
6.3	Der Grunddatentyp `Mitarbeiter` mit Beispieldaten	106
6.4	Der Vorgangsdatentyp `Leistung` als Komposition	106

6.5	Anlage in einer Fabrikationshalle	116
6.6	Zwei Arbeitsplätze einer Anlage	117
6.7	Grunddaten `Teil`	117
6.8	Stückliste zur Herstellung der Hinterradgabel	117
6.9	Arbeitsplan zur Herstellung der Baugruppe	117
6.10	Arbeitsgänge zur Herstellung der oberen Hinterradgabel	118

7.1	Interaktion zwischen Benutzer und Software	128
7.2	Funktionen zweier Standard-Anwendungssysteme	131
7.3	Funktionen industrieller Anwendungssysteme	132

| 8.1 | Dateneingabe durch einen Benutzer | 149 |
| 8.2 | Datenentstehung von Attributen des GDT `Teil` | 153 |

| 9.1 | Beispiel für eine *View* | 167 |
| 9.2 | Zwei Belege und zwei Buchungen relational | 172 |

| 10.1 | Produktvarianten von *Personal-Bikes* | 182 |

B.1	Zusammengesetzter Datentyp `Überweisung`	200
B.2	Die vier an den Vorräten beteiligten Datentabellen	204
B.3	Der Saldo *Vorräte* der Bilanz (im Soll)	205

C.1	Grobe Stückliste *Rahmen*	213
C.2	Fragen und Antworten zum **Produktionsauftrag**	214
C.3	Fragen und Antworten zur **Produktionsauftrags-Position**	214
C.4	Fragen und Antworten zur **Materialbewegung**	214
C.5	Grunddaten `Teil` des Rahmens (*View Produktion*)	217
C.6	Schnittstellen des PPS-Systems	219

Literaturverzeichnis

Abiteboul, S., Bubemann, P. & Suciu, D. (2000), *Data on the Web*, Morgan Kaufmann, San Francisco.
Albach, H. (2001), *Allgemeine Betriebswirtschaftslehre*, Gabler, Wiesbaden, 3. Auflage.
Alpar, P., Grob, L., Weimann, P. & Winter, R. (2002), *Unternehmensorientierte Wirtschaftsinformatik*, Vieweg, Wiesbaden, 3. Auflage.
Bateson, G. (1972), *Steps to an Ecology of Mind*, Chandler, San Francisco et al.
Bea, F. X., Dichtl, E. & Schweitzer, M. (2002), *Allgemeine Betriebswirtschaftslehre – Leistungsprozess*, Band 3, Lucius & Lucius, Stuttgart, 8. Auflage.
Becker, F. G., Herausgeber (2006a), *Einführung in die Betriebswirtschaftslehre*, Springer, Berlin - Heidelberg et al.
Becker, F. G. (2006b), Unternehmensführung, in: Becker (2006a), Kapitel 8.
Becker, J. & Delfmann, P., Herausgeber (2004), *Referenzmodellierung – Grundlagen, Techniken und domänenbezogene Anwendung*, Physica, Heidelberg.
Becker, J. & Schütte, R. (2004), *Handelsinformationssysteme*, moderne industrie, Frankfurt am Main, 2. Auflage.
Bick, M. (2004), *Knowledge Management Support System – Nachhaltige Einführung organisationsspezifischen Wissensmanagements*, Dissertation, Universität Duisburg-Essen, Fakultät für Wirtschaftswissenschaften.
Bode, J. (1997), Der Informationsbegriff in der Betriebswirtschaftslehre, *ZfBF – Zeitschrift für Betriebswirtschaftliche Forschung*, Band 49, Seiten 449–468.
Bodendorf, F. (2003), *Daten- und Wissensmanagement*, Springer, Berlin - Heidelberg et al.
Boland, R. J. (1987), The In-Formation of Information Systems, in: Boland & Hirschheim (1987), Kapitel 14.
Boland, R. J. & Hirschheim, R. A. (1987), *Critical Issues in Information Systems Research*, Wiley, Chichester - New York et al.
Booch, G., Rumbaugh, J. & Jacobson, I. (1999), *Das UML-Benutzerhandbuch*, Addison-Wesley, München - Boston et al.

Broy, M. & Siedersleben, J. (2002), Objektorientierte Programmierung und Softwarentwicklung - Eine kritische Einschätzung, *Informatik Spektrum*, Band 25, Seiten 3–11.

Chen, P. (1976), The Entity-Relationship-Model – Towards a Unified View of Data, *ACM Transactions on Database Systems*, Band 1, Seiten 9–36.

Codd, E. F. (1970), A Relational Model of Data for Large Shared Data Banks, *Communications of the ACM*, Band 13, Seiten 377–387.

CZ (2007), Vorstände müssen sich der IT-Strategie widmen, Computer Zeitung, nr. 14 am 2.4.2007.

Decker, R. (2006), Marketing, in: Becker (2006a), Kapitel 7.

Dippold, R., Meier, A., Ringgenberg, A., Schnider, W. & Schwinn, K. (2005), *Unternehmensweites Datenmanagement*, Vieweg, Braunschweig - Wiesbaden, 4. Auflage.

Domschke, W. & Scholl, A. (2003), *Grundlagen der Betriebswirtschaftslehre*, Springer, Berlin - Heidelberg et al., 2. Auflage.

Endres, A. (2004), Der Informationsbegriff – Eine Informatik orientierte Annäherung, *Informatik Forschung und Entwicklung*, Band 18, Seiten 88–93.

Ewert, R. & Wagenhofer, A. (2005), *Interne Unternehmensrechnung*, Springer, Berlin - Heidelberg et al., 6. Auflage.

FAZ (2004), Der Staat als Beute, Frankfurter Allgemeine Zeitung, nr. 41 am 18.2.2004.

Ferstl, O. K. & Sinz, E. (2006), *Grundlagen der Wirtschaftsinformatik*, Oldenbourg, München - Wien, 5. Auflage.

Fink, A., Schneidereit, G. & Voß, S. (2005), *Grundlagen der Wirtschaftsinformatik*, Physica, Heidelberg, 2. Auflage.

Frank, U. (2004), Informationstechnologie und Organisation, in: Schreyögg & von Werder (2004), Spalten 472-481.

Gaitanides, M. (2004), Prozessorganisation, in: Schreyögg & von Werder (2004), Spalten 1208-1218.

Gemünden, H. G. (2002), Promotoren – Schlüsselpersonen für Entwicklung und Marketing innovativer Industriegüter, in: J. Hauschild & H. G. Gemünden, Herausgeber, *Promotoren – Champions der Innovation*, Kapitel 1.2, Seiten 43–64, Gabler, Wiesbaden, 2. Auflage.

Gutenberg, E. (1983), *Grundlagen der Betriebswirtschaftslehre*, 3 Bände: Die Produktion, Der Absatz, Die Finanzen, Springer, Berlin - Heidelberg et al., 24. Auflage.

Hansen, H. R. & Neumann, G. (2005), *Wirtschaftsinformatik, 2 Bände*, Lucius & Lucius, Stuttgart, 9. Auflage.

Heinen, E. (1991), *Industriebetriebslehre*, Gabler, Wiesbaden, 9. Auflage.

Heinrich, B. & Klier, M. (2006), Ein Optimierungsansatz für ein fortlaufendes Datenqualitätsmanagement und seine praktische Anwendung bei Kundenkampagnen, *Zeitschrift für Betriebswirtschaft*, Band 76, Seiten 559–587.

Heinrich, L. J., Heinzl, A. & Roithmayr, F. (2007), *Wirtschaftsinformatik*, Oldenbourg, München, 3. Auflage.

Jahnke, H. (2006), Interne Unternehmensrechnung und Controlling, in: Becker (2006a), Kapitel 4.

Jahnke, H. & Biskup, D. (1999), *Planung und Steuerung der Produktion*, moderne industrie, Landsberg.

Jeckle, M., Rupp, C., Hahn, J., Zengler, B. & Queins, S. (2004), *UML 2 glasklar*, Hanser, München - Wien.

Kazakos, W., Schmidt, A. & Tomczyk, P. (2002), *Datenbanken und XML*, Springer, Berlin - Heidelberg et al.

Kistner, K.-P. & Steven, M. (2002), *Betriebswirtschaftslehre im Grundstudium 1*, Physica, Heidelberg, 4. Auflage.

König, R. (2006), Gegenstand der Betriebswirtschaftslehre, in: Becker (2006a), Kapitel 1.

Kopka, H. (2000), *LaTeX*, Band 1: Einführung, Addison-Wesley, Bonn, 3. Auflage.

Krcmar, H. (2005), *Informationsmanagement*, Springer, Berlin - Heidelberg et al., 4. Auflage.

Kurbel, K. (2005), *Produktionsplanung und -steuerung im Enterprise Ressource Planning und Supply Chain Management*, Oldenbourg, München - Wien, 6. Auflage.

Laudon, K., Laudon, J. & Schoder, D. (2006), *Wirtschaftsinformatik – Eine Einführung*, Pearson, München - Boston et al., auf basis der 6. aufl.: 1. deutsche Auflage.

Lobin, H. (2000), *Informationsmodellierung in XML und SGML*, Springer, Berlin - Heidelberg et al.

Mertens, P. (1978), *Industrielle Datenverarbeitung 1*, Gabler, Wiesbaden, 3. Auflage.

——— (2004), *Integrierte Informationsverarbeitung 1 – Operative Systeme in der Industrie*, Gabler, Wiesbaden, 14. Auflage.

Mertens, P., Bodendorf, F., König, W., Picot, A., Schumann, M. & Hess, T. (2005), *Grundzüge der Wirtschaftsinformatik*, Springer, Berlin - Heidelberg et al., 9. Auflage.

Möhr, W. & Schmidt, I. (1999), *SGML und XML – Anwendungen und Perspektiven*, Springer, Berlin - Heidelberg et al.

Michel, T. (1999), *XML kompakt – Eine praktische Einführung*, Hanser, München - Wien, 14. Auflage.

Müller-Merbach, H. (1992), *Operations Research*, Vahlen, München, 3. Auflage.

Neumann, P. G. (1995), *Computer Related Risks*, Addison-Wesley, New York et al.

Nonaka, S. & Takeuchi, N. (1995), *The Knowledge-Creating Company*, Oxford University Press, Oxford - New York et al.

Object Management Group (2008), Unified Modelling Language, http://www.omg.org/uml, am 1.3.2008.

Ortner, E. (1985), Semantische Modellierung – Datenbankentwurf auf der Ebene der Benutzer, *Informatik Spektrum*, Band 8, Seiten 20–28.

Ortner, E., Schienmann, B. & Thoma, H. H. (1996), *Natürlichsprachlicher Entwurf von Informationssystemen*, Band 25, Universitätsverlag Konstanz, GI-Workshop Tutzing.

Panny, W. & Taudes, A. (2000), *Einführung in den Sprachkern von SQL-99*, Springer, Berlin - Heidelberg et al.

Pernul, G. & Unland, R. (2001), *Datenbanken im Unternehmen – Analyse, Modellbildung und Einsatz*, Oldenbourg, München - Wien.

Pfohl, H.-C. (2004), *Logistikmanagement*, Springer, Berlin - Heidelberg et al., 7. Auflage.

Picot, A. & Reichwald, R. (1991), Informationswirtschaft, in: Heinen (1991), Kapitel 3, Seiten 241–393.

Picot, A., Reichwald, R. & Wigand, R. T. (2001), *Die grenzenlose Unternehmung*, Gabler, Wiesbaden, 4. Auflage.

Plattner, H. (1981), Systeme R/SAP - Real Time Systeme, in: G. Goos, Herausgeber, *Werkzeuge der Programmiertechnik*, Nummer 43 in Informatik-Fachberichte, Seiten 244–260, Springer, Berlin - Heidelberg et al.

Reichwald, R. & Dietel, B. (1991), Produktionswirtschaft, in: Heinen (1991), Kapitel 4, Seiten 395–621.

Scheer, A. W. (1997), *Wirtschaftsinformatik – Referenzprozesse für industrielle Geschäftsprozesse*, Springer, Berlin - Heidelberg et al., 7. Auflage.

——— (1998), *ARIS – Modellierungsmethoden, Metamodelle, Anwendungen*, Springer, Berlin - Heidelberg et al., 3. Auflage.

Schierenbeck, H. (2003), *Grundzüge der Betriebswirtschaftslehre*, Oldenbourg, München - Wien, 16. Auflage.

Schmalenbach, E. (1963), *Kostenrechnung und Preispolitik*, Westdeutscher Verlag, Köln und Opladen.

Schreyögg, G. & von Werder, A. (2004), *Handwörterbuch Unternehmensführung und Organisation*, Band II von *Enzyklopädie der Betriebswirtschaftslehre*, Schäffer/Poeschl, Stuttgart, 4. Auflage.

Sinz, E. J. (1983), *Konstruktion betrieblicher Basisinformationssysteme*, Haupt, Bern.

Spitta, T. (1989), *Software Engineering und Prototyping*, Springer, Berlin - Heidelberg et al.

——— (1993), Aufwandschätzung und Produktivität in Softwareprojekten - Ergebnisse aus industriellen Entwicklungen, in: *Softwaretechnik '93*, Seiten 17–24, proceedings.

——— (1996), Wiederverwendbare Attribute als Ordnungsfaktor der Unternehmensdaten, in: Ortner et al. (1996), Seiten 79–93.

——— (1997), Über die Verteilung von Daten in einer verteilten Organisation, in: *Fachtagung Mobis '97*, Seiten 26–30, proceedings.

Spitzer, M. (2000), *Geist im Netz – Modelle für Lernen, Denken und Handeln*, Spektrum, Heidelberg - Berlin.

Stahlknecht, P. & Hasenkamp, U. (2005), *Einführung in die Wirtschaftsinformatik*, Springer, Berlin - Heidelberg et al., 11. Auflage.

Steinmüller, W. (1997), *Informationstechnologie und Gesellschaft*, Wissenschaftliche Buchgesellschaft, Darmstadt.

Talaulicar, T. (2004), Wissen, in: Schreyögg & von Werder (2004), Spalten 1640-1647.

Tanenbaum, A. S. (2003), *Computernetzwerke*, Pearson Studium, München, 4. Auflage.

Tüllmann, S. (2005), *Beschreibungsstandards für steuerliche Zwecke – konzeptionelle und konkrete Überlegungen, basierend auf XML*, Diplomarbeit, Universität Bielefeld, Fakultät für Wirtschaftswissenschaften.

Töpfer, A. (2005), *Betriebswirtschaftslehre*, Springer, Berlin - Heidelberg et al.

Tuomi, I. (2000), Data is more than Knowledge: Implications of the Reversed Knowledge Hierarchie for Knowlede Management and Organizational Memory, *Journal of Management Information Systems*, Band 16, Seiten 103–117.

Varian, H. R., Farrell, J. & Shapiro, C. (2005), *The Economics of Information Technology – An Introduction*, Cambridge University Press, Cambridge.

Vetter, M. (1991), *Aufbau betrieblicher Informationssysteme*, Teubner, Stuttgart, 7. Auflage.

Vossen, G. (2000), *Datenbankmodelle, Datenbanksprachen und Datenmanagementsysteme*, Oldenbourg, München - Wien, 4. Auflage.

Vossen, G. & Becker, J. (1996), *Geschäftsprozessmodellierung und Workflow-Management*, Thomson, Bonn et al.

Watzlawick, P., Beavin, J. H. & Jackson, D. D. (1974), *Menschliche Kommunikation*, Huber, Bern - Stuttgart, 4. Auflage.

Wedekind, H. (1979), Die Objekttypen-Methode beim Datenbankentwurf – dargestellt am Beispiel von Buchungs- und Abrechnungssystemen, *Zeitschrift für Betriebswirtschaft*, Band 49, Seiten 367–387.

Wöhe, G., Kaiser, H. & Döring, U. (2002), *Einführung in die allgemeine Betriebswirtschaftslehre*, Vahlen, München, 21. Auflage.

Wielenberg, S. (2006), Externe Unternehmensrechnung, in: Becker (2006a), Kapitel 3.

Wikipedia (2008), Die freie Enzyklopädie, http://de.wikipedia.org/wiki/Information, am 10.2.2008.

Willke, H. (2001), *Systemisches Wissensmanagement*, Lucius & Lucius, Stuttgart, 2. Auflage.

——— (2004), *Einführung in das systemische Wissensmanagement*, Carl-Auer, Heidelberg.

Wirth, N. (1975), *Algorithmen und Datenstrukturen*, Teubner, Stuttgart.

Witte, E. (1972), *Das Informationsverhalten in Entscheidungsprozessen*, J.C.B. Mohr(Paul Siebeck), Tübingen.

Wittmann, W. (1959), *Unternehmung und unvollkommene Information*, Westdeutscher Verlag, Köln und Opladen.

Sachverzeichnis

Ablauf, 24
Absatz, 4, 9, 12, 14, 97, 138
   -markt, 22
   -planung, 13
Additionssystem, 31
Akteur, 12, 14, 19, 22, 45, 61, 169, 193
Aktion, 193
Aktivität, 24, 193
Aktivitätsbereich, 152, 194
Alphabet, 28, 33, 37, 54
Alternativschlüssel, 104
Anlage, 74
Anwendungssystem, 4, 67, 69, 125, 126, 169
   operatives, 146
Arbeitsablauf, *siehe* Workflow
Arbeitsplan, 115
Artikel, *siehe* Teil
ASCII, 29, 33, 34
   lower, 29
   upper, 29
asynchron, 47, 127
Attribut, 38, 74
Aufbewahrungspflicht, 175
Aufgabe, 10, 126
   Transformation, 10
Aufgabenträger, 126
Auftragsabwicklung, 20, 22, 138
Aufzählungstyp, 79, 83, 135
Aufzeichnungspflicht, 86
Auszeichnung, 176, 178
Auszeichnungssprache, 161, 162
Automat, 45, 46, 126
Automatisierbarkeit, 10

B2B, 169
Basistyp, 37, 38
Batchprozess, 127
Batchverarbeitung, 47
Baugruppe, 78, 117
Baum, *siehe* Graph
Bedarfsermittlung, 77
Begriff, 39
Beleg, 86, 172
   -nummer, 89
Benutzer, 128, 166
   -klasse, 126
   -schnittstelle, 47, 128
   -verwaltung, 151
Benutzeroberfläche, *siehe* Benutzerschnittstelle
Bereich
   organisatorisch, 17, 194
   UML, 194
Beschaffung, 3, 9, 135
Beschaffungsmarkt, 22
Bestand, 88, 133
   Bewertung, 134
   Reservierung, 133
Bestandsdaten, 68, 96
Betriebsmittel, 1, 74
Betriebssystem, 34
Bewegungsart, 134
Bewegungsdaten, *siehe* Vorgangsdaten
Bilddaten, 175
Bit, 34
boolean, 37
Buchung, 24, 89, 172

Buchungssatz, 89, 96
Byte, 34

CCG, *siehe* GS1 Germany
COBOL, 69, 157
Code, 30, 171, 178
  dualer, 35
Codierung, 33
Controlling, 67, 86, 146, 155
Customer Relationship Management, 138

Data Warehouse, 68
Daten, 1, 5, 14, 24, 36, 57, 66, 185
  -übertragung, 35, 46
  -entstehung, 152
  -integration, 145
  -pflege, 128, 151
  -schutz, 151
  -verantwortung, 150
  abgeleitete, 66, 125, 146
  administrative, 66
  aggregierte, 66, 98, 132
  betriebliche, 4, 65, 71, 102
  bitorientierte, 36
  dispositive, 69, 97
  informative, 67
  originäre, 66, 149
  relationale, 168, 176
  semistrukturierte, 175
  strukturierte, 36
  textorientierte, 170
  unstrukturierte, 36, 53, 56, 161, 177
  verdichtete, 66
  zeichenorientierte, 36, 172
Datenbanksystem, 102, 169
Datenbasis
  betriebliche, 41
Datenelement, 38
Datenfluss, 14
Datenmanagement, 58, 61, 141
Datenmodell, 59, 106
Datenspeicher, 55
Datenstruktur, 39
Datenträger, 1, 167
Datentyp, 14, 22, 36, 46, 167
  benutzerdefinierter, 38
  elementarer, 36, 38, 103, 171
  Verbindungs-, 81, 136
  zusammengesetzter, 38, 41

Dezimalsystem, 32, 34
Dialog, 127
  -anwendungen, 48
  -betrieb, 47
Dienstleistung, 3
Dimension, 80
Dokument, 175, 177
Doppik, 89
DTD, 163
Dualsystem, 32, 33

E-Business, 48
EBCDI, 29, 33
EDI, 161
EDIFACT, 47, 161
EDV, 108
Eigenschaft, *siehe* Attribut
Einkauf, 3
Einzelfertiger, 14
Empfänger, 45, 169
Entität, 41
Entitätstyp, 41
Entity-Relationship-Modell, 106, 110
Entscheidung, 7, 10, 24
Entscheidungs
  -aufgaben, 10
  -unterstützung, 97
Entwicklung, 13, 153
enum, 38, 83
Ereignis, 15, 25
ERP-System, 219
Exemplar, 24, 38

F&E, 17
Fertigfabrikat, 10
Fertigungsstufe, 117, 183
Finanzbuchhaltung, 4, 143
Finanzen, 4, 9
float, 38
Flussgröße, 3, 12, 24
Fremdschlüssel, 105, 135
Frequenz, 14, 22
Führungsinformation, 98
Funktion, 3, 10, 24, 126, 152
  betriebliche, 7
  Grund, 8, 13, 125, 132
  Querschnitt, 8, 125, 133
  Sicht, 10
Funktionsbereich, 20, 25

Geldfluss, 4, 22, 24
Generalisierung, 92
Geschäftsprozess, 19–21
    unstrukturierter, 22
Geschäftsregel, *siehe* Integritätsbedingung
Geschäftsvorfall, 86
GoB, 68, 96, 156
Graph, 75
Grunddaten, 19, 71, 73
    operative, 75
Grundrechnung, 66
Gruppierung, 80
GS1 Germany, 186

Handlungskompetenz, 57, 60
Handwerksbetrieb, 1, 13, 20
Header, 46
Hexadezimalsystem, 32, 34
HGB, 68, 72, 86, 175
Hilfstabelle, 110
HTML, 162, 163

IFRS, 72
Industriebetrieb, 65
Industrieunternehmen, 76
Informatik, 4, 52
Information, 2, 4, 12, 27, 50, 54, 60, 66
    Begriff, 50
Information Resource Management, 61
Informationsfluss, 2, 13, 16
Informationsfunktion, 5, 10, 24, 27, 141
Informationsmanagement, 61
Informationssystem
    betriebliches, 126
Informationstechnik, 4, 52
Instanz, 103
Institution, 56
integer, 38, 39, 53
Integration, 145
Integritätsbedingung, 39, 89, 103, 128, 149
Internet, 48
    -Boom, 48
Investition, 74

Java, 69, 157
Journal, 90
Just-in-Time Konzept, 19

Können, 60

Kalkulation, 13
Kanal, 35, 45
    bidirektionaler, 45
    unidirektionaler, 46
Kanten, *siehe* Graph
Kardinalität, 28, 34, 111
Kategorie, 83, 155
Kernprozess, 18
key
    alternate, 104
    foreign, 105
    primary, 103
Klasse, *siehe* Objekttyp
Klassendiagramm, 111
Knoten, *siehe* Graph
Kommunikation, 30, 46, 59, 127, 161
    asynchrone, 47
    synchrone, 47
Komposition, 93
Konstruktion, 3
Kontenplan, 82
Kontext, 50, 54
Kostenrechnung, 146
Kostenträgerrechnung, 13
Kunde, 82

Lager, 10, 22, 23, 69, 88, 137
    Buchung, 10
    Material, 3, 10, 133
LaTeX, 175
Layout, 176
Leistungsbereich, 3, 98
Leistungsfluss, 16
Leistungsgestaltungsprozess, 18
Lenkungsfluss, 16
Lieferant, 81
Logistik, 8, 134, 153
    -prozess, 22

Marke, 79
Marketing, 4, 13, 153
Markt, 2, 12, 14, 22, 193
Material, 3
    -fluss, 2, 12, 24
Mengenfluss, 22
Mensch-Maschine-Interaktion, 127
Merkmal, 38
Metadaten, 167, 172
Mitarbeiter, 82, 150

Multiplizität, 111

Nachricht, 50, 51, 54
  unscharfe, 46
Namen, 39
Namengebung, 58, 84
Netz
  semantisches, 59
Netzplan, 139
Normalform, 102, 107, 155, 172
Notiz, 19
Nullwert, 109

Objekt, 41
  Hierarchie, 75
Objektorientierung, 130
Objekttyp, 41, 84, 195
Office-System, 36, 70, 129, 175, 178
Oktalsystem, 32, 34
Operation, 10
Ordnungsbegriff, 29
Ordnungszahl, 30, 33
Organisation, 19, 127
  Einheit, 3, 82, 152
  prozessorientierte, 9
OSI-Schichtenmodell, 167

Pascal, 69, 157
PC, 29, 74, 99, 137, 149, 175
Personal
  -funktion, 3, 10, 62, 140, 155
  -wirtschaft, 46
Plandaten, 67, 71, 146
Prüfziffer, 150
Preis, 80
Primärschlüssel, 103, 104, 135
Produkt, 3, 75, 133
  -entwicklung, 3, 17, 18, 20, 76
  -gestaltung, *siehe* Produktentwicklung
Produktion, 3, 9, 13, 14
  Steuerung, 137
Produktionsauftrag, 136
Produktionsfaktor, 1
Produktionsplanung, 13
Programm, 57, 67, 69, 127
  Verantwortung, 157
programmieren, 69, 157
Programmiersprache, 37, 167
Programmsystem, 69, 125

Projekt, 139
Protokoll, 46, 47
  Anwender-, 47
  höheres, 47
  Transport-, 47
Prozess, 15, 19, 20
  -kosten, 24
  -qualität, 24
  finanzwirtschaftlicher, 22
  innerorganisatorischer, 19
  operativer, 16
  personalwirtschaftlicher, 22

Realtime, 69
Rechnungswesen, 4, 144
  externes, 85
Redundanz, 59
Referenz, 40, 91, 93, 105
Referenzmodell, 6, 20, 65
Relationenmodell, 101, 102, 171, 172
Rolle, 10, 75, 80
Routinebetrieb, 11, 14
Routineprozess, 10, 22, 24, 140

Sachanlagen, 73
Schema, 166, 174
  externes, 166
  internes, 166
  konzeptuelles, 166
Schichtenmodell, *siehe* Schema
Schlüssel, 35, 83
  klassifizierender, 84, 108
Schlüsselkandidat, 104
Schnittstelle, 12, 22, 144, 218
Semiotik, 52
Sender, 45, 169
SERM, 113
SGML, 162
Sicht, 108, 129, 166
Signal, 53
Software, 1
  System-, 141
Sonderrechnung, 66
Sonderzeichen, 28
Spam, 46
Speicher, 47, 55, 56
  temporärer, 24
Sprache, 39, 52, 84
  formale, 37

SQL, 102, 108, 166, 169
Stammdaten, *siehe* Grunddaten
Standard, 28, 46
Stellenwertsystem, 31
Stellenzahl, 34, 35
Steuerzeichen, 29
Storno, 155
Stückliste, 19, 76
Stylesheet, 165
Supply Chain Management, 135
synchron, 47, 127
System, 7
   -element, 7
   -theorie, 7

Tag, 162
TCP/IP, *siehe* OSI-Schichtenmodell
Teil, 19, 76, 136
Teilalphabet, 28, 30
Teilfunktion, 15
Teilprozess, 14, 22
Teilschlüssel, 105
Terminauftrag, 133
Text, 28, 57, 175–177
Trailer, 46
Transaktion, 23, 68, 89, 92
Transaktionskostentheorie, 24
Typ, 24, 36

UML, 6, 111, 191
Umlagerung, 134
Umsatz, 97
Umwelt, 3, 8, 14, 20
UNICODE, 30, 33
Unternehmen, 3, 73
   kleine, 144

Validation, 116, 119
Verantwortung
   Daten-, 150, 152
   Objekt-, 153
   Programm-, 157, 158
   Prozess-, 153

Verkauf, 14
Verrichtung, 11
Vertrieb, 4
Vertriebsstatistik, 97
View, *siehe* Sicht
Volltextsuche, 178
Vorgang, 10, 11, 66, 146
   aufzeichnungspflichtiger, 86
Vorgangsdaten, 22, 25, 67, 85, 86, 175

Werkstoff, 1
Wert, 38, 172
Wertebereich, 84, 102
Wertefluss, 22
Wertemenge, 104
Wissen, 1, 18, 56, 60
   explizites, 57, 59
   implizites, 57, 60
   Management, 58, 85
   organisationales, 60
Workflow, 153, 154
Wort, 28

XHTML, 163
XML, 53, 161, 162, 170
   -Applikationen, 164
   -Schema, 163, 168, 173
XSL, 176

Zahl
   ganze, 37
   rationale, 37
Zahlensystem, 31
Zeichen, 37, 177
   -kette, 34, 37, 178
   -vorrat, 28, 46
   digitales, 36
   nicht druckbares, 29
Zeiger, *siehe* Referenz
Ziffer, 31
Zugriffsrecht, 151
Zukauf, 3
Zustand, 34

MIX
Papier aus verantwortungsvollen Quellen
Paper from responsible sources
FSC® C105338

If you have any concerns about our products,
you can contact us on
ProductSafety@springernature.com

In case Publisher is established outside the EU,
the EU authorized representative is:
**Springer Nature Customer Service Center GmbH
Europaplatz 3, 69115 Heidelberg, Germany**

Printed by Libri Plureos GmbH
in Hamburg, Germany